Rudolf Otto – Subjekt und Religion

T V Z

Christentum und Kultur
Basler Studien zu Theologie und Kulturwissenschaft des Christentums

Herausgegeben von
Albrecht Grözinger, Georg Pfleiderer und Ekkehard W. Stegemann

Rudolf Otto

Subjekt und Religion

herausgegeben von
Thorsten Dietz und Harald Matern

T V Z
Theologischer Verlag Zürich

Die Deutsche Bibliothek – Bibliographische Einheitsaufnahme
Die Deutsche Bibliothek verzeichnet diese Publikation in der Deutschen Nationalbibliographie; detaillierte bibliographische Daten sind im Internet über http://dnb.ddb.de abrufbar

Umschlaggestaltung
Simone Ackermann, Zeljko Gataric, Zürich

Druck
ROSCH-BUCH, Scheßlitz

ISBN 978-3-290-17608-2

www.tvz-verlag.ch

Inhaltsverzeichnis

Thorsten Dietz; Harald Matern

Vorwort

Das vorliegende Buch versammelt die Beiträge eines Forschungssymposions, das vom 4. bis 6. Dezember 2010 in Marburg stattfand. Anlass des Symposions war das in der theologischen Forschung neu erstakende Interesse am Werk Rudolf Ottos. Otto rückt, nach dem durchaus auch disziplinenpolitischen Gründen geschuldeten Versiegen der religionsphänomenologischen Forschung in der Religionswissenschaft (die in Friedrich Heiler und Mircea Eliade ihre letzten bedeutenden Vertreter hatte), nun als Systematischer Theologe und Religionsphilosoph ins Zentrum des Interesses. Damit verbunden ist die stärkere Fokussierung auf die Grundlegung derjenigen Religionstheorie, die in «Das Heilige» (1917) mit großer Wirkung präsentiert wurde. Erst vom Verständnis der Theoriekonstruktion her wird eine erneute und differenzierte Würdigung des Otto'schen Werkes möglich sein. Zugleich zeichnet sich in der jüngeren theologischen Forschung ein starkes Interesse an phänomenologischen Fragestellungen ab – und damit verbunden wiederum an der Frage der Konstitution religiöser Subjektivität, was sie von anderen Formen menschlichen Selbstbewusstseins unterscheidet und wie sie qualitativ zu bestimmen ist. Otto hat dazu einen Beitrag geleistet, der Begründungs- und Vollzugslogik religiöser Subjektivität solcherart bestimmt, dass Religionsgeschichte und Subjektivitätstheorie aufeinander bezogen werden. Dabei spielt der Begriff des Gefühls eine zentrale Rolle.

Die Beiträge des Bandes sind einigen bisher vernachlässigten Momenten der Genese der ottoschen Religionstheorie gewidmet. Durch die theoriegeschichtliche Rekonstruktion soll auch die eigentümliche Systematik des Werkes Ottos deutlicher und differenzierter vor Augen treten.

Eröffnet wird der Band durch den Neuabdruck eines Reiseberichts Ottos von 1911. Die Reise nach Teneriffa und Nordafrika stellt Otto selbst im Rückblick als biographischen Ort der Genese seiner religionstheoretischen Einsicht hinsichtlich der spezifischen Bedeutung der Kategorie des «Heiligen» für die Erforschung der Religion (wie auch der subjektiven Religiosität) dar. Der Text hat – durchaus auch in seiner literarischen Qualität als Reisebericht – klassische Bedeutung und ist zudem eine wichtige Quelle der Otto-Forschung. Er war aber bislang nur mühsam zugänglich.

Anstatt einer ausführlichen historischen Kommentierung, die von den Herausgebern in diesem Zusammenhang nicht zu leisten war, wird Ottos Reisebericht von einem Text begleitet, den der US-amerikanische Religionswissenschaftler *Gregory D. Alles* freundlicherweise zur Übertragung ins Deutsche freigegeben hat, wofür wir ihm herzlich danken. Alles betrachtet in seinem Artikel Ottos Religionsforschung aus religionsökonomischer Perspektive. Dabei spielen Ottos globale Reisen sowie sein Religions«importhandel» eine gewichtige Rolle – als ökonomisches Gegenstück der subjektivitätsorientierten Religionstheorie alteuropäischer Färbung wie auch im Zusammenhang von Ottos eigener Konzeption des Religionsvergleichs. Dabei kommt Alles zu dem Schluss, dass Ottos Theorieansatz zwar eine Prävalenz des Europäischen bzw. «Westlichen» gegenüber dem «Östlichen» mitführt und sich damit durchaus in gewisser Nähe zu Ottos eigenen kulturimperialistischen Anliegen bewegt – dass aber seine Religionstheorie gleichwohl nicht vollständig in Ökonomie oder Politik aufzulösen ist. Vielmehr stellt seine Betonung der spezifischen Qualität des religiösen Bewusstseins weiterhin ein zu berücksichtigendes Theoriemoment dar, das auch in gegenwärtigen Forschungen (wenngleich nicht notwendigerweise im ottoschen Zuschnitt) Berücksichtigung finden sollte.

Der erste, theoriehistorische Teil des Buches widmet sich Ottos Rezeption dreier theologisch-philosophischer Bezugspunkte. Der Marburger Systematische Theologe *Thorsten Dietz* untersucht in seinem Beitrag die systematische Bedeutung der Lutherrezeption Rudolf Ottos im Zusammenhang der Genese seiner Konzeption des religiösen Gefühls. Gerade die Beschreibung der «Kontrastharmonie» religiöser Erfahrung sei in besonderer Weise genetisch mit Ottos Lektüre des Luther'schen Werks verbunden. In Ansätzen lasse sich diese Spur bis in Ottos theologische Dissertation über Luthers Pneumatologie (1898) zurückverfolgen. Vor allem in der reifen Form der Religionstheorie Ottos, wie er sie in «Das Heilige» entfaltet, spielt die produktive Verarbeitung der polaren Logik lutherischer Theologie eine große Rolle. Dabei greift Otto nicht nur zurück auf ihre grundbegriffliche Logik, sondern rekonstruiert in systematischer Perspektive den Spannungsreichtum der von Luther als religiösem Subjekt artikulierten Erfahrungswelt. So ist es gerade die besondere Gewichtung der Einheit von Person und Werk (und damit verbunden Ottos Theologiekonzeption als nachträgliche Reflexion auf individuelle religiöse Erlebnisse), die am Umgang Ottos mit Luther exemplarisch deutlich wird.

Der Basler Systematische Theologe *Harald Matern* untersucht die Bedeutung der Rezeption Kants und Schleiermachers für das spezifische religionsphilosophische Format von Ottos Gefühlsbegriff. Dabei wird, ausgehend von Ottos Neuausgabe der «Reden» Schleiermachers (1899), die durchgehende Auseinandersetzung mit beiden Theoretikern sowie der Versuch, beider Anliegen gerecht zu werden, als Grund für eine systematische Spannung in der Religionstheorie von «Das Heilige» rekonstruiert. Nämliche Spannung besteht zwischen den zwei *focui* von Ottos Religionskonzeption: zwischen transzendentalphilosophischer Gegenstandskonstitution und subjektiv-emotiver Gegenstandsappräsentation. Für beide Aspekte nimmt Otto den Gefühlsbegriff in Anspruch – und führt dadurch letztlich die Fragen nach a) dem Realitätsstatus religiöser Objekte sowie b) dem Verhältnis von Vollzugs- und Konstitutionslogik des religiösen Bewusstseins keiner befriedigenden Lösung zu. Nichtsdestotrotz bleibt, so Matern, die Notwendigkeit der Berücksichtigung beider Theorieaspekte in der Religionsforschung weiter bestehen, so dass Ottos Werk auch in heuristischer Perspektive keinesfalls an Aktualität einbüßt.

Rudolf Otto stand in der Entwicklung seiner Religionstheorie nicht allein auf den Schultern historischer Größen, sondern auch in enger Auseinandersetzung mit seinen Zeitgenossen. Dieser ist der zweite Teil des Buchs gewidmet.

Die Basler Religionswissenschaftlerin *Stephanie Gripentrog* stellt in ihrem Beitrag die Rolle Ottos im disziplinären Entstehungskontext der Religionspsychologie dar. Dabei konzentriert sie sich vor allem auf Ottos Auseinandersetzung mit Wilhelm Wundt und William James und zeichnet dabei Ottos Ringen um eine eigenständige psychologische Theorie des religiösen Bewusstseins jenseits von Epigenese und Pragmatismus nach.

Der Marburger Systematische Theologe *Stefan S. Jäger* widmet seinen Beitrag dem Verhältnis von Nathan Söderblom und Rudolf Otto. Jäger zeichnet diese Verhältnisbestimmung in den Kontext der Auseinandersetzung Söderbloms und Ottos mit der Religionsethnologie ein. Dabei zeigt sich, dass Söderbloms Theorie des «Heiligen» von großem und bislang unterschätztem Einfluss auf Ottos theoretische Entwicklung war.

Der Marburger Systematische Theologe *Peter Schüz* unternimmt in seinem Beitrag die Rekonstruktion des Verhältnisses von Rudolf Otto und Paul Tillich – in biographischer wie systematisch-theologischer Hinsicht. Dabei zeigt sich, dass Ottos Konzeption des Heiligen für Tillich ein Impuls war, seine eigene Theorie des Unbedingten weiter zu spezifizieren. Diese Ansätze baute Tillich aus, etwa in Bezug auf die Bestimmung des Verhältnisses von Religion und Kultur (und den damit verbundenen Themenkreis «Politik und Gesellschaft»). Ungeachtet dieses theoretischen Überbietungsversuchs blieb das Verhältnis von Otto und Tillich zeitlebens freundschaftlich bestimmt, was, so Schüz, seinen Grund nicht nur in ähnlichen theologischen Interessen, sondern durchaus auch in einer beide verbindenden ‹mystischen› Frömmigkeit hatte.

Das Buch schließt mit einem Beitrag des Basler Religionswissenschaftlers *Dirk Johannsen*. Johannsen nimmt eine Perspektive ein, die neben den historischen und systematischen Erwägungen einen eigenen Stellenwert besitzt und sie ergänzt. Er fokussiert auf die Sprachpragmatik von «Das Heilige» und stellt damit die Frage nach der methodologischen wie theoretischen Relevanz der performativen Dimension von Religion. Dabei ergibt sich die verblüffende Folgerung, dass Ottos «Das Heilige» sich selbst auf der Ebene der Textstruktur und -pragmatik als religiöser Text par excellence präsentiert. Von diesem Befund ausgehend wären Ottos *inhaltliche* Ausführungen über die ästhetische Dimension religiöser Äußerungen durchaus und gerade in methodologischer Hinsicht einer erneuten Prüfung ihrer Relevanz zuzuführen, so Johannsen.

Die in vorliegendem Buch versammelten Beiträge sollen zugleich als Beitrag wie als Anregung zu weiterer Erforschung des Werks Ottos verstanden werden. Der Multiperspektivität und Multidisziplinarität ungeachtet werden die Texte systematisch geeint durch die Überzeugung, dass sowohl die Auslotung historischer Rezeptionsprozesse wie die Beleuchtung systematischer Brüche nicht nur dazu beitragen, dass Werk Ottos besser zu verstehen. Vielmehr ist es der multiperspektivische Blick selbst, der dazu beitragen soll, dass vielschichtige Phänomen Religion theoretisch besser zu fassen – gerade im Blick auf die disziplinäre Ausdifferenzierung der Religionsforschung. Ottos Werk selbst kann dabei zum einen als Beispiel für eine Annäherung an das Phänomen aus unterschiedlichen Richtungen, zum anderen gerade für die lebenslange Faszination durch den Gegenstand jenseits disziplinärer Grenzen gelten.

Die Herausgeber haben vielfach zu danken.

Zunächst schulden wir den Herausgebern der Reihe «Christentum und Kultur» – Prof. Dr. Albrecht Grözinger, Prof. Dr. Ekkehard Stegemann sowie Prof. Dr. Georg Pfleiderer (alle Basel) – unseren herzlichen Dank für die Aufnahme dieses Buches in die Reihe «Christentum und Kultur».

Für Arbeiten im Zusammenhang der Digitalisierung des Textes von Ottos Reisebericht danken wir herzlich Frau stud. theol. Ann-Kathrin Seyffer (Basel). Für die Unterstützung bei der Erstellung des Registers sind wir Herrn stud. theol. Matthias Felder (Basel) zu freundlichem Dank verpflichtet.

Das Buch wurde gedruckt mit finanzieller Unterstützung durch das Marburger Institut für Religion und Psychotherapie an der Evangelischen Hochschule Tabor (Marburg) sowie der Deutschen Gesellschaft für Religionsphilosophie e.V. (DGR).

Schließlich, aber nicht zuletzt, möchten wir dem TVZ Zürich sowie insbesondere seinem Lektorat in der Person der Verlagsleiterin Frau Marianne Stauffacher für die freundliche und unkomplizierte Zusammenarbeit unseren herzlichen Dank aussprechen.

Basel und Marburg, Oktober 2011

Rudolf Otto

Reisebericht 1911[1]

[602] Bei Unserer Frau von der Kerze

Santa Cruz, Tenerifa, 20. April

– Man muß heiraten, sagt Aostin, mein Eseltreiber, in würdevollem Tone. Es ist notwendig. Vergnügen Sich Euer Gnaden noch ein paar Jahre. Aber dann heiraten!

– Hört denn das Vergnügen mit dem Heiraten auf?

– Aostin pfeift leise ... Wenn man fünfzehn Kinder hat –

– Fünf –?

– Fünfzehn. – Sechs sind aber gestorben, fügt er beruhigend hinzu, das letzte vor einem halben Jahre. Wir waren zu *Nuestra Senora de Candelaria*. Es hat aber nichts genützt.

– Nützt das immer nichts?

– O doch, oft hilft sie. Als der Esel krank wurde, machten wir eine promesa. Da hat sie geholfen.

– Erzählen mir doch Euer Gnaden (hier ist jeder «Euer Gnaden» von dem Augenblick an, wo er Hosen anlegt, oder doch ein Fragment derselben) von *Nuestra Senora de Candelaria.*

– Ja, mit vielem Vergnügen. Sehen Sie, ehe diese Inseln katholisch wurden – es ist schon lange her – da lebten hier die Guanchen. Das waren Riesen und Heiden. Zwei von ihnen fischten einmal dort hinten unter Guimar, fingen aber nichts. Und als sie wieder an den Strand kamen, stand auf einem Steine eine große Frau mit dem Kinde auf dem Arme und mit einer Kerze in der Hand. Es war die Mutter Gottes. Sie war aus Holz und vergoldet. Und als die Fischer einen Stein nach ihr

---

1 Der hier unter dem Titel «Reisebericht 1911» abgedruckte Text erschien zuerst in der «Christlichen Welt», Jg. 25 (1911), Nr. 26, Sp. 602–607; Nr. 30, Sp. 705–710; Nr. 31, Sp. 724–729; Nr. 32, Sp. 759–761; Nr. 33, Sp. 779–783.
Der Text wird originalgetreu wiedergegeben. Nur offensichtliche Druckfehler wurden korrigiert (jeweils in den Anmerkungen angegeben). Spaltenumbrüche im Original werden in [ ] unter Angabe der Ziffer der folgenden Spalte markiert.

warfen, da wurde dem einen sogleich der Arm steif und blieb stehen. Sie riefen den König. Und er betete sie an und wollte sie in ein schönes Zelt bringen, um sie da zu verehren. Aber als er sie eine Strecke weit getragen hatte, wurde sie plötzlich ungeheuer schwer. Da rief der König: Hilfe! Und zum Andenken daran baute man an dem Platze eine Ermita mit dem Namen «Hilfe» (*Socorro*). Die steht heute noch und heißt bis heute so. Endlich brachte man [603] sie doch aus der Stelle in eine Höhle am Meeresufer, die dem König gehörte. Und hier verehrten die Guanchen sie und beteten sie an und feierten Feste und tanzten. Darum wird auch heute immer noch dort getanzt bei der großen Prozession. Zwei Kerle stellen sich dabei aufeinander, verkleiden sich und stellen einen alten Guanchen vor. Denn das waren Riesen. Und dann tanzen sie. Als nun die Christen kamen, da fanden sie dort in der Höhle Unsere Frau und erklärten den Guanchen, wer sie sei. Da ließen sie sich alle taufen. Und dann bauten sie eine große schöne Kirche und ein Kloster und wollten sie hineintragen. Aber als man sie forttragen wollte, wurde sie wieder so schwer, daß sie nicht vom Platze zu bewegen war. Endlich gelang es doch, sie in die Kirche zu bringen. Aber was geschah! Als man am andern Tage hineinkam, war der Platz leer und Unsere Frau war wieder an der alten Stelle, in ihrer Höhle. Und so geschah es zweimal. Endlich ließ sie sich erweichen, und nun ist sie in der Kirche. Sie ist die Schutzherrin von Tenerifa und allen sieben Inseln. Und überall her kommen die Wallfahrer zu ihr. Ihre Feste sind an Mariä Reinigung (2. Februar) und an Mariä Himmelfahrt (15. August). Dann ist die große Prozession, und dann besucht sie den San Blas (Sankt Blasius) in ihrer alten Höhle. Denn seitdem sie daraus fort ist, ist ein kleiner San Blas darin.

– Wer ist denn mächtiger: der heilige Christ von Laguna oder Unsere Frau von Candelaria? –

Die Frage schien in Aostins Theologie noch nicht vorgekommen zu sein. Die meisten Leute und das meiste Geld geht nach Candelaria, meinte er.

– Ich werde auch nach Candelaria gehen.

Barranco Hondo, 23. April

Im kühlen Halbdunkel dieser Fonda essen wir Pellkartoffeln und Salzfisch. Auf dem Tische liegt neben dem Brotkorbe eine große Katze, und zwei sitzen gegenüber auf der Bank und sehen befriedigt unsern vergeblichen Versuchen zu, des Salzfisches mit Gabel und Messer Herr zu werden. Don Miguel trägt den Wein auf. Was ich sage, kommt ihm garnicht spanisch vor – was hier zu Lande ein Mangel ist – und die Stümpfe von Worten, die er hervorbringt, mir chinesisch.

– Wie weit ist es hinunter nach der Kirche? frage ich.

– Das ist wohl möglich, meint er wohlwollend.

– Ist das der Weg hinunter?

– Wein? Nein, nur noch Bananen. Viele! sagt er und lacht.

Ich versuche, ihm näher zu kommen: Ihr habt da ein paar famose Schweine in der Höhle hinter dem Hause.

Jetzt erstickt er mir beinahe vor Lachen: Nein, bei uns legen die Schweine keine Eier. Die Hühner, die Hühner!

Dabei deutet er auf ein fedriges Etwas, das sich unterhalb der Katzen aufhält.

Ich hatte vorläufig genug vom Spanisch, überlasse den Salzfisch den Katzen und suche den schmalen Felssteig, der von der Schulter des Gebirges zwischen Bananenfeldern sich tausend Fuß zum Gestade hinabwindet. Dabei geht der Blick links und rechts und verfängt sich eine Weile in dieser seltsamen Umgebung. Sie ist fast unheimlich zu nennen. Von hoch her stürzt in riesigen Wellen, von querlaufenden Schründen und Klüften aufgehalten, ein rostbraunes Felsgeklipp zu Tal, Basalte, scharfe Laven, rissige Bimsteinschichten, über und untereinandergepackt, aufgestülpt, von immer neuen Strömen der ausbrechenden feurigen Massen verdrückt, gesprengt, zusammengepreßt. Das drängt und stürzt nach abwärts, steht da, als wenn es erst gestern erstarrt wäre aus feurigem Flusse, und verliert sich im Meere, das unten im Glast der Mittagssonne weißgrau unendlich sich ausbreitet. Nur hier und da, in verteilten Gruppen wächst auf diesem seltsamen Boden Baum oder Strauch, beide so seltsam, wie der Boden selber: die stachlichen Opuntien-Kaktus, diese wunderlich-lächerlichen Kobolde der Pflanzenwelt, ungeheuere zu vier Meter hohe Wolfsmilche, die sich bemühen wie Kaktus auszusehen, die Tamariske mit ihrem staubigen hängenden Grün und diese Drachenbäume, die wie riesige dicke Pinsel in der Landschaft umherstehen, primitive Versuche der [604] Natur, das Baumproblem zu lösen, die im frühen Tertiär ganz zeitgemäß waren, heute aber altmodisch und lächerlich sind.

Candelaria, im Dominikanerkonvent

Ingleses, Ingleses! – Dieses Losungswort hatte schnell die Runde gemacht und die gesamte Dorfjugend uns auf die Fersen gebracht. Die Meisten von ihnen sind unter dem Euer-Gnaden-Range, aus angegebenen Gründen. Doch haben alle Hemden an, die allerdings nach einer verborgenen Maxime immer da aufhören, wo sie anfangen würden, von Bedeutung zu sein. «Ein Hündchen, Herr, ein Hündchen», heult der Chor. Die spanischen Kupfermünzen tragen ein Tier im Wappen mit einem langen geringelten Schwanz. Man deutet das hier nach der größten Aehnlichkeit als einen Pudel und erwartet von jedem Fremden, daß er von diesen Hündchen möglichst viele hat und gibt. Wir geben keine und retten uns in den Schutz des Klosterfriedens. Das große weiße Gebäude ist still, die Zellen offen und leer, die Mönche lange vertrieben. Es endet in einer großen stattlichen dreischiffigen Kirche, die einst die schönste der Inseln war. Sie ist eingestürzt, die Fenster weit offen, die Altäre abgebrochen. An sie schließt ein nüchterner ziemlich ärmlicher Langbau. Er birgt heute das Heiligtum. Es schwebt über dem Hochaltar, von einem langen Brokatvorhang verdeckt. Die Haushälterin des Priesters – er selber ist auf einem Versehgang – hat uns eingelassen. Sie zündet zwei Kerzen an. Der Vorhang geht langsam in die Höhe.

«Dieses Bild ist so vortrefflich und vollendet, wie ich es all mein Leben nirgends gesehen habe. Seine Gesichtsfarbe ist etwas bräunlich, mit sehr schönen Rosen auf den Wangen. Indessen kann man das so genau nicht sagen, denn es ist dem Bilde sehr gewöhnlich, daß es seine Farben wechselt und bald in dieser bald in jener erscheint.» So schreibt der alte Alonso de Espinosa in seinem Buch vom Ursprung und Wundern Unserer Frau von Candelaria. Wir konnten von dieser Pracht und Farbenwundern nichts finden. Wir sahen eins der hunderte und tausende von «Gnadenbildern», ähnlich all den Gottesmüttern vom Pfeiler, von den Gnaden, von Maria-Einsiedeln, von Czenstochau, bis hin zu den noch ehrwürdigeren und häßlicheren der östlichen Kirche: der Gottesmutter von Kasan, der blachernischen, der iberischen vom Athos und von Moskau. Eingehüllt ist es in die bekannte kegelförmige Tracht, und trägt eine große Silberkerze in der Linken, die das Bild als ein ursprüngliches «Mariä Kirchgang» oder «Reinigung» kennzeichnet.

Der Vorhang geht wieder nieder. Wir hören noch einmal, wie das Bild (eigentlich die Jungfrau selber) seinerzeit den Guanchen «erschienen» ist, hören von seinen Wundern und großen Festen, zu denen Tausende über die Berge herab kommen, vom Besuch der Gottesmutter beim San Blas hinten in der Höhle, von dem Fahnen- und Farbenschmuck, den alle Inseln beisteuern, von den Tänzen und dem Feuerwerk, bekommen ihr Bild und zwei rot und gelbe Bänder, die das Bild berührt haben und die Aufschrift tragen:

N. A. R. M. P. R. L. M. O. T. A. R. E.

Es sind die geheimnisvollen Zeichen, die die Mutter Gottes am Saume ihres Kleides trägt.

Inzwischen hat sich noch ein Besucher eingefunden: eine ältere Frau, ganz in Schwarz. Sie kniet am Portal nieder und nun, mühsam, Schritt vor Schritt, wandert sie auf den Knien die Kirche herauf, bis zum Altar, verneigt sich dreimal, küßt die Stufen, erhebt sich, kehrt zum Ausgange zurück, um ihren Weg neu zu beginnen.

– Was bedeutet das, Senora?

– Eine Promesa, Senor.

Die schöne alte, die dürftige neue Kirche, das Kloster, die ganze Anlage sind hart angedrängt, fast angeklebt an den mächtigen Lavafelsen, der hier abstürzend zwischen sich und dem Meere einen schmalen Strand läßt. Sie scheinen ihn förmlich umkleiden zu wollen. Und es muß mit dem Felsen selber für das Gefühl der Bauenden eine besondere Bewandnis gehabt haben, denn sonst ist nicht zu verstehen, warum man das Heiligtum, als man es aus der Höhle nahm, an einem vor Sturmflut nicht gedeckten Platze und hart an der Mündung eines [605] Barranco anbrachte, der, wie noch zu berichten ist, sehr verhängnisvoll für Unsere Frau von der Kerze wurde.

150 Meter von der Kirche dringt in den Felsen das ursprüngliche Heiligtum, die «Höhle des heiligen Blasius». Ein altertümlicher Vorbau, älter als alles andere hiesige Bauwerk, umgibt den Eingang und verwahrt den Innenraum. Er ist verschlossen, aber ein großes Astloch läßt bis ins Innere blicken: ruhiges Halbdunkel unter den braunroten Wölbungen, naive Bilder der verehrenden vier Guanchenkönige, im Hintergrunde der Altar, auf dem jetzt der heilige Blasius thront. Das Ganze ist viel eindrucksvoller als Kirche und Gnadenbild. Und offenbar hat die Höhle heute immer noch eine eigene Würde. Man nimmt von ihren Steinen mit, und das Wasser, das man über sie gießt, ist heilkräftig.

Inzwischen kommt der Herr Cura heim, erzählt uns noch einmal, was wir schon wissen, und fügt hinzu, was Espinosa noch nicht wissen konnte: daß zu Anfang vorigen Jahrhunderts einer dieser unheimlichen Wasserstürze, die selten, aber dann verheerend in diesen Barrancos herabkommen, die große schöne Kirche, die man vor seiner Oeffnung gebaut hatte, niederriß und ihr Inneres herausschwemmte ins Meer – mitsamt dem Gnadenbilde.

– Mitsamt dem Gnadenbilde?

– In der Tat.

– Aber wie fand man es denn wieder?

– Man fand es gar nicht wieder, man – machte ein neues.

– – Machte ein neues?!

– Gewiß. Genau wie das alte war. Es wurde nach Rom geschickt, gesegnet, und ihm wurde die neue Kirche gebaut. – –

Ich erholte mich nur langsam von meinem Schreck. Daß man in Rom Gnadenbilder konsekrieren kann, bezweifelte ich im Stillen. Wenn man im übrigen so einfach und praktisch verfuhr, wird man obendrein diese Mühe gespart und der Senora de Candelaria überlassen haben, wie sie ihre Gnadengegenwart in das neue Bild übertragen wollte.

Ich erbat mir noch die Bedeutung der Inschrift auf dem Saume des Gewandes.

– *Latine loqueris?*

– *Loquor.*

– *Favoriscas mihi papyrum.*

Er schrieb: Non Alta Regum, Mundi Palatia Requiro. Litora Malo Oceani Tenerifica Abitare, Relinquens Excelsa. *)

Ich bedankte mich und bin in das Innere der alten Kirche entwichen, um über das Gesehene nachzudenken. Sie ist reinlich ausgeräumt. Durch das offene Dach leuchtet blau der Himmel und durch die leeren Fenster das noch blauere Meer. Es ist still hier innen. Und nur das ruhige Brausen der wiederkommenden Flut dringt vom Strande herüber.

* * *

Daß die Guanchen, die vor den Spaniern Tenerifa bewohnten, ein Marienbild besaßen und verehrten, bevor sie Christen wurden, ist möglich und, auch ohne die «Erscheinung» Mariens im Bilde, sehr begreiflich. Die nahe Insel Gran Canaria war katholisch, lange bevor Tenerifa es wurde. Und Heiligen- und Marienbilder werden von Heiden erworben und verehrt, ohne daß sie getauft sind, wie z. B. der heilige Nikolas bei den Kamtschadalen. Die Hauptsache scheint aber hier im Anbeginn gar nicht die himmlische Mutter gewesen zu sein, sondern der Fels und die Höhle. Noch heute heißt der Platz selber eigentlich *Puerto San Blas.* Sankt Blasius aber ist der normale Höhlenheilige, der im Katholizismus leicht da eintritt, wo ein altes schon vorhandenes Höhlenheiligtum bestand und christianisiert werden sollte. Wie wichtig für die ganze Anlage Fels und Höhle waren, hat sich schon herausgestellt. Der Marienkult hat sich dann erst nachher darüber gelagert und konnte offenbar nur schwer und nur halb von dem echten Höhlenkult getrennt werden. Dieser wirkt in jenem [606] nach und ist noch in ihm mit lebendig, wie in den unzähligen anderen Berg-, Fels- und Einöd-Marien, an denen die katholische Welt so reich ist. Unsere Frau von der Kerze ist nur eine weniger erfolgreiche Vorgängerin z. B. der *Notre Dame de Lourdes.* Auch bei dieser Fels und Höhle, auch hier das heilkräftige Wasser aus dem geweihten Felsen quellend, auch hier heute noch die sonderbare

Heiligkeit der Felswand selber aus der das Numen**) geheimnisvoll hervortritt und in die es zurückkehrt.

---

*) Nicht in den hohen Palästen der Könige der Welt begehre ich zu wohnen. Ich ziehe die tenerifische Küste des Ozeans vor, wenn ich den Himmel verlasse. DH[2]

**) *numen* die Gottheit, das göttliche Wesen DH

Lehrreich aber und ein Anschauungsbeispiel für so manche Vorgänge in der Religionsgeschichte ist das Ganze. So die nachträglich ausspinnende und verknüpfende Legende, die nachträgliche Erklärung von Namen und Orten. *Socorro* ist nichts als ein Beiwort unzähliger heiliger Stätten, Bilder und Kreuze mit «Gnadenwirkungen». Und das Socorro hier war ursprünglich gewiß nichts Anderes. Aber die Legende weiß eine neue Erklärung durch den Ausruf den Guanchenfürsten wie in unserm «Wartburg» oder «Achalm». Lehrreich ist der Ausdruck «Erscheinung» (*apparicion*). Es ist der typische Name für das Sichtbar- oder Fühlbarwerden des Numen, seien es Götter, Engel, Geister (*epiphania*). Wir haben es ähnlich in unserem «Geisterscheinung». Am lehrreichsten ist dies sonderbare Verhältnis des Numen zu dem Mittel, in dem es «erscheint». Diese Bilder, heiligen Felsen, heiligen Gegenstände, diese «Häuser» der Himmlischen sind mehr als «Bilder» oder «Häuser». Sie sind eigentlich das Himmlische selber und dann auch wieder nicht. Jener Philosoph in Athen, der behauptete, des Phidias Bild der Athene sei doch nur ihr Bild, nicht der Gott selber, sollte damals wegen Gotteslästerung gesteinigt werden. Auch mit diesem ihrem Bilde erscheint für das religiöse Gefühl eigentlich die Himmelskönigin selber, verschmäht die himmlischen Paläste, erniedrigt sich, nimmt Holzgestalt an und wohnt auf Tenerifa. Wir haben in unsrer Dogmatik eine kunstvolle Lehre von der *communicatio idiomatum*, der Vereinigung der «zwei Naturen», und von der *unio sacramentalis*. Sie gilt eigentlich genau so von dieser Unsrer Frau von der Kerze und von jedem «Gnadenbilde». Aber sie wäre auch anzuwenden auf jedes Götterbild, auf jeden «Fetisch», auf jeden heiligen Stein der Heidenwelt.

Lehrreich ist endlich die Spaltung des einen Numen in die zahllose Menge seiner «Erscheinungen». Auch darüber haben die Dogmatiken aller Religionen die sublimsten Feinheiten der Lehre geschaffen. Luther lehrte die *ubiquitas*, das Vermögen der himmlischen Substanz, ganz und ungeteilt an vielen Orten zu gleicher Zeit zu sein. Das Mittelalter wußte

---

[2] Mit «DH» werden im Original Anmerkungen des Herausgebers signiert.

zu sagen von dem Vermögen der heiligen Dinge, vielfach da zu sein. (Z. B. die 26 Köpfe Johannes des Täufers.) Die Yogalehre behauptet von jedem Vollkommenen das Vermögen, die Personalität vervielfältigen zu können und an vielen Orten zu sein. Am sublimsten hat das Lamatum hierüber gelehrt. – Lauft nicht zu weit, Gedanken!

Was aber war wohl der Sinn dieses seltsamen alten Höhen- und Felsen- und Höhlenkultus, dieses ganzen alten «Naturdienstes» selber, den wir wie hier so über die ganze Menschheit verschiedenster Zeiten und Orte verbreitet wiederfinden? Wie kommen Menschen darauf? Und was gibt ihm die Kraft, sich auf den verschiedensten Stufen religiöser Entwicklung so fest zu erhalten, vielmehr immer neu zu erzeugen? Die Antwort scheint ganz leicht und hier an diesem Orte am leichtesten. Blicken wir doch um uns und beobachten wir, was wir dabei an uns selber erleben.

Die Sonne ist tiefer gesunken. Ihre Strahlen fallen schräg, nicht mehr mit grellem weißen Glast, sondern mit schimmernden, goldgelben und braunen Lichtern. Alles füllt sich mit Schatten und Farben. Der vorher einförmig gelbbraune Fels wird lebendig. Das tiefe Blauschwarz der schweren massigen Basalte löst sich von dem Rot und Geld und satten Braun der Laven, von dem hellen Grau und Weiß der breiten Bimsteinbetten, Aschen, Tuffe und Lapillilager. Das unruhige Wirrwarr und fast unordentliche Gepolter der Landschaft von vorhin gestaltet [607] sich in ein ungeheuer ausgearbeitetes, an Linien und Formen reiches Relief. Falte an Falte schließt sich auf durch den Kontrast von Licht und Schlagschatten, und Form nach Form wächst in den freien Raum. In schöner weiter flacher Rundung weicht vor uns der Felssturz, der sonst steil ins Meer geht, zurück und gibt Raum dieser stillen Bucht, auf deren weichen, schwarzen Strand das jetzt tief erblaute Meer unermüdlich seine weiten silberhellen Schaumstreifen wirft. In jeden Winkel, in jedes freie Fleckchen aber dringt – was von oben nicht sichtbar war – das Leben und die Farbenpracht dieser märchenhaften Wunderflora. Da nicht auf hundert winzigen Ackerfetzchen, dem Steingeröll mit Mühe abgerungen, der niedrige goldgelbe Weizen mit schweren Aehren, schon reif zur Ernte. Da hebt die Banane ihre eleganten großen smaragdenen Blätter auf und senkt den mächtigen violetten Blütenstand schwer zur Erde. Die zierlichen Zinerarien, die kreisrunden, breitliegenden Sempervivum, Rosen in allen Farben, an den Höhen die riesige Heide in Baumeshöhe, in weißer Blütenpracht unter den mächtigen Zweigen der altertümlichen kanarischen Pinie, der stolze Lorbeer und die ragende Palme füllen das Bild, am meisten aber die Lieblinge unserer Mütter, die helle Pelargonie und das dunkelrote Geranium. Es rankt und wuchert um den Fels, klettert mit Büscheln von dreißig Blüten in hohen langen

Hecken bergauf, windet sich um die tolpatschigen Kaktus, drängt sich durch das Gestrüpp der drei Meter hohen Kerzeneuphorbien, stürzt sich in zierlichen Kränzen von der hohen Felswand, ein stehender Wasserfall von Dunkelgrün und Purpur. So überkleidet steigt in großen kühnen Linien der ungeheuere Hang aufwärts bis zu den zweitausend Meter hohen Kämmen und Graten der endlos sich streckenden Kumbre, die doch selber nur erst das Fußgestell ist des ragenden schneeigen Pik und seines ungeheuren Kratergebirges, hoch umflattert und umwogt vom ewig wechselnden Meer der silbernen Passatwolken.

Ist es nicht selbstverständlich, daß im Anblick solcher Herrlichkeit im kindlichempfänglichen Gemüte primitiver Völker das Göttliche geahnt und gefunden, daß es auf den ragenden Höhen dieser Berge, im gewaltigen Geklüft dieser Schluchten und Felsen verehrt und angebetet ward? Ist nicht hier die Wurzel der Religion?

Nein. Hier ist sie nicht. Jene «Primitiven» waren wohl Kinder. Aber hör doch die Kinder da draußen. Sie interessieren sich für das «Hündchen» und unsere Chokolade-Bonbons, für ihre Fallen, mit denen sie den graugrünen Kanarienvogel fangen, und für ihre Brummkreisel. Aber die göttliche Pracht ringsum ist ihnen ganz gleichgiltig. Die Größe und Schönheit der Natur und den Glanz Gottes in seinen Werken vernimmt nicht das Kind, und der Mensch erfährt ihn nicht zuerst, sondern zuletzt, wenn er reif und tief geworden ist im Laufe seiner Geschichte. Und ästhetisches Erleben der Natur hat zwar tausend Uebergänge in das religiöse und ist ihm verwandt in tiefen Gründen, aber Aesthetik ist nicht Religion. Und ihre Ursprünge liegen ganz wo anders. Sie liegen – – indessen diese Rosen hier duften zu süß und das tiefe Moll der brandenden Wogen draußen ist zu prächtig, um jetzt so schwere Fragen zu vollenden. *)

* * *

Wieder im Wagen, auf der staubigen Landstraße an der Schulter des Gebirges. Die Sonne ist hinter den Bergkamm getreten. Ein ungeheuerer blauer Schatten rieselt von oben langsam herab von Terrasse zu Terrasse. Allmählich deckt er alles zu, sinkt über das Meer, wächst bis an den Horizont, verdämmert in Veilchenfarben. Es dunkelt schnell. Form und Farbe verschwinden. Weites Schweigen der Nacht. – Von unten rauscht das Meer in breiten Flüssen am tiefen Grund der Felsen auf. Von oben aber über Berg, Meer und Felsenhöhe erblüht lautlos aus dunkler Weltentiefe die ewige Zier. –

Rudolf Otto

*) Da wird uns aber der Verfasser, den wir jetzt in seiner Ferne nicht packen können, später Rede stehen müssen. D H

[705] Vom Wege

Auf der Höhe von Agadir, 18. Mai 1911

– Es will nicht, sagt der kleine Katalane und zwirbelt nervös seinen schwarzen Schnurrbart[3].

– Versuchen Sie es noch einmal. Es wird schon gehen, tröstet Don Juan. Er hat dreiundzwanzig Jahre lang Zwiebeln von Lanzarote nach Amerika gefahren und dabei etwas Geduld gelernt. Pedro dreht wieder die Kurbel, die den Dynamo schnarrend und rasselnd in Gang setzt. Er hämmert mit dem Taster, daß die langen blauen Funken sprühend überspringen. Sie sollen die Ankunft unseres kleinen, wackeligen, schmutzigen Dampfers der Marconistation in Mogador melden, wo er nach höchst saumseliger Fahrt morgen früh landen will. Wir sitzen mäuschenstill in der kleinen Telegraphenzelle und hören diesem seltsamen ätherischen Gespräche zu. Durch ihr kleines Fenster sieht man den weißen Streifen am Horizont langsam auf und nieder steigen, der uns seit längerer Zeit im Osten begleitet. Es ist die maurische Küste, die sich von Kap Juby bis nach Tanger über 1200 Kilometer hinstreckt und den Maghreb el Aksa abschließt, das Land des äußersten Westens islamischer Kultur, solange verschlossen in seiner Seltsamkeit, so heiß begehrt wegen seiner unermesslichen Fruchtbarkeit, seiner Bodenschätze und seiner Handelsmöglichkeiten. Ich wollte ins Innere und nach Fez selber, um es gründlich zu sehen. Das ist unmöglich geworden durch die Stämme, die, von unendlicher Steuerpresserei zur Verzweiflung gebracht, sich gegen Sultan und Machsen erhoben haben. Aber der Rand ist ruhig, und auch in den malerischen, schimmernden, weißen Städten seiner Küste ist viel zu sehen und zu lernen.

Endlich hat unser armes, vom steifen Nordost-Passat schwer geplagtes Schiff fauchend und keuchend seinen Gegner bezwungen. Es läuft in eine schöne weite Bucht, heult nach all der Anstrengung einige Male laut auf und ruht dann behaglich schaukelnd an der dicken Ankerkette. Auf langem sandigem Haff ist eine Stadt aus dem Grau-Grün des Wassers herausgestiegen, blendend weiß, wie aus Zucker aufgebaut. Vorn eine schnurgerade Mauer mit Zinnen, rechts und links mit breiten Basteien flankiert, aus denen uralte Kanonen ungeheuer gemütlich und

---

3 Orig.: «Schurrbart».

gänzlich schußunfähig herausschauen, von großen Bogen unterbrochen, durch die ein Kanal ins Innere führen würde, wenn er nicht versandet wäre, in der Mitte ein schönes hohes Tor, an dessen Stufen sich ein buntes Volk in langen flatternden Trachten drängt: schwarze Sudanneger in groben Säcken und vornehme hellfarbige «Andalusier», Mauren, die aus Spanien zurückge[706]trieben die Aristokratie und Intelligenz des Landes ausmachen mit gescheidten feinen Gesichtern, eleganten und wohlgepflegten Händen und Gliedern, und zwischen ihnen das Volk des Landes in allen Uebergängen der Farbe, Schattierung, Rasse und Qualität, dazu reine Berber, die «blauen» Leute von Sus, von der arabischen Kultur nur eben berührt, ein hellfarbiges unsemitisches Geschlecht, und vor allem, überall und geschäftig die mughrebinischen Juden, arabisch in Tracht und Sprache, aber kenntlich an der schwarzen Filzkappe, die das Gesetz ihnen vorschreibt, und am unvermischten jüdischen Typus. Sie sitzen in allen Städten, als Gewerbetreibende, Geldwechsler, Makler, Zwischenhändler, zu vielen Tausenden, durch die Jahrhunderte hindurch festhaltend an Thora und Talmud, zumeist eingeschlossen in die engen, unglaublich schmutzigen Ghettos ihrer «Mellafs», teilweis, vornehmlich im Süden, auch als Nomadenstämme, im Lande schweifend.

Don Juan hatte Recht gehabt. Unsere Ankunftsmeldung war schließlich eingetroffen. Eine schwere, achtrudrige Barkasse kommt zu uns heraus: drei stämmige Neger, schwarz wie Teufel, fünf Araber, und vorn drauf zwei pfiffige Juden, die uns und unser Gepäck in das auf und abtanzende Boot – man weiß nicht recht wie – hinunterbefördern. Die Wellen sind nicht schlecht. Eine von ihnen, ein mächtiges krystallen grünes Ungeheuer fällt uns in die Flanke. *Sidi Mogdur*! Schreit der Bootsmann, *Abd el Kader*! der Schwarze, *Si Mohammed*! der ganze Chor, jedes Mal, wenn ein neues heranrauscht und den Nachen zur Höhe fliegen macht. Und die Heiligen helfen wirklich und bringen uns trocken zu Lande. Das heißt, nein, zu Lande bringen uns eigentlich erst die beiden Juden. Sie packen uns, wo das Wasser seicht wird, setzen uns auf die Schulter und schleppen uns wie Säcke aufs Trockene.

____

Mogador, 14. 5.

Bismilla-a-a-si rachma-a-a-ni rachiiimi

Preis Allah, dem Herrn, dem Barmherzigen, dem Gnädigen, dem Könige am Tage des Gerichtes. Dir dienen wir, dich rufen wir an. Führe uns auf rechter Bahn, der Bahn derer, denen du gnädig bist, und nicht derer, denen du zürnst, und derer, die im Irrtum sind.

Bismillaasi rachmani rachimi ....

So fort, ohne Ende, heult, aus Leibeskräften, mit gepreßter Lunge, die Schar der kleinen Knirpse, fünfundzwanzig an der Zahl. Sie hocken auf einer Binsenmatte mit gefälligen Mustern, die Füße untergeschlagen, den kleinen Oberkörper mit Macht vor- und rückwärtsschwingend und friedlich-fromm näselnd, wie die Alten. Sie sehen aus genau wie das Münchener Kindl in der langen faltigen Kutte über dem weißen Hemd und mit der Kapuze über den Ohren, unter denen ihre kleinen braunen, gelben, weißen, schwarzen Gesichter unglaublich drollig hervorgucken. Der «Taleb» aber hockt in der andern Ecke, auf Rutenweite von ihnen entfernt. Indessen, der lange Bakel ruht gefahrlos auf der Erde. Sein Besitzer ist bei Klange der tausend Mal wiederholten heiligen Worte des «Vaterunsers der Moslemin» behaglich eingenickt. Die Sache geht auch so weiter. – Seine kleine, knapp zwei Meter lange Medersa klebt an der Seite des plumpen viereckigen Minarets der weißgetünchten Moschee, die wir nicht betreten dürfen. Das Licht dringt nur durch die Tür hinein und fällt gedämpft über die Schüler und den Meister und seinen großen Teetopf, der auf Holzkohlen leise brodelt. Als wir an die Oeffnung traten, stockt der Chor. Sogleich erwacht der Lehrer, greift zu seinem Erziehungsinstrumente, wird aber schreiend belehrt und überzeugt, daß Grund zum Schweigen sei. Freundlich grüßt er uns, ein noch junger Mann, der selber erst die Medersa durchgemacht hat, mit den feinsten großen blanken Augen, den weichen Zügen und überhaupt von jeder Art von Schönheit, die Engels- und Rehköpfen so gut und Männern so schlecht steht. Er lädt uns zum Tee ein und führt uns die Leistungen seiner Schüler vor. Ihr Pensum, jahrein jahraus, ist Schreiben, Lesen, etwas Rechnen und den Koran auswendig lernen. Sie zeigen ihre weißen Schreibbretter mit den runden fließenden Zügen der arabischen Schrift, dieser elegantesten Schrift der Welt. Zwei Koransuren stehen darauf. Vers um Vers wird «gebläut», wie bei uns [707] weiland vom Küster der Katechismus. Was binnen ist, wird ausgelöscht. Ist der ganze Koran durchgenommen, so geht die Übung von vorn an.

– Lernen sie nur den Koran?

– Nur den Koran. Alles was gut ist, ist im Koran oder folgt daraus. Was nicht im Koran ist, ist dem Menschen nicht nötig zu wissen oder auch schädlich. Wir Lehrer lernen den ganzen Koran.

– Auswendig oder zu lesen?

– Auswendig, von Wort zu Wort, und von Anfang zu Ende.

– Wo hast du gelernt? In Kairo, in el Azhar, oder in Fez in der großen Universität?

– Nur hier am Orte. Früher gingen die Tolba von hier nach Fez, zu studieren. Heute nur noch ganz wenige. Man studiert dort nicht mehr wie früher.

– Was tat man dort früher?

– Viel. Den Koran, die Grammatik, die Logik, und die gute Sprache (Rhetorik). Auch die Ueberlieferung und die Auslegung des Koran, das Recht, die Mathematik und Sternkunde, und auch die – die – Phalas ...

– Die Philosophie?

– Ja.

– Was ist denn das, die Philosophie?

– O, etwas Schlechtes, was Menschen treiben, die sich nicht am Worte Allahs begnügen wollen.

Er zog einen kleinen Bleistift hervor. Siehst du dieses? Oder dieses und dieses? Er deutete auf einen Stein, auf den Himmel. Nun wir sehen das Alles und sagen wie der Koran: Allah hat es gemacht. Aber die Philosophen sind nicht zufrieden. Sie wollen nicht den Koran fragen, sondern dieses da – er tippte auf die Stirn – den Verstand, und dann fragen sie: Warum ist dieses und dieses, und wie kommt das und das? «Gott hat es nicht geboten.» Sprachs, schlürfte seinen Tee und versenkte sich nach der großen Anstrengung wieder in seine vorige Behaglichkeit, uns zum Abschied freundlich zunickend. Und sogleich fiel der Chor wieder ein:

Bismilla-a-a-si rachma-a-a-ni rachi-i-i-mi.

---

20. Mai

Wir sitzen auf dem weiten ebenen Dache eines der stattlichsten Häuser der Stadt. Es ist die neue jüdische Schule. Hier sieht es anders aus als in der Medersa. Hier tummeln sich eben in der Freiviertelstunde etwa 70 Judenjungen verschiedenen Alters, reinlich in Kleidung, manierlich im Benehmen, ein Teil von ihnen in europäischer Tracht. Das Haus hat früher der englischen Judenmission gehört. Jetzt treibt die *Alliance israélite* ihr Erziehungswerk, und wie es scheint, mit Geschick und Erfolg. Leiter und Lehrer, Lehrplan und Betrieb sind französisch. Die «heilige Sprache» und das Alte Testament werden auch getrieben, aber nicht gerade im Uebermaß. Französisch, Rechnen, Geographie, Geschichte, die «Realien», auch Englisch wird eifrig gelehrt und gelernt. Niemand zweifelt hier zu Lande, daß diese Schulen der Alliance zugleich eins der wichtigsten Mittel, und der wirksamsten, sind für die *pénétration pacifique* der Franzosen, die langsam und sicher wirkt und mit der Zeit aus diesen heranwachsenden, intelligenten Jungen Helfer französischen Interesses machen wird. Ein Netz solcher Schulen zieht sich die ganze Küste herauf und hat schon jetzt ähnliche frühere Einflüsse von englischer und spanischer Sprache entschieden zurückgedrängt. – Mit klingendem Spiel zieht eben durch das nahe Tor und unter dem Fenster der Schule die «scherifische» Polizeitruppe vorbei, von ihren französischen Instruktionsoffizieren geführt, stramm in Reih und Glied, fest im Takt. Kaum sind in diesen schneidigen Chakiträgern die Männer und Burschen dieses Landes wiederzuerkennen, die sonst, in weiten Flattergewändern, hockend, träumend, nichts oder möglichst wenig tuend die Straßen hier anfüllen. Der Steuerbeamte, der militärische Instrukteur, der Lehrer, besonders auch der Arzt und sein Hospital (am wenigsten, wie es scheint der französische Kaufmann); sie alle treiben eine Art von Eroberung, die nicht so auffällt wie ein Zug nach Fez, aber die tief greift und wirkt.

[708] Auf der Suche nach der Schalschelet

Als wir noch – Hackmann und ich – in der «Ritze» bei Lagarde selbdritt Semitika trieben, erklärte er uns meist die «Akzente», die kleinen Häkchen, Schleifen und Pünktchen, die unter dem hebräischen Text des Alten Testaments verstreut sind. «Es sind Musikzeichen, sagte er, und die Schalschelet bedeutet den Triller». Wie sonst häufiger, sagte er mehr als er wußte. Weil das kleine Ding wie ein Blitz hin und her geht, riet er auf einen Triller. Hier in Marokko weiß man noch Bescheid mit diesen alten Rezitationszeichen und in den alten echten Judenschulen übt man sie noch. Ich wollte wissen, was die Schalschelet sei und außerdem eine der alten Schulen sehen. Chajjim el Malek (König Leben) führt mich hin. Sie gleicht genau der arabischen Medersa. Auch hier, fernhin tönend, das näselnde Einüben der Texte, die am Boden hockende Schar des kleinen Volkes, den Oberkörper aus Leibeskräften vor und rückwärts schwingend. In der Mitte der Rabbi, der von seinen Zöglingen ein kärgliches wöchentliches Schulgeld erntet, und sonst nichts, wenn nicht gerade ein «Epikuräer» – mit diesem Titel gehe ich hier – auf die Schalschelet neugierig ist. Drei ältere Rabbinen hat Chajjim noch herangeholt, eine Anzahl von Rabbinenkandidaten sich dazugefunden und ein Religionsgespräch kommt in Gang. Ein großer Band in Leder gebunden, ein Teil des Talmud, liegt zur Seite. Er ist in Warschau gedruckt.

Das Buch kommt aus dem Osten. Seid Ihr von derselben Schule wie die Juden im Osten? – Ein lebhaftes Kopfschütteln und entrüstetes Ablehnen.

– Nein! Sie sind Aschkanasim, wir sind Sephardim! – Ist der Unterschied groß? – Sehr groß, sagt der älteste Rabbi, mit halbschmerzlichem Ausdruck im Gesichte. – Worin besteht er? – Sie lesen *o*, wo man *a* lesen muß, und *ei*, wo man *e* sagen muß. Wie liest du? – Ich sage ihm den ersten Vers der Bibel. Ein freudiges Kopfschütteln geht durch die Reihe. Ich habe die rechtgläubige Aussprache. Darüber verzeiht man mir fast den Epikuräer und wird zutraulicher. Wir reden von der Eingebung der Schrift und der der Akzente, die der heilige Geist durch Esra diktiert hat, von den Gebeten für die Toten, von der Fürbitte der Erzväter und der heiligen Männer, von den Wunderrabbinen, und wie man einer wird, von den Gräbern der sieben Heiligen bei Agimmur und der großen Wallfahrt dahin, von der Wundergabe des heiligen Geistes und vom heiligen Geist selber. Was ist denn aber die *Ruach hakodesch*, der heilige Geist? Die Moslem sagen, sie sei ein Engel, der Erzengel Gabriel. – Sie irren. Sie ist kein Engel. Die Christen sagen, sie sei eine Pers – sie sei etwas von Gott selber. Entrüstete Ablehnung. «Gott ist einer», ist die prompte Ablehnung des ganzen Chores auf einmal. Der Boden fängt an heiß zu werden. – Der junge Rabbi legt sich ins Mittel. Er hat eine abgegriffene Art Fibel herbeigeholt und singt nun mit passenden Zitaten die Akzente, Athnach und Sof Pasuk und die anderen großen schnell und leicht. Die kleine Schalscheleth ist selten. Er muß sich erst auf eine Stelle besinnen, in der sie vorkommt. Endlich findet man eine im Buch Esther. Und nun wissen wir, was sie ist. Die Stimme steigt mit einem kleinen Ruck steil in den Diskant, wo sie dann einen Augenblick leicht auf und nieder wimmert.

– Er hat einen vergessen, sagt Chajjim, als wir wieder draußen sind.

– Ja, die Karne Parah, die Ochsenhörner.

Daß man die Ochsenhörner kennt, überwältigt ihn. Er drückt mir die Hand: Morgen zeige ich Ihnen eine Beschneidung.

Ich hatte Mühe, dieses Uebermaß von Güte abzuwehren.

Am Sabbat

Ein kleiner, halbdunkler Saal. Nicht zehn Meter lang. Kaum fünf breit. Gedämpftes Licht von oben. Braunes Getäfel an den Wänden, vom Qualm der dreißig hängenden Oellampen angeräuchert. An den Wänden ringsum Bänke mit abgeteilten Sitzen, wie Chorgestühl von

Bettelmönchen. Ein hoher Schrein in der Schmalwand, und in der Mitte ein kleiner Altar mit breitem Pult.

[709] Durch labyrinthische Gänge des Ghetto, über zwei enge finstere Treppen hat Chajjim el Malek mich hierher geführt. Eine Synagoge nach der alten Art, vom Westen noch unberührt. Vierzig solcher sind etwa hier, die meisten von ihnen Stiftungen Privater und in Privathäusern, wie Hauskapellen gehalten, durch Rabbinen und Vertreter alten Schlages bedient, Gebetsstätte und Talmudschule zugleich. Es ist Sabbat, und schon im dunkeln, unbegreiflich schmutzigen Hausflur hörten wir das «Bemschen» der Gebete und Schriftverlesungen, jenes halbsingende halbsprechende nasale Cantillieren, das die Synagoge an die Kirche wie an die Moschee vererbt hat. Der Klang ist wohllautend und halb unterscheidet man bestimmte regelmäßige Modulationen und Tonfälle, die wie Leitmotive sich abwechseln und folgen. Die Worte zu trennen und zu fassen bemüht sich das Ohr zunächst vergeblich und will die Mühe schon aufgeben, da plötzlich löst sich die Stimmenverwirrung und – ein feierlicher Schreck fährt durch die Glieder – einheitlich, klar und unmissverständlich hebt es an:

Kadosch Kadosch Kadosch Elohim Adonai Zebaoth
Male'u haschamajim wahaarez kebodo!

Ich habe das *Sanctus, Sanctus, Sanctus* von den Kardinälen in Sankt Peter und das *Swiat, Swiat, Swiat* in der Kathedrale des Kreml und das *Hagios, Hagios, Hagios* vom Patriarchen in Jerusalem gehört. In welcher Sprache immer sie erklingen, diese erhabensten Worte, die je von Menschenlippen gekommen sind, immer greifen sie in die tiefsten Gründe der Seele, aufregend und rührend mit mächtigem Schauer das Geheimnis des Ueberweltlichen, das dort unten schläft. Mehr als sonst hier an diesem dürftigen Orte, wo sie erklingen in der Sprache, in der sie Jesaias zuerst vernommen hat, und von den Lippen des Volkes, dessen erstes Erbteil sie waren. Und zugleich drängte sich die Tragik dieses Volkes mit Gewalt vor die Seele: von sich stoßend, was selber das echteste und höchste Erzeugnis ihres Volkstumes und Geistes war, sitzen sie nun klagend an der unverweslichen Mumie «ihrer Religion», deren Krusten und Kleider hütend. – Als wir durch die schmale Tür eintraten, ist eben die Thorah gelesen. Die breite Pergamentrolle wird wieder zusammengerollt, in ihre seidenen Mäntel gehüllt und in Prozession zu ihrem Schreine zurückgetragen. Dann singt man die «Haphthare», einen Abschnitt aus den Propheten. Aufmerksam folgt die Versammlung dem Vorleser, man brummt hier und da leise mit, korrigiert ihn, mit unwilligem Schütteln des Kopfes, wenn er ein Kof statt eines Kaf liest, und freut sich wenn er es gut macht. Es sind lauter Männer. Die Frauen kommen nur einmal im Jahre, am Versöhnungstage, und müssen sonst «daheim ihre Männer fragen». «Sie verstehen ja doch nichts davon», erklärt Chajjim.

Ich bin auf den hohen Söller unseres Hauses gestiegen. Aus der kleinen spanischen Franziskanerkirche unten zur Rechten klingen scharf und gellend Marienlieder herauf. Die Maiandachten werden gehalten. Links singt, von der Gallerie des plumpen quadratischen Minaret der Mueddin sein *La illah il Allah* und ladet zum Abendgebete. Mit ihm gleichzeitig von drei andern Minareten seine Kollegen. Ringsum breiten sich, alle weißgetüncht und im grellen Sonnenlichte blendend die weißen Häuser der Stadt. Scharf grenzen sich ihre drei Grundlinien an einander: das Viertel der Gläubigen, das der Juden, und die Kasbah, das Viertel der Regierung, der Soldaten und der Ausländer. Hohe Mauern trennen sie von einander. Nach dem Lineal gezogen laufen die Straßen schnurgrade durch das Ganze, hier und da zu Plätzen und Märkten sich erweiternd. Sie zeigen, daß Mogador nicht allmählich entstanden, sondern auf Befehl und nach bestimmtem Plane angelegt wurde. Um den Sus, das Land unabhängiger Stämme südlich des Atlas, zu schädigen, schloß vor etwa 150 Jahren der Sultan dessen alten und guten Hafen Agadir, legte Mogador an und verpflanzte die Judenschaft und einen Teil der übrigen Bevölkerung hierher, einen Teil des Handels aus dem Hinterlande und aus der reichen Mittellandschaft von Marrakesch nach hierher ablenkend. Die Größe des Ortes und manch stattliches Haus aus früherer Zeit zeugen von einstiger Bedeutung des Ortes.

Dort unten zieht sich der Karawanenweg nach Marrakesch [710] zum Tore hinaus, den wir gestern landeinwärts geritten sind. Den sichelgebogenen Strand hinauf, dann hinüber zum kuppelgedeckten Heiligtum des Sidi Mogdur, des Ortsheiligen und Patrons von Mogador, nach dem es vielleicht seinen Namen hat, schwankt in rhythmischer Bewegung ein Zug langstelziger «beindrehender» Kameele, die in der schönsten Sonne einen riesigen Schatten wie Kolossal-Hieroglyphen mit scharfer Silhouette über die schneeweiße Sandfläche zeichnen. Sie haben zweitausend Ziegenfelle hergetragen, die jetzt am Stadttore ausgebreitet liegen und gesalzen werden, und nehmen hunderte kleiner deutscher Zuckerhüte mit zurück. Unterhalb des Heiligtumes machen sie Halt an einem Erdhaufen, mit Dornengeflecht sonderbar umzäunt, unter dem eine Art Küster des Heiligen schläft oder den Rosenkranz der neunundneunzig Namen Allahs betet. Man geht nicht am Heiligen vorüber, ohne ihm Opfer darzubringen: Kupferstücke, eine Hand voll Zucker, Reis, Tee oder dergleichen. Seltsam und uralte Erinnerungen weckend ist der Opfersatz: eine niedrige «Bamah» aus Sand, umzogen von einem Steinkreise, der den «Horm», den Weihebezirk abgrenzt und an seiner Heiligkeit teil hat. Auf einzelnen der Steine sind wieder andere vorsichtig und kunstvoll aufgefügt und gestapelt, in kleinen Pyramiden oder Säulen. Fragt man, was das Ganze eigentlich bedeute, so bekommt man regelmäßig zur Antwort: «Es ist nichts, es ist nur ein Brauch.» In Wahrheit ist es ein Ritus, der in der Unterschicht der Religionen, in sonderbarer Gleichheit, sich fast um die ganze Erde zieht und ganz ähnlich in Japan in Shinto- oder Buddahverkleidung sich wiederfindet. Ich selber fand ihn noch vor vierzehn Tagen, auf katholischem Boden, genau entsprechend. Als ich mit Aostin, den «Höllenberg» von Tenerifa herunterstieg, kamen wir an einsamer Stätte an einem schlichten kleinen Holzkreuze vorüber, das wie viele andere den Ort anzeigt, wo einmal Jemand verunglückte. Das Sonderbare an diesem aber war, daß kleine Steine in einer Reihe geordnet, bisweilen auch zwei übereinander, auf dem Querholze lagen. «Es ist nichts, es ist ein Brauch. Man betet ein Ave. Man legt ein Steinchen», sagt Aostin. Und dasselbe fand ich, hörte ich heute Morgen auf dem Judenfriedhofe, draußen auf dem Wege nach Saffi. Mächtige Steinplatten decken dort die Gräber, in der Form und der Meißelung noch heute uralten Brauch nachahmend, den man einst aus Aegypten oder Phönizien mitgebracht hat. An einem von ihnen, einem offenbar ausgezeichneten, vielleicht dem eines angesehenen (oder «heiligen») Rabbi, hängt ein niedriger roher kleiner Anbau mit einer rußgeschwärzten Höhlung. Und auf der Steinplatte verstreut liegen Steinchen, teils flüchtig hingeworfen, teils geordnet, einige von ihnen in Läppchen fest eingebunden und eingeknotet. Ein junger Jude war langsam herangeschlichen, um zu sehen, was der Ingles auf den alten Steinplatten suchen könne.

– Was bedeutet dieses? frage ich.

– Oh, nur die Unwissenden, die Einfältigen, sagt er. Darin (in dem russigen Loche) brennt man ein Lämpchen, eine Kerze. Dort legen sie Steine. Es ist – nun es ist ein «Gedächtnis».

Es ist mehr als ein «Gedächtnis». Es ist der alte, an immer neuen Formen sich erhaltende und wieder wachwerdende Kultus der Abgeschiedenen, halb Spukenden, halb Heiligen, verfließend mit dem Kultus des Orts-Numen, und verbunden mit der ursprünglichsten aller religiösen Aeußerung, dem nach der «Kommunion» mit dem Ueberweltlichen durch Mittel primitiver Phantasie.

Wer dergleichen in nächster Nähe studieren will, reise nach Innsbruck und verbringe einen Nachmittag auf dem «Friedhof der armen Seelen» unter den Lanser Klippen.

Schluß folgt

Rudolf Otto

[724] Vom Wege

Auf dem Markte in Saffi, 25. Mai

Zurück von einem Ritt ins Hinterland. Längst hat jener ungeheure sandige Dünenzug, der Mogador in riesigem Boge mit seinen gelblichen, vor dem Winde immer neu und anders sich werfenden Sicheln umzieht, aufgehört. Eine mächtig Kreideband trägt hier die Stadt, steil abstürzend, und von dem [725] stetigen Drucke der Ozeangezeiten zernagt und gebräunt. Fast bis an die Küste tritt hier jenes fruchtbare Land der Schwarzerde heran, das Marokko so begehrenswert macht. Und noch ist es grün von wogenden Maisfeldern, gelb von Weizen, und zwischendurch bunt von Frühlingsblumen wie eine Hochwiese der Alpen. Auch hier, auf dem Markte, das geschäftige Treiben der Kamelszüge, der Händler, Tonbäder, Packträger, Gewerbetreibenden. Ein alter Jude, treuherzig, zutunlich, hat mich umhergeführt.

– Was bedeuten diese sonderbaren schwarzen Zeichen an allen Haustüren? Auch in Euren Synagogen habt Ihr sie über den Lampen. Wie eine Hand geformt, mit den vier Fingern nach oben und dem Daumen nach aussen. Eure Frauen tragen sie aus Blech am Halse und hängen sie den Kindern um, und die jüdischen Blechschmiede verkaufen sie.

– O, es ist nichts. Nur ein Brauch, eine Gewohnheit.

– Ich will dir sagen, was es ist: es ist ein Zauber. Ein Zauber gegen den bösen Blick.

– *Karamba!* fluchte er leise.

– Was aber sind diese da? – In einem Kreise von Männern und Weibern hocken drei Derwische. Zwei schlagen in gewissem Rhythmus eine grosse und eine kleine Pauke. Der dritte springt auf und zieht aus einem braunen Sacke eine gestreifte, geschwollene, sich langsam windende Natter, mit der geteilten Zunge züngelnd. Er fasste sie mit den Zähnen, windet sie um den Arm, den Hals, schwingt sie im Kreise. Dazu singen alle drei eine Art Litanei, Anrufungen Allahs und einen katalog der Khalifen und der Heiligen. Immer wieder kehrt ein offenbar besonders verehrter Name: *Sidi Mohammed ben Aïssa.* Der mit den Schlangen ist in halber Ekstase. Er gestikuliert, springt hin und her, die Augen rollen und glänzen. Kranke sind herzugeführt. Ein Knabe mit einem Kopfleiden tritt in den Kreis, küsst dem Derwisch Rock und Hand und entblösst den Nacken. Die Schlange wird ihm umgelegt. Dann zieht der Derwisch den Kopf des Knaben in die Falten seines Burnus und nun, in befehlendem Tone, stösst er einzeln und abgesetzt nach einander bestimmte heilige Namen aus; nicht eigentlich Anrufungen der Träger des Namens, sondern nur den Namen selber, ihn selber gleichsam wie eine Waffe gegen den Dämon der Krankheit schwingend: *Yallah, Si Mu-*

hammed, Si Bu Bakri, Sidi Aïssa (Jesus), *Abd el Kader, Muley Idris, Sidi Muhammed ben Aïssa.*

Das Wunder ist vollbracht. Die Schlange wird abgenommen, in den Sack gesteckt, der Knabe mit einer Handauflegung entlassen.

Ein älterer Mann tritt in den Kreis. Sein Fuss ist krank. Er entblösst ihn. Der Wundertäter rührt ihn mit dem seinigen an, läßt die Schlange ihn bezüngeln.

Ein Dritter tritt ein. Er ist gesund. Aber er begehrt mehr als die Andern: die *Baraka* (die mystische Segens- und Wunderkraft) des Heiligen selber. Der Derwisch fasst ihn bei den Handgelenken und – ein Ausdruck besonderer Feierlichkeit geht über die Gesichter – speit ihm in die geöffneten Hände. Der Gesegnete neigt sich tief zur Erde und verlässt den Kreis. Ein Weib begehrt die *Baraka* auf andere Weise mit fortzunehmen. Sie reicht dem Derwisch eine Kupfermünze zu. Er beleckt sie mit ausgestreckter Zunge, steckt sie in den Mund und gibt sie dann zurück, von *Baraka* triefend.

– Pfui! Schwindler sind sie, sagt mein Jude, sagt jeder Europäer hier, den man nach der Sache fragt, und die Sache ist abgemacht. In Wahrheit sind sie «*Aïssaua*», die «Söhne von Sidi Mohammed ben Aissa». Dass im Namen Sidi Mohammeds unendlich geschwindelt wird, ist kein Zweifel. Aber die Sache selber ist etwas Anderes als Schwindel. Diese Leute, die ihre Religion hegen in der Form einer Raserei und wilder Verzückungen, tanzen, rasen und Allah heulen, in ihren *Sikr* Glasscherben, Skorpionen und Kröten fressen, im Taumel der Allah-Besessenheit Schwerter sich in Magen und Arme stechen ohne Blutvergiessen, Hammel lebendig zerreissen und – ein Barbarensakrament – das Blut schlürfen, dabei die *Baraka* des Heiligen wie Zauberkraft in Haut und Haar und Speichel mit sich führen, wundertuend durchs Land streifen – sie sind uns grauenhaft und fremdartig. Und doch gehören sie hinein [726] in jenen seltsamen dunklen Untergrund der Religion, aus dem erst langsam sie selber sich in ihren reinen Formen ausgerungen hat. Auch Israels «Prophetenkinder» vor Amos sind einst diesen Leuten hier auf dem Markte von Saffi so unähnlich nicht gewesen, und Abrahams, Isaaks, Jakobs «Segen» war eine *Baraka*. Und will man anschauen, was überhaupt Religion als urwüchsiger Instinkt und Trieb, als Gemeinatmosphäre des Wunderglaubens, der rohen Mystik, mystisch-eschatologischen Träumens und Erwartens ist, so muss man heute zum Islam gehen, nicht zu dem der Schulen und Kommentare, sondern zu eben dem der *Baraka*, der Wundertäter und ihre Gräber, der *Sikr* und der Verzückungen, der «Bruderschaften» und der Mahdigläubigen.

* *

Wieder an Bord. Die See ist ganz glatt und doch gab es beim Einschiffen vom Strande her eine Schwierigkeit, die mich schon fürchten machte, die Abfahrt des Dampfers zu versäumen. Alle Schiffe liegen hier, da es Häfen in unserm Sinne an dieser Küste überhaupt noch nicht gibt, weit draussen auf der Reede. Man erreicht sie vom Lande aus in grossen 8 bis 10-rudrigen Böten. Das meine hatte mich aufgenommen, der alte graubärtige Scheich der Rudermannschaft hatte das Zeichen gegeben und wir waren gut im Schusse. Da wirft einer der Ruderer, ein riesiger Mohr das Rufer fort und schreit auf den Oberen und die Andern ein. Die schreien wieder. Aber Einer nach dem Andern folgt seinem Beispiele, wirft das Ruder fort und nun schreien alle gegen den Bootsmann. Sie wollen nicht weiter, sie wollen zurück ans Land. Der Bootsmann sträubt sich, schaut mich an, ich ihn, fordernd, dass sie weiterrudern. Dann plötzlich giebt er nach und lenkt sein Steuer herum. Jetzt fange ich meinerseits an zu schreien, zu drohen. Es hilft nichts. Das Boot macht eine grosse Schleife, berührt – knapp drei Sekunden lang – das Land und lenkt dann sonderbarerweise wieder herum, um die Fahrt offenbar sogleich wieder aufzunehmen. – Was soll das? Ein Anschlag auf meinen Geldbeutel? Keineswegs. Sie rudern ja jetzt sehr willig und haben keine Forderung ausgesprochen. Dem Mohren war eingefallen, dass man beim Abgang vom Lande nicht – gebetet hatte. Der Scheich hatte es auf sein Geschrei hin draussen sogleich nachholen wollen. Aber das war offenbar ruchlos, denn am A n f a n g e der Reise muss man Beten, und hat man es da nicht gethan, so muss man sie Reise neu anfangen. So drehte man um, rührte knapp an den Strand, um auch wirklich von vorn angefangen zu haben. Das «Gebet», das oftgenannte Ausrufen der heiligen Namen, wird gehalten, und nun geht's glatt und ohne Hindernis hinaus. –

Wir haben hundert Ochsen geladen und achtzig Hämmel. Und da die vierbeinigen Passagiere sehr viel ungeduldiger sind als die zweibeinigen, so fahren wir schnell und sind schon morgen in Tanger.

* *

Tanger, 28. Mai

Der freundliche Geistliche, in dessen Zimmer wir sitzen, umgeben von riesigen Bücherbörten mit arabischer, jüdischer, französischer und englischer Theologie, hat zu einem geruhsamen geistlichen Gespräch den ehrwürdigen Fki Muhammed T'lemçia eingeladen. Er ist einer der in

Gottesgelehrtheit und Recht Gelehrten und Gebildeten, kennt Schrift und Ueberlieferung und gilt als ein Mann, der viel nachgedacht hat. Sein schönes altes Gesicht, die helle Hautfarbe, die gewählte Kleidung, die feine Manier in Gruss und Neigung verraten gute Abkunft und Erziehung. Er grüsst die Hand auf Herz, Stirn und Lippe legend, ordnet leicht die Falten des dunklen Ueberwurfes, der über dem braunroten Unterleibe niederwallt und erwartet höflich die Frage. Sie geht auf die *Aïssaua*.

– Du fragst nach den *Aïssaua*. Es ist besser nicht nach ihnen zu fragen. Gott hat sie nicht gesendet. Sie nennen sich eine Brüderschaft. Und ausser ihnen gibt es viele ihnen ähnliche, die *Sadikijjin*, die beim Tanze mit den Köpfen gegen einanderrennen, und die *Mellaijjin*, die Feuer fressen, und die *Hamadscha*, die sich mit Hacken auf die Schädel schlagen. Und alle rasen und schwenken die Köpfe. Das ist nicht aus dem [727] Koran. Ihr Gründer, Sidi Mohammed, war ein heiliger Mann. Aber seine Jünger haben ihn mißverstanden.

– Und was bedeuten diese Steine, die im Kreise gelegt werden, und diese Fäden, die an die Gräber geknüpft werden? Gestern fand ich Bänder an die Tür eines heiligen Grabes geknotet. In eines war ein Zettel eingebunden.

– Vielleicht mit einem Gebete zu den Heiligen. Es ist eine fromme Sitte, gleichsam eine Ermahnung an den Heiligen zur Erinnerung. Das ist auch nicht aus dem Koran. Es ist überkommen. Es ist auch nicht «geboten» oder «geziemend», sondern nur Brauch.

– Was ist der Unterschied von geboten und geziemend?

– Zum Beispiel: es ist nicht geboten aber geziemend, daß Einer den Andern grüßt *Saläm aleikum*. Hat aber der Eine so gegrüßt, so ist es für den Andern nicht geziemend, sondern geboten, zu antworten *Waaleikum saläm*.

– Du hast in Fez studiert. Ein Kaleb sagte mir, in Fez habe das Studium aufgehört.

– Er wusste nichts. Bis unter Mulinhassan hat man dort studiert, wie in El Azhar in Kairo. Erst in den letzten Wirren sind die Studien in Verwirrung gekommen.

– Und gibt es noch die alten Sekten und Richtungen in der Lehre?

– In der Lehre nicht, nur im Ritus der Ueberzeugungen und Gebetsformen: die Hanbali, die Maleki, die Schafei und die Hanafi.

– Wer liegt in all diesen Heiligengräbern, die auf jedem Markte und sonst so zahlreich sind?

– Nun, eben Heilige. Scherifen oder Marabut. Scherifen sind die Nachkommen des Propheten durch Fatime, seine Tochter, die seine *Baraka* tragen. Die Marabut sind Heilige aus dem Volke, die durch Fasten und Beten und Koran und ihre Heiligkeit Freunde Allahs sind. Man geht zu ihren Gräbern ihrer Fürbitte wegen.

– Wie wird man Freund Allahs?

– Deine Frage ist schwer. Die Ausleger des Koran lehren verschieden. Die Einen sagen: Tue das Gebotene und erwirb den Garten und die Gnade Allahs. Aber die Anderen sagen: Allah erwählt nach seiner Gnade allein welchen er will, den Einen zum Guten und den Anderen zum Bösen. – –

Wir waren beide eine Weile stumm. Von der Wand über dem Bücherborte blickte das strenge Bild Calvins auf uns hernieder.

– Wie versteht Ihr den Koran, nach dem Buchstaben oder figürlich?

– Die Ausleger haben darüber gestritten. Einiges sollte figürlich, Anderes wörtlich verstanden werden.

– Zum Beispiel der Lohn im Garten Eden, die Bäume und ihre Früchte und die Sinnesfreuden, von denen der Koran redet?

– Die Ausleger sagen: Du wirst finden, je nachdem du erwartest: der Sinnliche Sinnliches, der Geistliche Geistliches, jeder die Freude.

* *

Bei Sidi Kassim, 29. Mai

Ein Strahlender Morgen. Hell und heiß und doch nicht drückend scheint die Sonne herunter und füllt alles mit einem schimmernden Glanze. Weit breitet sich die üppige fruchtbare Ebene zwischen den welligen Höhenzügen, die kraus und verworren sich dem Innern zu ziehen. Wir sind von dem weißen hufeisenförmigen Tore der deutschen Gesandtschaft aufgebrochen, gemächlich über den großen Markt gezogen, der eben sich mit bunten Trachten und Menschen füllt. Das Landvolk zieht uns entgegen zur Stadt herein, dunkle Rifioten mit ihren kurzen braunen Ueberwürfen, auf den Nähten mit zierlichen Mustern gestickt, die Regel der Verschleierung wenig achtend. Drei von ihnen stehen still am Tore der englischen Gesandtschaft und bewundern neidisch den üppigen Rosenflor da drinnen. «Ah», sagt die Vierte, «Allah gibt hier den Ungläubigen, was er will, später aber das Feuer und uns Gläubigen den Garten.» – Ein Weisses *Weli* winkt von der Höhe. Es ist offen und wir hätten [728] gern davor Halt gemacht. Aber Hans und Hassan interessieren sich nicht für Heilige und wollen ins Grüne. Und da Hans und Hassan ein paar rassige Berberhengste sind, mit sehr entschiedenen Ansichten, so müssen wir den Heiligen in seiner Ruhe lassen. Ein paar Stunden lang sind wir dem Karawanenwege nach Fez gefolgt, dann rechts abgebogen, haben Wasserläufe durchschritten, von denen man nicht sieht, woher sie kommen und wohin sie gehen, die aber aus dem schweren tonigen Boden ein weiches saftiges Grün hervortreiben, und sind dann hinüber gebogen gegen den niedrigen Dünenzug zu, der dichtes schattiges Mastirgebüsch, Steineichen und niedrige Kastanien trägt und ein gastliches Zeltlager zu behaglichem Ausruhen. Wir sind im Schutzbereiche von Sidi Kassim, zu dem wir wallfahrten. Er ist der angesehenste Heilige der Gegend, ein echter Nachkomme von Mulei Idris, dem hochheiligen Gründer der alten scherifischen Idrisiden-Dynastie, ist im heiligen Kriege gegen die Portugiesen gefallen und heilt jetzt Zahnschmerzen, spendet den Weibern Kinder und seine *Baraka* den Tausenden von Pilgern, die sein Grabmal besuchen. In einem Walde herrlicher alter Oelbäume liegt es. Der Wald ringsum ist ein «Bannwald». Er nimmt Teil an der *Baraka* des von ihm eingeschlossenen Heiligtums. Seine Stämme dürfen nicht gefällt, seine Aeste nicht gebrochen, das herabfallende Holz nicht fortgenommen werden. Eine längliche Vorhalle führt zum Heiligtum. Hier verbringt der Hilfesuchende wohl eine Nacht, um sich mit der Aura *) des Heiligen zu erfüllen. Und hier spendet er seine Gaben. Wir dürfen – erstaunlicherweise – eintreten und durch die offene Tür in die Zelle blicken. Ein quadratischer Raum, überwölbt von der üblichen Spitzkuppel. Ueber dem Grabe des Heiligen in der Mitte ein Katafalk, mit roten seidenen Tüchern behängt. Fahnen, kriegerische Abzeichen an den Wänden: denn wie der Islam selber eigentlich seinem Wesen nach der Krieg für Allah ist, so sind die Heiligen eigentlich Krieger und statt des Heiligenscheins führen sie Kriegsgerät. An den Wänden hängen einige Votivbilder: natürlich nichts Lebendiges darstellend, aber z. B. die Moschee von Mekka mit der Kaaba, die Abbildung der Fußspur des Propheten, Koransprüche und, an langen Fäden aufgehängt, große Straußeneier, eine mohammedanische Spezialität von Votivgaben, die auch in griechische Kirchen und Klöster gelegentlich ihren Weg fand.

Wie dieses Grab hier, so sind die Hunderte und Hunderte der kleinen oder großen *Kubbah* oder *Weli*, die hier das Land erfüllen. Sie sind etwas ganz Anderes als die «Moschee», die Stätte des offiziellen Islam, des gemeinsamen Gebets, der Versammlung, der Lehre. Sie liegen einsam auf Bergspitzen oder im Gedränge der Märkte und engen Gassen, zurückgezogen in dunklen schattigen Bäumen oder an der staubigen Landstraße. Sie sind dem gemeinen Volke viel wichtiger als die Moschee, und jeder Ort hat sein Heiligengrab, aber sehr oft keine Moschee. Der «Heilige», das heisst dieses Numen **) des Grabes und des Ortes, ist der Mittelpunkt und Hauptgegenstand der Massen- und Unterreligion des Volkes, für die die Beziehung auf Allah durch die kunstvolle Fürbitten- und Verdienstlehre, die die islamische Theologie natürlich ebenso ausgebildet hat wie Judentum und Katholizismus, in den Hintergrund tritt. – –

Schüsse knallen plötzlich, wiederholt und in gemessenen Abständen. Dicht unter dem Heiligtum, auf dem weiten Strande jenseits der Dünen hat die «Polizeitruppe» mit ihren französischen Instrukteuren sich einen Platz zu Ihren Schießübungen erwählt. Zelte stehen in Reihen, und nach der Ordnung treten die Schwarzen und die Braunen, in bauschiger Khakiuniform, den leuchtenden roten Gürtel um die Hüften gewunden, zum Scheibenschießen an. – Das ist die neue Zeit, hart am Rande der alten.

In achtungsvollen Bogen umkreisen wir die neue Zeit von hinten, durchschneiden die Dünen und betreten dann selber den festen feuchten Strand. Weit dehnt sich gen Westen das unendliche Blau. In flachen langgezogenen Wellen flutet es zu Lande, tief erdunkelnd im Ueberschlagen. Ein kühler, kräftiger Salzhauch weht herüber. Die Schüsse und alle Ge-[729]räusche gehen unter in dem gleichförmigen Brausen. Die Pferde sind von selber in Galopp gefallen, und, in der weichen, wogenden Bewegung hingetragen, mischen sich uns Blau und Wind und Brausen und alte und neue Zeit in verworrenem, wohligem Gefühl.

Rudolf Otto

*) Hauch, Luft. DH
**) Gottheit, göttliches Wesen. DH

———

[759] Vom Wege

Tanger, 31. Mai

Die zarte Sichel des jungen Mondes beleuchtet nur schwach die grünen Fliesen am mächtig vorspringenden Dach des hohen Moscheeportals. Auf seinen Stufen steht ein robuster Halbneger, in breitwallendem Burnus, um den roten Fez den schimmernd weißen Turban geschlungen, eine mächtige Hellebarde in der Linken. Er singt, mit kräftigem Bariton, dass die krummen Gassen davon wiederhallen, den Kreis Allahs und seiner Einzigkeit in der hundertmal wiederholten Formel: «Es ist kein Gott außer Gott! Gott ist groß!» Rein und ruhig schwebt die Stimme, tönt voll aus und sinkt zum Schlusse in künstlichen Kadenzen herab. Sogleich nimmt sein Gegenüber, ein Araber, angetan wie jener, den Gesang auf, und so im Wechsel dehnt sich die Litanei fast eine Stunde lang. Streng verboten ist der Eintritt ins Heiligtum den Ungläubigen. Schon als wir nur versuchen, einen Blick durch die offene Tür zu erhaschen, fasst der Sänger seine Hellebarde fester. Wir gehen weiter. Da klingt aus einer hohen halboffenen Tür ein anderes Lied: «Du Königin der Engel, du Fürstin der Patriarchen, du mystische Rose, du verschlossener Garten, du elfenbeinerner Turm: bitte für uns.» In der Franziskanerkirche ist letzte Maienandacht, vor ausgesetztem Allerheiligsten. Die Kirche ist ganz dunkel. Nur vom Altar her strömt das Licht der kunstvoll aufgebauten Kerzen und das feine Schimmern der erhöhten Monstranz, die das Mirakel bringt und zeigt in weißer Brotsgestalt.

Aber weiter. Wir müssen zum oberen Markte, wo uns Bekannte erwarten, um von den letzten Geschehnissen zu erzählen. Der Bergwerksingenieur berichtet von seinen Wanderungen im südlichen Marokko, im Atlas und im Sus, von seinen Besuchen bei Kaid Anflus und seiner Rückkunft über Agadir. Haupt-[760]person aber ist im Kreise der junge Schweizer, braungebrannt wie eine Kastanie auf seinem viertägigen Ritte durch die Schattenlose Steppe. Er kommt eben aus Fez, trotz «Rebellen» und «Unruhen», ist ohne Bedeckung und Begleitung quer durchs offene Land gestrichen und ohne allen Schaden soeben hier angekommen. Den Einzug der Franzosen und ihre «Befreiung» von Fez hat er gerade noch miterlebt, sowie die Wochen der «Belagerung». «Die Greuel der Revolution» und die «Gefahr der Europäer», von denen die französischen Zeitungen so reichlich überflossen, musste er sich erst von uns erzählen lassen. An Ort und Stelle scheint man nicht viel davon verspürt zu haben.

In dem Augenblicke tritt «ein Mann von der Feder», wie er sich nennt, herein: «Haben Sie's schon gehört: die Spanier sind in Larrasch. Am Mittag ist die Nachricht gekommen. Ich habe sie sogleich nach Berlin telegraphiert. Heut Abend muss sie schon in den Blättern stehen.» «Das ist ja herrlich», sagt der junge Kaufmann von der Westküste. «Nun werden wir uns doch endlich auch rühren müssen.» Mir fiel mein Chajjim aus Mogador ein. Er war deutscher Schutzbefohlener. Ingrimmig hatte er mir eines Tages die Nachricht gebracht: «Die Franzosen sind in Fez. Und was tut Ihr nun? Was tut der Kaiser? Wie warten Alle darauf.»

Das Gespräch war sofort lebhaft im Gange. «Dieser ganze Befreiungszug nach Fez war eine Komödie, wie schon die[4] Beschießung von Casablanca eine war. Die ‹Unruhen› wegen der Strandeisenbahn waren auch damals nicht der Rede wert und waren tags zuvor schon wieder still geworden, ehe der Befehl zum Bombardement kam.»

«Macht nichts. Geschieht dieser faulen und unzuverlässigen arabischen Gesellschaft grad recht, wenn endlich wer kommt und ihnen den

---

4 Orig.: die die.

Herrn zeigt. Das Beispiel von Casablanca hat doch heilsam gewirkt auf diese ganze Bande der Kaids und der Kadi und der Machsenwirtschaft. Auch hat es gezeigt, dass es mit dem Geschwätz von ‹Panislamismus› nichts auf sich hat. Ganz Marokko würde aufstehen wie ein Mann, wenn ein Europäer nach einem seiner Plätze griffe, hatte es geheißen. Und was ist geschehen? Nicht ein Hahn hat darnach gekräht und viel zahmer ist man geworden. Und das muß man den Franzosen lassen: seitdem sie da sind und die Steuerkontrolle, ist doch Recht und Verlaß im Lande und ein anständiger Geschäftsgang.»

«Und dem Handel und dem Kaufmann kanns schließlich gleich sein, wer hier Ordnung schafft und dieses Land aufschließt», sagt ein Schweizer. «Der Handel ist international und verlangt nur ‹die offene Tür›, den freien und ungehemmten Zugang.» – «Nun also, dann kanns ihm gerade nicht gleichgültig sein, w e r hier bestimmt. Unter Frankreich gibt's keine offene Tür,» sagt der Vierte. «Das wissen Sie so gut wie wir und unsre englischen Kollegen. Wie man in Algier und Tunis alle Nichtfranzosen weggedrängt hat, so wird's hier gehen. Daran zweifelt Niemand. Der französische Kaufmann ist von jeher zu ungeschickt gewesen, auf eigenen Füssen zu stehen. Er braucht den Staat hinter sich und den Ausschluss der freien Konkurrenz.»

«Und auf alle Fälle kanns D e u t s c h l a n d nicht gleichgültig sein, ob es hier mitredet oder nicht», sagt der Mann von der Feder. «Es hat sich in der denkbar lebhaftesten Form seinerzeit für Marokko eingesetzt. Jetzt ruhig hintenbleiben, wäre nicht nur beschämend, es wäre zugleich eine Einbuße an Prestige, und das ist politisch genommen eine sehr reelle Einbuße. Es würde ferner seine immer wachsenden wirtschaftlichen Interessen hier zu Lande aufgeben und sich zurückziehn von einem Erwerbsgebiete größter Zukunft. Dass wir besonderes Interesse an seinen Minenschätzen haben bei der drückenden Knappheit zu Hause, wissen Sie besser wie ich. Aber als Absatzgebiete unserer eigenen Produkte und als Produktionsgebiet für unsern Bedarf, ganz abgesehen von Minenschätzen, als Feld für unsere Kaufleute, Ingenieure, Beamten, hoffentlich auch Lehrer, Instrukteure usw. wäre es uns sehr wichtig. Um so wichtiger, als die Welt nahezu aufgeteilt ist und nach dieser vielleicht keine andere Gelegenheit mehr für uns kommen wird.»

«Dabei ist das Wichtigste noch vergessen», sagt der Reserveoffizier der Kavallerie, «die Bildung der französischen Kolonial[761]armee. Lassen wir Frankreich jetzt in Ruhe ungestört und ohne Entgelt sein ungeheueres afrikanisches Kolonialreich vollenden, so haben wir in zehn Jahren seine schwarzen, braunen und gelben Soldaten am Halse. Kinder kriegt es nicht mehr, aber Schwarze soviel es will.» «Die sind auch darnach. Man hört doch, was sie in diesem famosen Kriege hier leisten.

Die Senegalen passen sich nicht einmal an das hiesige Klima. Eine eigentliche Soldatendisziplin ist nicht in sie hineinzukriegen, und geht's zum Gefecht, so haben sie, wie Kinder, in den ersten zehn Minuten ihr Pulver verschossen.»

«Das beweist nichts. Was man hierher bringt, um gegen den Tadel dieser Kaide zu kämpfen, ist natürlich nichts Erlesenes. Trotzdem setzen sie ihre Sache durch. Aber sehen Sie doch die Polizeitruppen an! Sie exerzieren vorzüglich und reiten wie die Teufel. Material ist in Menge da. Und in Algier ist man schon drauf und dran, Araber und Berber zum Dienst zu zwingen. Schon um die französische Entwicklung in dieser Hinsicht kontrollieren zu können, darf Deutschland sich hier nicht herausdrängen lassen.»

«Herausdrängen lassen? Es ist ja noch gar nicht drin.Wenn es doch käme und Mogador und sein Hinterland mit Beschlag belegte! Die Araber selber würden uns zujubeln.»

«Hinterland von Mogador: das heisst Marakesch und seine ungeheuere weite schwer fruchtbare Ebene. Das mit Beschlag belegen, hieße halb Marokko und das Beste von Marokko nehmen, die Streiterei mit Frankreich, den Neid der Großmächte und den schließlichen Krieg mit sehr zweifelhaftem Ausgange sicher machen. Nein, sondern den Sus sollten wir uns irgendwie sichern, mit Agadir als Eingangstor. Das ist etwas ganz Anderes. Sehen Sie auf die Karte. Der hohe Atlas schneidet das Madi Sus scharf vom übrigen Marokko. Immer hat das Gebiet nur halb oder nur dem Namen nach in den Verband des maurischen Reiches gehört. Die Leute da unten verstehen kaum Arabisch. Sie reden bis heute ihr berberisches Schlöhh.Es ist ein Gebiet, das in jeder Hinsicht von der französischen Interessensphäre leicht abzugrenzen wäre. Es ist nicht zu groß, um Jemanden neidisch zu machen, aber groß genug um für uns sehr wertvoll zu sein, verspricht die für uns so nothwendigen Minen, wäre ein Bindeglied nach unseren westafrikanischen Kolonien hinüber und gäbe uns die Möglichkeit, Frankreichs weitere, für uns etwa bedrohliche Schritte in Marokko aus der Nähe wirksam zu kontrollieren. Von ‹Einverleiben› brauchte nicht die Rede zu sein: wir würden uns genau nach Frankreich und seiner *pénétration pacifique* richten. Wenn Frankreich ‹friedlich durchdringt›, dann durchdringen wir auch friedlich, und wenn Frankreich schluckt, dann schlucken wir auch.Ein paar Schiffchen vor Agadir könnten zur Zeit nicht schaden.»

So ging es weiter, bis man aufbrach, um nach erwogenen Geschicken sich in die Federn zu erstrecken.

Rudolf Otto

[779] Vom Wege

An Bord des M..., 4. 6. 11.

O heilger Geist kehr bei uns ein
Und lass uns deine Wohnung sein ...

blasen die Trompeten der Schiffskapelle dröhnend über die vergißmeinnichtblauen Wellen hin und jagen mich damit aus Schlaf und Koje ans sonnenbeschienene Deck.

Pfingstmorgen!

Leise schlürfend schießt das Wasser an den Flanken unseres Schiffes dahin. Ein stolzes, schönes, deutsches Schiff, eine Wonne dem Reisenden nach diesen halbreinen oder unreinen, kleinen, von Alter und Unluft geplagten spanischen und französischen Küstenbooten bisher. Es schießt mit seiner Last von 9000 Tonnen so spielend leicht seine fünf Meter im Sekundensprung dahin, geht so aufrecht und fest, ist so stattlich und stolz, und nun, am Pfingstmorgen, auch noch fromm.

Nordafrika gleitet an uns hin. Die Deckstützen teilen das lange schöne Bild seiner Küste in viele einzelne drei Meter lange Gemälde, und weil man mehr sieht, wenn man möglichst wenig sieht, lasse ich davon die anderen und fasse nur das ins Auge, das mir gerade gegenüber ist. Sonderbar, ich hatte von jeher in der Phantasie die Küste Afrikas ganz flach vor Augen, mit gedehntem Strande langsam sich in Syrten und sandigen Buchten verlierend. Hier aber streift ein stolzes schönes Bergland vorüber, dicht den Wassersaum berührend, vielhäuptig mit langen gleichlaufenden oder in einander sich wirrenden Ketten, aus Kalkstein getürmt, wie eine Jägerjoppe graufarbig mit sparsamen grünen Aufschlägen. Langsam tritt von links Kopf nach Kopf der Atlasketten in mein Gemälde ein und drängt nach rechts Grat, Spitze und Klippe hinaus.

Ganz hinter uns ragen immer noch, obgleich wir schon weit sind, die Säulen des Herkules über den Horizont, der Dschebel Musa links der Straße und rechts der Dschebel al Tarik, der heute Dschebel al Albion heißen sollte. Gibraltar ist viel kleiner als sein Gegenüber und in dieser Entfernung bedeutet es nicht mehr viel. Aber in der Nähe ist es höchst eindrücklich. Am meisten bei Abend von Norden her, wo eine ganz flache niedrige breite Schwemmebene den völlig isolierten zwölfhundert Fuß hohen Kalkblock mit Spanien verbindet. Er stürzt hier ganz unvermittelt von seiner höchsten Scheitelhöhe in senkrechter Wand ab, in fast scharfem Querschnitt seiner selbst ein hohes Dreieck edler Form bildend, dem eine leichte Gliederung und Ausschwingung der Seiten das Herbe allzu grader [780] Seitenlinien benimmt. Ich war gegen Abend in die weite Ebene hinausgefahren. Sie war bunt von Spaziergängern, von lachenden und ballspielenden Rotröcken, schönen Baumanlagen und aus dem Grün hervorleuchtenden purpurnen und blauen Malven. Das bräunliche Abendlicht spielte über das Meer zur Linken ins Weite und zur Rechten nach der schön gerundeten Bucht von Algeciras hinüber. Langsam klomm es die Kalkwand hinauf. Das war «reizend». Aber alsbald war hier mehr zu erleben als nur das Reizende. Das Licht verglomm schließlich, von unten gegen oben hin, an der hohen Spitze und darnach auch in den rötlichen Wolken darüber. Das bunte Spiel umher versank. Und nun erhob sich, jenseits von «Reiz» oder «Rührung», der Fels dort gegenüber groß und mächtig hinauf ins Reich der reinen Form, alles überwachend, was um ihn her ist, hereinragend in den Raum, als würde es ihn sprengen, auslöschend das Interesse der Stätte und ihrer Geschichte, die Lust am bunten Spiele, das eben noch hier spielte, auflösend auch den Zauber der heiteren Schönheit, die zuvor sich ausgoss, dafür in ruhiger grandioser Erhabenheit Anschauung und Gefühl bannend mit einem einfachsten, stärksten Eindruck, der niederbeugte und zugleich aufs seltsamste erhob und entzückte.

Ich kehrte am andern Morgen noch einmal dahin zurück. Es war mir merkwürdig, dass es nicht gelingen wollte, den gestrigen Eindruck des Erhabenen bei Tage rein wieder zu erzeugen. Das Interessante der Sache und das Schöne traten zu sehr als Mitbewerber auf, und das – Nützliche löschte ihn beinahe aus. Ich sah jetzt deutlicher, wie verteufelt praktisch dieser Fels umgewandelt ist zum – Kanonenständer und Batterienträger an seinen von Galerien durchlöcherten Flanken und bis zu den fatalen Langhälsen auf seiner Spitze hinauf. Dazu ragt auf dem Gipfel ein ungeheueres Kreuz auf – man sollte meinen, dass das der Erhabenheit eines Berges keinen Abbruch tun könne. Aber das tut es doch, sobald man entdeckt, dass das Querholz des Kreuzes drei Dutzend Kupferdrähte tragen muss und die eine Hälfte der Marconistation bildet, deren andere am Fuße des Felsens besagte Drähte in sich aufnimmt, sodass Kreuz und Berg zu Telegraphenständern werden.

Der erhabene Berg verschwand mit ein wenig: aber dafür trat bei den Wanderungen und Fahrten des Tages ein anderer immer stärker werdender Eindruck an die Stelle: der Eindruck der Macht und Größe, der Weisheit, Reife und Selbstsicherheit, des gesammelten Wollens und des unvergleichlichen Könnens dieses Reiches und Volkes, das hier mit sicherem Griff die feste Hand am Pulse des Weltenverkehres liegen hat, sammelnd im kleinsten Raum die größte Kraft. Würde man einen solchen Eindruck nur rein lösen können aus den Beimischungen des persönlichen Interessiertseins und der praktischen Beziehungen, so würde er sich gleichfalls zu dem reiner Erhabenheit entfalten, der zwar nicht so unmittelbar sein kann, wie der der Erhabenheit in der Natur, da er erst durch Ueberlegen und Beziehen allmählich aufwächst, der hernach aber dafür noch auf tiefere Art das Gemüt bewegt.

Indessen, das beruhe auf sich. Ich fahre derweil nach Algier, um doch wenigstens flüchtig einen Eindruck davon zu gewinnen, was aus arabischer Kultur wird, wenn Franzosen darüber kommen, und besonders, was aus dem Islam wird, wenn er mit abendländischem Wesen «penetriert» wird.

* *

Bei Notre Dame d'Afrique, 6. Juni

«Sehen Sie! Ich habe Recht. Da ist sie», sagt Mahmud, als wir nach etwas heißer Fahrt endlich hier oben angekommen und in die Kirche eingetreten sind. «Das ist die Negerin, von der ich Ihnen sagte. Sie war hier in dem Berge begraben.Die Katholiken haben den halben Berg abgegraben. Da haben sie sie gefunden. Man hat sie ausgestopft und auf den Altar gestellt. Und nun betet man sie an. Sehen Sie alle diese Leute da, die dort vor ihr knieen. Auch Kerzen müssen sie ihr anstecken. Und hinten im Hause wohnen ihre Priester.»

In der Tat steht die «Mutter Gottes von Afrika», der Lavigerie hier eine seiner wunderlichen, wenig geschmackvollen Mischstil-Kirchen erbaut hat, braun-schwarz hoch oben auf dem [781] Altare von Theaterdraperien höchst schaudervoll umgeben, und die Idololatrie macht sich hier so plump und roh bereit, dass ich keine Lust verspüre, Mahmud über seine ausgestopfte Negerin aufzuklären. Aber der Blick von oben ist schön und lehrreich.

An seiner herrlichen Bucht dehnt sich das langgestreckte endlose Algier: eine französische Stadt so modern und französisch man sie sich wünschen kann. Der entsetzlich teuere Hafen, die dranschließenden langen Zeilen der Kaufhaus- und Hotelstraßen, die den langen Rücken des Sahel sich hinaufbauende Stadt fünf- und sechsstöckiger Miethäuser, im Hintergrunde das elegante Viertel der Villen, Parks und «Palast»-Hotels, und mitten darin fast verschwindend die unversehrt erhaltene Altstadt der Araber.

«Man wohnt nicht da», sagt Mahmud , «wenn man etwas Geld hat und zu der besseren Klasse gehört. Alle Reicheren von uns sind nach St. Eugène und Bab el Ued hinausgezogen.» Die beiden letzteren Orte liegen gerade unter uns, so europäisch, gradlinig und langweilig wie möglich. Und an sie reiht sich eine Schnur von Dörfern, Städtchen und Niederlassungen, die nach Namen und Aussehen nichts mehr ahnen lassen von einwohnendem Arabertum.

Mahmud ist der Sohn des Mollah an der hübschen kleinen Moschee und Kubbah des Sidi Abderrahman und zugleich Schüler an der daneben gelegenen neugebauten franko-arabischen Hochschule (Medersa). Beide liegen gerade gegenüber, hoch am Berge, unter dem alten Kastell, in welchem der letzte Dey von Algier dem französischen Gesandten den berühmten Schlag mit dem Fächer versetzte, der Frankreich damals so nutzbringend wurde, wie jetzt vielleicht die «Revolution» der Stämme um

Fez. Wir wollen Kubbah und Medersa sehen, der Wagen bringt uns schnell hinüber. –

Sidi Abderrahman (Knecht des Barmherzigen) ist sehr heilig. Nach meinen marokkanischen Erinnerungen staune ich darum sehr, als Mahmud mich ohne weiteres zum Eintreten einlädt.

«Aber natürlich! Man hat hier keine Vorurteile. Wenn Sie nur diese Pantoffeln über Ihre Stiefel ziehen. Sehen Sie, wie viele Besucher schon darin sind.»

In der Tat! Eine ganze Herde, rote Bücher in den Händen schwingend, von einem Reisegesellschaftendirektor im Kreise umgetrieben. Da man obendrein reinstes Chikagisch mit unverfälschtem Gurgeltone ausgiebig vorträgt, entweiche ich dem Schatten des Heiligen und seinen Straußeneiern schnell und berge mich in die Medersa, die nicht im Programm der Reisegesellschaft steht. – Ein stattlicher, ganz junger Bau, in gut nachgeahmtem maurischen Stil, von der Regierung kürzlich aufgeführt. Um den hohen kühlen Innenhof hohe geräumige Schulzimmer mit Landkarten, Tier- und Menschenskeletten an den Wänden.

– Was lernt man also hier?

– Alles, sagt Mahmud. Französisch, Rechnen, Mathematik, Naturwissenschaften usw. Die Regierung hat drei solche Medersen gebaut: hier, und in Tlemçen und in Constantine. Und die vorbereitenden arabisch-französischen Lyzeen und Elementarschulen sind jetzt in allen größeren und kleineren Städten, einzelne auch schon in den Dörfern. Die Zöglinge dieser Medersa werden später Lehrer oder Kadi oder Regierungsbeamte oder – oder auch Mollahs an den größeren Moscheen. Die meisten werden wohl «Interpreten». (Dolmetscher in größeren Geschäften, in Bureaus der Regierung, im Fremdenverkehr usw.)

– Wie verhalten sich diese Medersen zu den früheren, den alten Koranschulen? Ich habe heute Morgen eine solche in einem Winkel der Altstadt gefunden.

– O, mit diesen haben die neuen nichts zu tun. Die sind ja ganz unmodern. Auf dem Lande findet man sie noch viel. Aber sie verschwinden, wo die Leute die arabisch-französischen Schulen haben können. Ueberhaupt, die Zivilisation ist sehr im Zunehmen, fügt er hinzu und rückt seine abendländische kurze Jacke zurecht, die über den bauschigen Araberhosen sich etwas schief gezogen hatte.

– Aber kommen Sie. Wir müssen eilen, wenn wir Professor Belair noch treffen wollen.

* *

[782] Auf dem Kamme des Atlas, 8. Juni

Wie still ist es hier oben nach dem Drang und Gewühl der letzten Tage, wie frisch und kühl nach den heißen Straßen Algiers und den brennenden Chausseen, die man laufen oder fahren musste, um das Umland zu sehen, auch nach der letzten heißen fünfzig Kilometer langen Fahrt durch die Metidja-Ebene, die jetzt fünfzehnhundert Meter unter uns so üppig-fruchtbar zwischen dem Atlas und dem Sahel von Algier sich nach Ost und West unübersehbar ausbreitet. Aus dem Grün ihrer Orangenhaine und Oelgärten schimmert weiß das gradlinige Blidah herauf, ein Bild wohlhäbiger, geordneter Behaglichkeit. Im Rücken, hinter uns, gegen die Wüste dehnt sich breit das bergig-hügelige Hinterland des Atlaskette, mit spitzen Firsten durcheinanderlaufend, etwas knitterig, wie ein Dürersches Frauenkleid, gebreitet. Ueber unsere Höhe aber läuft, gegen die Tiere Ahrimans, die knabbernden Ziegen, von Ormuzd und von der französischen Polizei behütet, der Rest eines stattlichen Zedernwaldes hin. Gedrungen und kräftig tragen die festen kernigen Stämme die noblen, breitschattenden Etagen ihres regelmäßigen Geästes. Unter ihnen wuchern reizend die blauen und hellgelben Stiefmütterchen, und den sanften Hang des Gebirges hinab über den rotbraunen Tonschiefer seiner Wände gleitet, wie grüner Plüsch über altes Mahagoni, mit seinem Smaragdglanze ein dicker weicher Rasenmantel zu Tale, in stattlichen Falten breit sich auseinander legend.

Herr Belair hat mich heraufbegleitet. Er ist seit langen Jahren im Dienste des französisch-arabischen Schulwesens, ein ausgezeichneter Arabist und zugleich der beste Kenner einheimischer Religions- und Kulturverhältnisse. Was Franzosen aus einem Lande zu machen wissen, das sie in ihre Hände nehmen, ist von hier oben aufs eindrücklichste zu sehen. Sauber abgeteilt drängt sich unten Feld an Feld, Weizenbreite an Weingarten, Maispflanzung an Obstzucht, alle wohl gepflegt und schwer von Saat und Frucht. Landstraße und Eisenbahn, Bewässerungskanal und Stauwehr, Fabrik und Bergwerk lassen sich stattlich sehen. Der Araber arbeitet wie der fleißige französische und italienische Kolone und kommt vorwärts. Und hier im einsamen Gebirge, von Niemandem begleitet als von unserm kleinen Ali, dem Maultierjungen, sind wir so sicher und wohlbehütet wie in den Straßen der Stadt selbst. Die

«Kultur der Tingeltangel und der Absintkneipen», die man häufig den Franzosen nachsagt, wird, wer sich dafür interessiert, wahrscheinlich auch zu finden wissen. Mir hat sie sich nicht aufgedrängt. Wohl aber allenthalben eine kräftige Entfaltung und Steigerung der Wirtschaft in jeder Form, die fraglos zuerst und zumeist dem Herrenvolke selber zu Gute kommt, aber weithin auch dem Eingeborenen, und die von diesem geschätzt und anerkannt wird. Und dazu geordnete Polizei, Hygiene und Rechtsprechung, und eine weitgreifende Leistung auf dem Gebiete der Schule und der Volkserziehung. Es wäre albern, das zu verkennen, und höchst gefährlich zugleich. Denn ein Volk, das Tingeltangel und Absint verbreitet, würde uns als politischer Konkurrent ganz gleichgültig sein können. Ein Volk aber, das kultiviert und im kultivieren Kräfte gewinnt und vorbereitet, nicht.

– Und welches Urteil haben Sie sich gebildet über den Araber selber und seine Entwicklung?

– Zunächst, dass er sich in die Besetzung und Leitung durch Europäer findet und im ganzen sich dabei wohl fühlt. Er ist leistungsfähig, aber nur unter europäischer Leitung.

– Und der Panislamismus?

– Bei uns gibt es keinen. Wenns überhaupt irgend etwas der Art gibt, so müsste es der alte originale Fanatismus des naiven Islam sein, der Mahdismus und der Derwisch-Geist der «Bruderschaften». Das aber hat nichts zu tun mit modernen p o l i t i s c h e n Bestrebungen und hat nichts zu erwarten von den «Reformationen» oder «Erneuerungen» des Islam, die man sich gelegentlich aus der Berührung mit moderner Kultur verspricht. Dieser Geist, der früher auch hier lebendig war, wie gelegentlich noch in Marokko, weicht hier Schritt für Schritt zurück. Und damit eigentlich der Islam selber. Die Bruderschaften und Derwische ziehen sich immer mehr ins Innere. Ihre Aïssaua zum Beispiel müssten Sie hier erst lange suchen. [783] Die Moscheen werden nicht mehr, eher weniger. Die Heiligen – nun Sie haben es in Blidah gesehen, wie man sie heute zur Ruhe setzt.

In der Tat. Rechts von Blidah trafen wir zwei alte Heiligengräber, rings herum mit herrlichem «Bannwald» alter Oelbäume. Aber der Bannwald ist ein Park geworden, in dem Ammen Kinderwagen fahren. Und die Heiligengräber sind zugeschlossen und dienen nur noch zu malerischen photographischen Aufnahmen.

– Aber die Jungaraber?

– *Des singes, des singes, des singes!* Ich kenne sie, hier und in Aegypten. Sprechen wir nicht davon.

– Aber Ihre Regierung gründet doch selber drei neue Medersen, auf denen sie auch Mollahs für die Moscheen sich ausbilden läßt.

– Ja, und wir haben neuerdings naturwissenschaftlichen Unterricht hinzugefügt. Sehen wir zu, wie das zusammengehen wird mit dem Islam. Ich glaube nicht, dass viele Mollahs aus diesen Medersen kommen werden. Einem ihrer früheren Schüler, der in knappen Verhältnissen war, bot man
den gut bezahlten Platz eines Mollah an einer der Moscheen in Algier an. Er sagte: Ich kann die Gebete schon nicht mehr für mich selber halten, wie soll ich Andern den Vorbeter machen?

– Aber ist diese Einbuße an Religion nicht überaus beklagenswert, und kann an einer Kultur etwas liegen, die nichts Anderes bringt als einige wirtschaftliche Vorteile?

– Das ist eine Frage, die uns hier täglich nahe berührt. Mir scheint sie falsch gestellt. Zunächst ist dieses Eindringen modernen Wesens in die Kreise alter naiver Lebensführung etwas Unaufhaltsames. Ihm gegenüber ist das Bedauern mindestens wirkungslos. Sodann bringt das neue Wesen schon heute geistige Werte mit, die vielleicht höher sind als die verdrängten. Der Araber, der unter dem Zwang der heutigen Verhältnisse aus dem früheren Träumer und gedankenlosen Tagediebe ein fleißiger Arbeiter wird mit geordneter Lebenshaltung, mit Aufgaben und Zielen seiner Arbeit, mit gewecktem Interesse für das Leben der Allgemeinheit, mit leise erwachenden sozialen und politischen Trieben, ist mehr wert als der frühere mit seiner Religion des Herkommens, der Gewohnheit, der Suggestion Suggestion, die nur in sehr seltenen Fällen (ich selber habe nur einen einzigen gefunden) tiefer in Gemüt und Gewissen durchgriff. Die Berührung mit unsrer Zivilisation, insbesondere die veränderten wirtschaftlichen Bedingungen wirken auf alle Fälle lösend, aufrüttelnd und verselbstständigend. Fraglos sind sie der traditionellen Religion gefährlich. Aber mir will scheinen, dass sie eigentlich erst die Qualität Mensch vorbereiten und herstellen, bei dem sich Religion zu haben lohnt und bei dem sie als feinerer Gemütsbesitz erst möglich wird. Warten wir ab! Die Entwicklung, die jetzt im Gange ist, hat ihren Lauf und ist nicht aufzuhalten. Ist Religion wirklich etwas im Gemüte und Bedürfnisse des Menschen Begründetes, so stellt sie sich, wenn die jetzige Umlagerung der Kulturverhältnisse abgelaufen ist, die ihre traditionelle Form erschüttert und vielleicht begräbt, in höherer Form zu ihrer Zeit wieder her.

Ich hatte noch mehrere Ja – aber auf dem Herzen. Ich ließ sie da, ohne sie vorzubringen, weil ich in dem Augenblicke unten etwas bemerkte, das mir die Meinung vom Rückgang des Islam sehr entschieden zu widerlegen schien. Blidah hat im Innern zwei ältere ärmliche Moscheen, die nur zu gut zu der Schilderung von Mr. Belair stimmten. Aber da draußen vor dem Tore gegen die Eisenbahn zu erhob sich ein offenbar ganz neuer Bau, hoch, geräumig, mit schöner Spitzkuppel, weißen schimmernden Mauern und jenen geritzten Fenstern früheren Stiles, die man heute gern wieder nachahmt. Die Leute, die das bauten, hatten es sich etwas kosten lassen. Ich wartete eine Weile. Dann wies ich auf den Bau, der sich eben in der Abendsonne leicht rötete:

– *Qu'est-ce qu'on y fait, Monsieur? Le rite chaféï ou le rite hanéfi ?*

– *Monsieur, on y fait des cigarettes.*

Rudolf Otto

Gregory D. Alles

Die Neugeburt des Kulturimperialismus als «Religionswissenschaft». Rudolf Ottos Importunternehmen[1]

Abstract

Während seiner Weltreise in den Jahren 1911/12 gelangte Rudolf Otto dazu, sich eine Form des deutschen Kulturimperialismus anzueignen, die der Erforschung von Religionen eine zentrale Rolle zuschrieb. Die Sorge um sein kolonialistisches Vorhaben bestimmte seine Unternehmungen bis sich mit dem Ausbruch des Ersten Weltkriegs die deutschen Kolonialbestrebungen als unrealistisch erwiesen. Obwohl die Behauptung, die kolonialistischen Bestrebungen Ottos hätten wesentlichen Einfluss auf seine Vorstellung von Religion gehabt, nur schwer zu begründen wäre, muss doch als gesichert gelten, dass sie seine Forschungspraxis so veränderten, dass er sich von einem Systematischen Theologen zu jemandem wandelte, der mehr unserer heutigen Vorstellung von einem Religionswissenschaftler entspricht. Während 25 Jahren, zwischen 1912 und Ottos Tod 1937, bestand ein wesentlicher Teil seiner beruflichen Aktivitäten darin, religiöse Gegenstände aus anderen Weltgegenden, vor allem aus Südostasien, einzuführen, zu importieren – mehrheitlich Texte, aber auch andere Objekte. Dieser Aufsatz deutet Ottos Kolonialismus und dessen Neugeburt als «Religionswissenschaft» sowohl entgegen Ottos eigenem Selbstverständnis als entgegen demjenigen seiner Zeitgenossen. Vertreter des Kulturimperialismus beharrten üblicherweise auf ihrer Distanz gegenüber den Vorhaben der unternehmerisch ausgerichteten Gruppen. Dementgegen interpretiert dieser Aufsatz ihre Aktivitäten in marktwirtschaftlichen Kategorien. Damit ist der Vorschlag verbunden, eine solche Re-Lektüre über das wissenschaftliche Feld hinaus auch auf andere Bereiche auszuweiten, die sich traditionell einer

---

1 Dieser Text wurde zuerst unter dem Titel «The Rebirth of Cultural Colonialism as Religionswissenschaft. Rudolf Otto's Import House» veröffentlicht in: Temeneos 43 (2007), H. 1, S. 29–51. Der Abdruck an diesem Ort erfolgt mit freundlicher Genehmigung des Autors. Die Übersetzung ins Deutsche wurde angefertigt von Harald Matern.

ökonomischen Interpretation widersetzten – vor allem auf die Art und Weise, wie Religionswissenschaftlerinnen und Religionswissenschaftler das erfassen, was wir gewöhnlich Religion nennen.

Rudolf Otto unternahm in den Jahren 1911–1912[2] eine «Reise um die Welt». Der späteren Legendenbildung zufolge machte er während seiner Reise eine fundamentale Entdeckung: In einer nordafrikanischen Synagoge «entdeckte» er die Erfahrung des Heiligen.[3] Allerdings ist diese Entdeckung eher als Mythos denn als historische Begebenheit zu beurteilen und zwar sowohl nach dem Bericht, den Otto nach seiner Rückkehr der deutschen Regierung zukommen ließ[4], wie auch aufgrund seiner Aktivitäten in den Folgejahren. Was Otto tatsächlich im Ausland ‹entdeckte›, scheint eine bestimmte Form des deutschen Kolonialimperialismus gewesen zu sein, die er in China antraf: vornehmlich vom «moralischen» Typus, wie er vom deutschen Publizisten Paul Rohrbach vertreten wurde – ein Überbleibsel der Missionspolitik des Allgemeinen Evangelisch-Protestantischen Missionsvereins (im Folgenden: AEPMV).[5]

Im Folgenden werde ich Ottos Praxis der «Religionswissenschaft» einer Relektüre in der Perspektive seiner kolonialen Vorhaben unterziehen – oder, um präziser zu sein, mit dem Fokus auf dem Scheitern dieser Vorhaben. Damit stelle ich mich wissentlich gegen die meiner Meinung nach übliche Weise der Darstellung akademischer Anstrengungen, welche diese kategorial von wirtschaftlichen Unternehmungen unterscheidet.[6] Vor allem betrachte ich Ottos «Religionswissenschaft» als eine Form des kulturellen Importgeschäfts, die ein gewissermaßen post-koloniales Relikt eines weitaus größeren Import-Export-Projekts darstellt, das den Sachzwängen der politischen Gemengelage zum Opfer fiel. Dabei liegt mein Ziel letztlich weder darin, Ottos Motivationen zur Verunglimpfung seiner wissenschaftlichen Leistung zu verwenden, noch die Ansprüche, unter welche Akademiker manchmal ihre Arbeit stellen, generell in Frage zu stellen. Dies ist heutzutage zudem bereits mehr als üblich.[7] Mein Anliegen besteht vielmehr darin, einige Wege aufzuzeigen,

—

2 Vgl. den Reisebericht S. 13–49 in diesem Band [Anm. d. Hg.].

3 Frick, Rudolf Otto, S. 5f; Benz, Rudolf Otto, S. 36.

4 Vgl. Otto, Bericht über die Reise des Professors der Theologie.

5 Vgl. Mogk, Ethischer Imperialismus.

6 Zu Ottos eigener Vorstellung von wertfreier Wissenschaft vgl. ders. Sinn und Aufgabe moderner Universität.

7 Für den Bereich der Religionswissenschaft vgl. exemplarisch Strenski, 1987; McCutcheon, 1997

wie Religionswissenschaftlerinnen und Religionswissenschaftler in der Tradition Ottos – und ich selbst zähle mich, wie entfernt auch immer, darunter – versuchen könnten, ihre Arbeitsweise zu erweitern.

Ottos Kulturimperialismus

Es ist kaum möglich, dass Otto vor seiner Reise nach Afrika 1911 und Asien 1911/12 vom deutschen oder europäischen Kolonialismus nichts gehört hätte. Er war recht reiseerfahren, hatte bereits 1891 gemeinsam mit Heinrich Hackmann Griechenland bereist.[8] Zudem hatte er Verwandte in Übersee – auf Teneriffa und in Südamerika. Als Theologiestudent hatte er unter der Aufsicht des sozial aktiven protestantischen Ministers Heinrich Schmidt in Cannes gearbeitet.[9] Nachdem die Autoritäten der preußischen Kirche ihm seine liberal-theologischen Neigungen angekreidet hatten, plante Otto zunächst, in einer Pariser Kirche zu arbeiten,[10] so wie sein Freund Heinrich Hackmann, der spätere Sinologe, der zunächst ab 1894 als Pfarrer einer deutschen Gemeinde in Shanghai gearbeitet hatte und später in einer Londoner Gemeinde tätig war.[11] Als Student und junger Dozent trat Otto Friedrich Naumanns Nationalsozialem Verein bei, der eine starke deutsche Außenpolitik befürwortete.[12] Spätestens 1903, als der Verein sich auflöste, engagierte sich Otto aktiv in einer Gruppe, die als die «Freunde der ‹Christlichen Welt›» bekannt war («Die Christliche Welt» war eine quasi-populäre Wochenzeitschrift für liberale Protestanten). Wie aus ihren Mitteilungen hervorgeht erhielten die «Freunde» regelmäßig Berichte wie auch Spendenersuche der AEPMV.

Abgesehen von ihren Berichten und Spendenanfragen scheinen die «Freunde» nur geringes Interesse an der Mission in Übersee gehabt zu haben – und genauso wenig scheint dies bei Rudolf Otto der Fall gewesen zu sein. Seine Aufmerksamkeit galt den kirchlichen wie sozialen Aktivitäten daheim. Er gründete einen Fonds zur Unterstützung der Kandidaten für das protestantische Pfarramt; zu jener Zeit waren diese

---

8 Otto, Reisebriefe aus Griechenland; vgl. ders. Briefe von einer Reise nach Ägypten.

9 Vgl. Otto, Schmidt-Kandidaturen.

10 Otto, Brief an Caroline Ruepke Otto.

11 Vgl. Strachotta, Religiöses Ahnen, Sehnen und Suchen.

12 Vgl. Düding, Der Nationalsoziale Verein. Vgl. zu Naumann Otto, Moderne Religionen.

Kandidaten bei den preußischen Autoritäten äußerst gering angesehen.[13] Er versuchte ein musikalisches Substitut für das Apostolische Glaubensbekenntnis einzuführen, dass alle protestantischen Christen ohne geistige Zurückhaltung nutzen könnten.[14] Zudem vertrat er als führendes Mitglied der Göttinger Abteilung des Akademischen Freibunds die Auffassung, dass die größten Herausforderungen jener Zeit nicht im ökonomischen, sondern im weltanschaulichen Bereich lagen; speziell war es ihm um die Kultivierung einer Weltanschauung zu tun, die gegenüber dem Materialismus und dem biologischen Evolutionismus für religiöse und moralische Fragen offen wäre. Zu den Bewegungen, die von solchen Vorstellungen bestimmt wurden, zählten sowohl der Manchesterliberalismus wie auch der deutsche Sozialismus.[15]

Während seiner «Weltreise» von 1911/12 änderte sich jedoch Ottos Programm. Er gab sein Engagement für eine idealistische Weltsicht nicht auf, aber er integrierte es nun in ein kulturimperialistisches Programm, das ganz andere Horizonte aufwies. Das Ergebnis bestand unter anderem darin, dass er von einem philosophischen Theologen, dem es angelegen war, die Grundfragen der liberalen Theologie in seiner Heimat neu zu fokussieren, zu jemandem wurde, der den Großteil seines restlichen Lebens damit verbrachte, über asiatische Religion zu schreiben und sie in diesem Sinne nach Europa zu «importieren» – manchmal in sehr konkreter Form, wie im Fall der Artefaktensammlung, die er 1927/28 für seine Religionskundliche Sammlung aus Indien mitbrachte.

Es ist an dieser Stelle nicht möglich, die Entwicklung von Ottos Kulturimperialismus im Detail zu beschreiben, aber wir können durchaus einige entscheidende Punkte ausmachen. 1911, während seines Aufenthalts in Nordafrika, beschäftigten Otto die Unterschiede zwischen Tradition und Moderne. Er kritisierte zum Beispiel die *madrasas* dafür, dass sie sich für den Unterricht durch Auswendiglernen einsetzten, während er zugleich den britischen Militäreinrichtungen auf Gibraltar eine sublime religiöse Bedeutung abgewann: Sie zeigten, wozu ein Volk in der Lage war, wenn es nur den Willen dazu hatte.[16] Auch war Otto als

---

13 Vgl. Otto, Schleiermacherstiftung; ders., Schmidt-Kandidaturen; ders., Die Lehrkandidaturen; ders., Die Lehrstiftung.

14 Vgl. Otto, Ein erfreulicher Vorschlag; ders., Zu dem erfreulichen Vorschlage; ders., Das Bekenntnislied; ders., Das Glaubenslied.

15 Vgl. Bousset, Brief an Paul Wernle; zu Ottos Sicht auf die Evolution, vgl. Otto, Weltansicht; zum Akademischen Freibund vgl. Rade, Der Deutsche Akademische Freibund.

16 Vgl. Otto, Vom Wege [Reisebericht 1911 in diesem Band, Anm. d. Hg.].

deutscher Reisender weder Kolonisator noch selbst kolonisiert. Obzwar seit seiner Kindheit anglophil und trotz seines einjährigen Vikariats in Cannes und seiner Pläne zur Annahme einer kirchlichen Stellung in Paris, konnte er sich dennoch weder mit den Briten noch mit den Franzosen identifizieren. Und schließlich suchte er Marokko im Jahr der Agadir-Krise auf.[17] Er beneidete die Briten und Franzosen, fand jedoch zugleich ihre Zukunftsvorstellungen oberflächlich. Und schließlich konnte er als liberaler Theologe mit nationalistischen Ambitionen auf der Grundlage religiöser Vorstellungen – bereits als Student hatte er über die innere Verbindung von liberaler Theologie und dem griechischen Unabhängigkeitskampf geschrieben[18] – die Bestrebungen junger arabischer Modernisierer, die für die Freiheit kämpften, nicht vollständig ablehnen, wie sehr dies auch den europäischen kolonialimperialistischen Ambitionen widersprach.

Auf dem Weg nach Ostasien lernte Otto zum ersten Mal die indischen Unabhängigkeitsbestrebungen aus erster Hand kennen. Auch predigte er in Indien die Vorzüge des Fries'schen Kantianismus und der deutschen Sprache, möglicherweise zum selben Zeitpunkt, als er den Wunsch entwickelte, Sanskrit zu lernen.[19] Zu dem Zeitpunkt, als er China verließ, war Otto schon kein Fremder mehr, der durch ein fremdes Land reiste. Er hatte für sich und seine Nation einen angemessenen Platz in einer Welt gefunden, die nach dem Maßstab des Herrschens oder Beherrscht-Werdens geordnet war. In einer Rede vor dem deutschen Konsul in China skizzierte er zuversichtlich ein kulturimperialistisches Programm.

Vermutlich war Ottos Programm keine eigenständige Schöpfung *ex nihilo*. Höchstwahrscheinlich war er durch die Missionare des AEPMV beeinflusst worden. Ihre Aktivitäten unterschieden sich deutlich vom Stereotyp der christlichen Mission:

> «Unter der Leitung von Richard Wilhelm [...] hörte der [AEPMV] auf, chinesische Konvertiten zu taufen und indigene Gemeinden zu gründen. Weder hielten sie religiösen Unterweisungen ab, noch begingen sie in der boys' school die christlichen Feiertage. Stattdessen unterstützten sie an den

---

17 Vgl. z. B. Barlow, The Agadir Crisis; Barraclough, From Agadir to Armageddon.

18 Otto, Einfluß der Aufklärung auf die griechische Kirche.

19 Vgl. z. B. Otto, Brief an Leonard Nelson.

Missionsschulen eine solide konfuzianische Ausbildung und traten in China wie in Deutschland für den Konfuzianismus ein.»[20]

Der Leiter der China-Mission war derselbe Richard Wilhelm, dessen Übersetzungen von «Das Geheimnis der goldenen Blume» sowie des «I Ging» großes Interesse bei C. G. Jung hervorriefen.[21] Obwohl Wilhelm während Ottos Besuch vermutlich auf einer Erholungsreise war, scheint Otto von ihm in besonderem Maße beeindruckt gewesen zu sein. Er unterhielt mit Wilhelm in den Jahren 1912 und 1913 einen äußerst leidenschaftlichen Briefwechsel, welcher, nach den erhalten Briefen zu schließen (es sind wenigstens 40, die im Otto-Archiv und -Nachlass in Marburg liegen), 1920 wieder aufgenommen und mit geringerer Intensität bis zu Wilhelms Tod 1930 fortgeführt wurde.

Eine mögliche Beeinflussung durch andere Deutsche, ob Missionare oder nicht, die Otto in China und Japan traf, ist schwieriger auszumachen. Jedoch könnte der Publizist Paul Rohrbach, ein weiterer Besucher der AEPMV-Missionen in China, noch größeren Einfluss auf Otto ausgeübt haben als Wilhelm. Zu Beginn des 20. Jahrhunderts hatte Rohrbach versucht, Theologe zu werden, aber er war gescheitert; seine Vorstellungen vom Reich Gottes auf Erden hatten seinen Lehrer Adolf von Harnack in Berlin befremdet. Nach seinem Missgeschick wechselte er in die Kolonialverwaltung in Deutsch-Südwest-Afrika, wo er von 1903 bis 1906 beschäftigt war. Seine Entwicklung eines programmatischen Konzepts für den deutschen Kolonialimperialismus setzte mit der Einsicht ein, dass die Zeit des Verwaltungskolonialismus alten Stils vorüber sei.[22] Die Welt war bereits mit Kolonien gesättigt – ähnlich wie Bismarck zu einem früheren Zeitpunkt Europa als hinsichtlich der Landmasse (oder des Mangels daran) durch Überbevölkerung gesättigt beschrieben hatte. Eine der Konsequenzen, die Rohrbach aus dieser Einsicht zog, war seine

---

20 Gerber, The role of German Missionaries, 22: «Under the leadership of Richard Wilhelm, the [A.E.P.M. V.] [...] refrained from baptizing Chinese converts and founding native congregations. Neither did it hold any religious instruction sessions nor celebrate Christian holidays in the boys' school. Instead, it actively supported a thorough Confucian training in the mission schools and promoted Confucianism in China and Germany.» [deutsche Übersetzung HM]; vgl. Shimazono, Review.

21 Jung / Wilhelm, Das Geheimnis der goldenen Blüte; Wilhelm, The I Ching; vgl. Hsia Richard Wilhelm's Reception of Confucianism.

22 Vgl. Rohrbach, Deutschland unter den Weltvölkern; ders., Was steht für Deutschland in China auf dem Spiel; ders. Der deutsche Gedanke in der Welt; Das ‹Größere Deutschland›.

Wendung zu einem ethischen Imperialismus, d. h. zum Streben nach kultureller Oberhoheit und den Vorteilen, die daraus erwuchsen. Es gibt keinen Beleg dafür, dass Otto Rohrbach in den ersten Jahren des 20. Jahrhunderts gekannt hätte, obwohl sich beide in denselben Kreisen bewegten. Mitte der 1910er Jahre jedoch kannte Otto Rohrbach mit Sicherheit oder hatte zumindest von ihm gehört. Als es 1915 so aussah, als würde er seinen Sitz im preußischen Abgeordnetenhaus zugunsten der Professur in Breslau aufgeben müssen, schlug Otto Rohrbach als einen möglichen Nachfolger vor.[23] Zwei Jahre darauf veröffentlichte er drei längere Stellungnahmen in Rohrbachs politischer Zeitschrift «Deutsche Politik».[24] Noch später, in den 1920er Jahren, wurde Otto Senator in der Akademie zur Wissenschaftlichen Erforschung und Pflege des Deutschtums (Deutsche Akademie), einer Organisation, der Rohrbach von 1927 bis 1929 vorsaß. Trotzdem war Ottos Kolonialismus nicht einfach eine Kopie desjenigen Rohrbachs. Ihn zeichnete die Betonung dessen aus, was wir «das Heilige» nennen könnten. Diesen Begriff benutzte Otto allerdings noch nicht (Söderbloms einflussreicher Artikel zur «Holiness» in Hasting's Encyclopedia erschien erst 1912).

In Grundzügen sah Ottos Programm etwa wie folgt aus:[25] In den 1910er Jahren drehte sich der Streit der Kolonialmächte nicht länger um Gebiete und die politische Herrschaft in Übersee – vielmehr ging es um die Herrschaft über die Herzen und das Denken der Menschen in Übersee. Ein Sieg in dieser Auseinandersetzung versprach viele Vorteile, unter anderem Handelspartner für deutsche Güter und Verbündete in Zeiten von internationaler Spannung und Krieg. Deutschland konnte sich an diesem Streit beteiligen, indem es Bildungseinrichtungen und Kulturprogramme etablierte – doch sollten dies die richtige Art von Einrichtungen und Programmen sein. Eine technische Ausbildung, wie sie Franzosen und Engländer den kolonisierten Völkern angedeihen ließen, entfremde die Studenten von ihren eigenen Kulturen. Das deutsche Bildungsideal würde es Deutschland erlauben, dies besser zu machen. Denn Deutschland sollte die Schüler nicht nur technisch ausbilden, sondern ihnen auch eine allgemeinere kulturelle Erziehung bieten, welche ihre Persönlichkeiten fördern und formen würde. Die ideale Grundlage für diese

---

23 Otto, Nicht datierter Brief an Hermann Mulert; ders., Brief an Hermann Mulert vom 22. März 1915.

24 Vgl. Otto, Reform des Wahlrechts; ders., Jedenfalls so frühzeitig; Ders., Warum hat England noch keine Brotkarte?

25 Ich fasse hier Otto, Deutsche Kulturaufgaben und die letzten Seiten von Otto, Bericht über die Reise des Professors der Theologie, zusammen.

allgemeinere Erziehung war moralisch und religiös – und der beste Weg, sie in die Lehrpläne zu integrieren, war das vergleichende Studium der Religionen. Ein solcher Bildungsplan beinhalte das Beste, was die lokalen Kulturen zu bieten hätten, sein Kern aber würde das Wesen der Religion sein – und das war nicht weniger als die Grundlage und der zentrale Gegenstand der modernen (deutschsprachigen protestantischen) Theologie. Man sollte nicht übersehen, dass Otto seine Weltreise angetreten hatte, um eine Einleitung in die Religionsgeschichte vorzubereiten, die er für den Verleger Paul Siebeck schreiben sollte.[26] Sein kulturimperialistisches Programm hätte unter anderem auch einen internationalen Markt für seinen Text erschlossen. Zu dem Zeitpunkt, als Otto nach Hause zurückkehrte, hatte der Umfang seines Programms noch weiter zugenommen. Es sollte nun auch beinhalten, systematisch asiatische Religionen vor allem in deutscher Übersetzung nach Europa zu importieren, um dem kulturellen Kapital etwas entgegenzusetzen, das Großbritannien durch orientalistische Gelehrsamkeit angehäuft hatte – namentlich in den «Sacred Books of the East», einer Reihe, die von einem Deutschen begründet worden war, wie Otto betont.[27]

Nur einer der vielfältigen kolonialistischen Träume Ottos wurde schließlich wahr: Die Übersetzungsreihe «Quellen der Religionsgeschichte», die als deutsches Gegenstück zu den «Sacred Books of the East» konzipiert worden war. Otto half mit, die von der Göttinger Akademie der Wissenschaften herausgegebene Reihe zu begründen[28] und konnte, als preußischer Landtagsabgeordneter, dafür Unterstützungsgelder der Regierung zur Verfügung stellen.[29] Das Projekt scheint sehr gut in den wohlbekannten Rahmen zu passen, innerhalb dessen die Europäer, in Analogie zu der Bibel im Christentum, der Tora im Judentum und dem Koran im Islam, der Textualität, und vor allem alten Texten für das Verständnis asiatischer Religionen größte Bedeutung zumessen. Es schien nicht von größerem Interesse, welche Bedeutung die in dieser Reihe übersetzten Texte – bis zum Ersten Weltkrieg waren das die Dīghanīkāya, das Ṛgveda, die Aṣṭasāhasrikā-prajñāpāramitā-sūtra oder die Vajracchedikā-

---

26 Vgl. Otto, Vorschlag an Paul Siebeck; ders., Brief an Martin Rade gegen Ende 1910; Siebeck, Brief an Rudolf Otto vom 1. Juli 1909.

27 Vgl. Otto, Bericht über die Reise des Professors der Theologie.

28 Vgl. Otto, Quellen der Religionsgeschichte, Mitteilung 10. ders., Quellen der Religionsgeschichte, Mitteilung 13; ders., Quellen der Religionsgeschichte, Mitteilung 17; ders. Quellen der Religionsgeschichte, Mitteilung 23.

29 Vgl. Otto, Rede vor dem Preußischen Abgeordnetenhaus.

prajñāpāramitā-sūtra[30] – für die hinduistische oder buddhistische Bevölkerung hatten. Der religiös-moralische Code einer Kultur liege in seinen Texten vor, so die unhinterfragte Annahme.

Allerdings bedürfen diese Beobachtungen zweier bedeutender Ergänzungen. Erstens waren, obgleich die meisten der Folgebände in der Reihe ebenfalls Übersetzungen klassischer Texte gewidmet waren, drei Bände, die aus einer früheren Reihe in die «Quellen» übernommen wurden, von ganz anderer Art. Nur einer, über den Reines-Land-Buddhismus, war eine Textsammlung.[31] Die beiden anderen waren ethnographische Studien über die Batak in Indonesien[32] und die Eweer in Togo[33]. Zweitens hatte Otto, und dies ist von größerer Bedeutung, die Materialität der Religion nicht übersehen. Bereits in der Zeit unmittelbar nach seiner Weltreise scheint ihm die Idee für ein Museum der Religionsgeschichte gekommen zu sein, das eine Ergänzung zu den «Quellen» für den normalen Bürger sein sollte – auch wenn die Religionskundliche Sammlung in Marburg erst in den späten 1920er Jahren reale Gestalt annahm.[34] Später, als er über seine Begegnung mit dem berühmten *Śiva*-Kopf auf der Insel Elephanta schrieb, sollte er bemerken, dass dies Bild letztlich eine größere Kraft besaß, die Erfahrung des Heiligen hervorzurufen, als sie Beschreibungen in Büchern eigen ist.[35] Dass der Großteil der von Otto nach Deutschland importierten religiösen Objekte aus Texten und nicht aus physischen Artefakten bestand, war sicherlich mindestens ebenso sehr praktischen Gründen geschuldet – geringere Beschaffungs- und Transportkosten; größere Nachfrage bei potentiellen Abnehmern – wie der Überzeugung, dass Textualität in irgendeiner Weise als primäre Quelle für die Erforschung von Religiosität zu gelten habe.

Man könnte also sagen, dass Otto in den Jahren unmittelbar nach seiner Weltreise ins Import-Exportgeschäft einstieg. Zusätzlich zu seiner Arbeit an den «Quellen der Religionsgeschichte» suchte Otto auf Anfrage der deutschen Regierung deutsche Publizisten zu versammeln, versuchte Wilhelm dabei zu helfen, eine deutsche Kulturzeitschrift in China zu gründen, und ließ einen chinesischen Mann bei sich wohnen,

---

30 Vgl. Franke, Dīghanīkāya; Hillebrandt, Ṛgveda; Walleser, Prajñāpāramitā.

31 Haas, Amida Buddha.

32 Warneck, Die Religion der Batak.

33 Spieth, Die Religion der Eweer.

34 Vgl. Otto u. a. Lehrsammlung, Bd. 1; vgl. Kraatz, Die Religonskundliche Sammlung.

35 Vgl. Otto, Briefe Rudolf Ottos von seiner Fahrt nach Indien und Ägypten.

den er und seine Schwester Johanne Ottmer (mit der er zusammenlebte) Ben nannten. Ottos Anliegen fand auch politischen Ausdruck: 1913 wurde er von der Nationalliberalen Partei auf einen Sitz im preußischen Abgeordnetenhaus gewählt. Theoretischer gefasst, könnte man sagen, dass Ottos Kolonialismus drei Elemente verband: a) Schleiermachers Ansicht, dass der Religion im menschlichen Bewusstsein eine eigene Sphäre zukomme, die sowohl von der reinen wie von der praktischen Vernunft unterschieden ist – allerdings eingerahmt von der Konzeption der «Ahndung», auf die Jakob Friedrich Fries hingewiesen hatte; b) Schleiermachers Annahme, dass diese Sphäre ihren höchsten Ausdruck in der christlichen Form der intuitiven Apperzeption des Unendlichen finde; und c) eine eher dem späten als dem frühen 19. Jahrhundert entwachsene kolonialistische Mentalität, welche die grundlegende Unterteilung der Welt in Ost und West annahm, und darin Deutschland als ambitionierte Westmacht in Konkurrenz zu Frankreich und vor allem England sah, die sich dem Osten gegenüberstellte. Wer Ottos Werk kennt wird anerkennen müssen, dass die Kombination dieser Elemente einen Großteil seines Spätwerks bestimmt.

Die Wiedergeburt des Kulturimperialismus als «Religionswissenschaft»

In einem anderen Aufsatz[36] habe ich dargelegt, dass es falsch sei, Ottos Vorstellungen vom Heiligen als Produkt seines kolonialistischen Programms anzusehen. Einerseits gab es diese Vorstellungen bereits, bevor Otto zum Kulturimperialisten wurde. Sie waren die Reaktion auf persönliche Anliegen, Entwicklungen innerhalb Deutschlands und vor allem auch ganz spezifische westeuropäische Fragestellungen. Zu diesen Entwicklungen und Fragestellungen gehörten die Herausforderung des traditionellen Glaubens, in dem Otto erzogen worden war, durch die Evolutionstheorie und die historische Forschung, vor allem die historisch-kritische Bibelforschung; die Spannung zwischen dem aufsteigenden Besitzbürgertum, d. h. der unternehmerischen Schicht, in die Otto hineingeboren worden war, und dem Bildungsbürgertum, derjenigen intellektuellen Elite, zu der er dann als Universitätsprofessor gehörte; die Fortentwicklung der Gestalt des deutschen Nationalstaates für den Blick eines Mannes, der im Staat Hannover geboren worden und von seiner Jugend an ein Anglophiler war, aber dennoch politische Loyalität

36 Alles, Rudolf Otto, Cultural Colonialism and the ‹Discovery› of the Holy.

für das Deutsche Reich empfand; und schließlich (aber das ist umstritten) auch seine eigene Identität als Homosexueller in einer Welt, die von einer heterosexuellen patriarchalen Orthodoxie beherrscht wurde.

(Als junger Dozent setzte sich Otto für die theologische Ausbildung von Frauen ein und hatte die besondere Ehre, die erste von einer Deutschen geschriebene theologische Doktorarbeit zu betreuen.)[37]

Wenn es um politische Fragen ging, stellte sich Ottos Vorstellung, dass Religion auf einem Erfahrungskern beruhe, als erstaunlich flexibel heraus. Otto passte sie jeweils den unterschiedlichen politischen Positionen an, denen er nacheinander anhing. Während des ersten Jahrzehnts des 20. Jahrhunderts setzte er sich aktiv für eine gemäßigt liberale (aber antisozialistische) Haushaltspolitik ein und zeigte dabei nur wenig Interesse für politische Entwicklungen außerhalb Deutschlands. Zwischen 1912 und dem Ausbruch des Ersten Weltkriegs wandte er sich mit seinem Kulturimperialismus der Außenpolitik zu. Als Mitglied des preußischen Parlaments setzte er sich während des ersten Weltkriegs hingebungsvoll für die Belange der deutschen Nation ein, wollte aber zugleich Reformen im preußischen Staat anstoßen.[38] Nach dem Krieg nahm Otto eine radikalere, eher dem Sozialismus zuneigende Haltung vor allem im Hinblick auf die Kirche ein,[39] um sich dann in den 1920er und frühen 1930er Jahren einer Form von Politik zuzuwenden, die auf internationale Zusammenarbeit und Hilfestellung für unterdrückte Nationen (einschließlich des besiegten Deutschland) setzte.[40] In den ersten Jahren der Nazizeit (Otto starb 1937) distanzierte sich Otto zwar von den Exzessen der Deutschen Christen und der Deutschen Glaubensbewegung, kehrte aber zugleich enthusiastisch in die universitäre Lehre zurück und schöpfte opportunistisch die Unterstützungsmöglichkeiten des Nazi-Regimes aus.[41] Tatsächlich gelangte Otto dann auch durch filmisches Archivmaterial zur posthumen Würde eines Cameo-Auftritts in einem Fernsehfilm über die Nazizeit, der ihn in einem Vorlesungssaal beim Unterrichten von Nazi-Studenten zeigt («Die Mitläufer», 1985). All diesen unterschiedlichen Positionen ist nicht in erster Linie die kolonialistische Einstellung gegenüber dem Rest der Welt gemein, welche in Deutschland nur eine kurze und schillernde Wirkung entfaltete, sondern

—

37 Vgl. Otto, Kirchliche Ämter für Frauen.

38 Vgl. Otto, Reform des Wahlrechts; Ders., Jedenfalls so frühzeitig; Ders., Warum hat England noch keine Brotkarte?

39 Vgl. Otto, Die Missionspflicht.

40 Vgl. Alles, Politics of Utopia; Obergehtmann, Religiöser Menschheitsbund.

41 Vgl. Alles, Science of Religions in a Fascist State.

vielmehr das hingebungsvolle Unterstützen der Entwicklung des deutschen Staates, in welchem Zustand er auch jeweils sein mochte. Hinsichtlich der Behauptung, es bestehe notwendig ein Zusammenhang zwischen Ottos Vorstellungen von Religion und dem deutschen Nationalismus, ist allerdings Vorsicht geboten. Leonard Nelson, der Philosoph, von dem Otto den Friesianismus lernte, der das Gerüst für viele seiner Vorstellungen abgab, war linksliberal, später dann Sozialist und Pazifist. Als Vorsitzender der Göttinger Abteilung des Akademischen Freibundes, einer Organisation, der auch Otto angehörte, wurde Nelson beständig von nationalistischen Studenten belästigt. Sein Arbeitgeber, die Universität Göttingen, war gleichfalls nicht gerade glücklich über Nelsons politische Aktivitäten.[42]

Ottos koloniales Abenteuer hatte, als biographische Tatsache, allerdings sehr wohl einen Einfluss auf sein Werk. Dies betrifft nicht in erster Linie die Vorstellungen, für welche Otto bekannt ist. Bereits 1909 begann Otto, seine Arbeit als «Religionswissenschaft» zu bezeichnen, womit er die moderne Form protestantischer Theologie meinte.[43] Er hatte die grundlegenden Züge seiner Konzeption des Numinosen entwickelt, wie sie später in Das Heilige präsentiert wurde. Die «Religionsgeschichte» stellte für ihn neben «Religionsphilosophie» und «Religionspsychologie» einen integrierenden Bestandteil dieser Religionswissenschaft dar. Er hatte sogar zugestimmt, ein Einführungswerk über die Religionen der Welt zu schreiben. Das koloniale Abenteuer hatte nicht Ottos Ansichten und Loyalitäten verändert, sondern vornehmlich seine beruflichen Aktivitäten. Aus dem Religionsphilosophen wurde jemand, der eher in das Bild passt, das wir heute von einem Religionsforscher im Unterschied zu einem Theologen haben (der Berufsbezeichnung nach blieb Otto Zeit seines Lebens Systematischer Theologe). Anstatt die Religionen im größeren Rahmen philosophisch-religiöser Reflexion über das Verhältnis von Religion und Gesellschaft zu betrachten wandte Otto sich dem Import-Export-Geschäft zu. Er importierte religiöse und kulturelle Güter in Form von Übersetzungen, Studien und teilweise auch Artefakten (und zwar solchen, die der Betrachtung und der Bewunderung dienen sollten, und nicht dem Handel) vornehmlich, aber nicht ausschließlich, aus Südasien in die universitäre Welt Deutschlands, wo sie sich dann verbreiteten. Sein ursprünglicher Plan sah auch den Export kultureller und religiöser Güter aus Deutschland vor, um damit Deutschlands Stellung in der Welt zu stärken. Unter diesen Exportgütern befand sich sogar die

—

42 Vgl. Fischer, Der Bestand Leonard Nelson.
43 Vgl. KFR.

deutsche Sprache. Otto stellte sich vor, dass eines der Ergebnisse eines erfolgreichen Ausgangs des kolonialistischen Konkurrenzkampfes darin bestehen würde, dass die Deutschen auch im Ausland ihre Sprache beibehalten könnten. In den erfolgreich kolonisierten Gebieten würde sich ein Pidgin-Deutsch entwickeln und die deutsche Sprache könnte würde sogar mit dem Englischen um die Rolle als weltweite *lingua franca* konkurrieren können.[44] Die Jahre vor dem Ersten Weltkrieg waren tatsächlich voller ungestümer Träume ...

Die Umstände zwangen Otto bald dazu, mit dem Exportzweig die im eigentlichen Sinne kolonialistische Seite seines Geschäfts aufzugeben – unbeschadet der vielen Übersetzungen von «Das Heilige», die bald nach dem deutschen Original erschien, und auch trotz des Religiösen Menschheitsbundes, der dazu dienen sollte, unterdrückten Völkern die Unterstützung aller Menschen guten Willens für einen Aufstand gegen die siegreichen Mächte des Völkerbundes zuzusichern. (Der «Aufstand» sollte friedlich verlaufen; in den 1920er Jahren favorisierte Otto eine Form von Widerstand, die im Wesentlichen in der Teilnahme an Diskussionsgruppen von Menschen unterschiedlicher religiöser Hintergründe bestand.) Aber nachdem Otto sich einmal im Importgeschäft eingerichtet hatte, sollte er dieses nicht wieder aufgeben. Ähnlich einer Importfirma, die weiterhin Güter aus einer ehemaligen Kolonie einführt und verkauft, importierte auch Otto weiterhin religiöse Güter aus aller Welt, auch wenn die politische Motivation dafür sich schon lange als zum Bereich des Unmöglichen gehörend erwiesen hatte. Berücksichtigen wir dies, so ist es zutreffender, Ottos späte Praxis der Religionswissenschaft als postkolonial und nicht als kolonialistisch zu bezeichnen – denn sie repräsentierte die Wiedergeburt oder besser das Nachleben eines gescheiterten kolonialen Projekts. (In anderen Teilen Europas und in Nordamerika blieb der Kolonialismus eine Realität, daher war dort auch die Funktion und Bedeutung von Intellektuellen etwas anders.) Wie sah dieser Kolonialismus im neuen Gewand aus?

Otto hat die überblicksartige Einführung zu den Religionen der Welt (nicht: den «Weltreligionen»), die er Paul Siebeck versprochen hatte, niemals geschrieben. Er hätte dies auch noch tun können, nachdem er sich dem Importgeschäft mit voller Kraft zu widmen begonnen hatte. Das Buch hätte etwa die Gestalt eines Katalogs spezieller Produkte annehmen können. Aber Otto schrieb es nicht. Er veröffentlichte auch niemals Übersetzungen in den «Quellen der Religionsgeschichte». Der Ausbruch des Krieges 1914 brachte das Fortkommen der Reihe zeitwei-

—

44 Otto, 1912a.

lig ins Stocken und Ottos Wechsel nach Breslau 1915 lockerte seine Beziehungen zu der Göttinger Akademie der Wissenschaften, die die Reihe finanzierte. Aber Otto fuhr mit dem Import auch mitten im Krieg fort. Es lassen sich drei Phasen der Ausweitung seines Importgeschäfts ausmachen. Die erste Phase begann 1916, als Otto mit der Veröffentlichung der Übersetzungen von indischen Texten begann. In der zweiten und dritten Phase ergänzte er seine Übersetzungstätigkeiten. In der zweiten Phase erweiterte er den direkten Import kultureller und religiöser Güter um den expliziten Vergleich der importierten Produkte mit denjenigen, die zu Hause produziert wurden. In der dritten Phase kamen zu Übersetzung und Vergleich der Import und das Ausstellen physischer Güter hinzu. Die Planung dieser Phase begann 1926 mit den Bestrebungen, die Religionskundliche Sammlung in Marburg zu gründen.[45] Aber die Pläne konnten zu Ottos Lebzeiten nicht vollständig umgesetzt werden. Selbstverständlich ist – wie es auch für jedes andere Unternehmen gilt – diese Einteilung in Expansionsphasen der schematischen Darstellung geschuldet und wird dem Umfang der tatsächlichen Geschäfte nicht gerecht. Mit ihnen ist genauso wenig eine umfassende Darstellung von Ottos späten Aktivitäten gegeben, zum Beispiel werden seine Bestrebungen für eine Liturgiereform damit völlig beiseitegelassen. Aber dieses Schema erlaubt uns, die Strukturen dessen zu erfassen, was wir Ottos religionswissenschaftliche Praxis nennen können, so wie sie sich nach seinem gescheiterten kolonialistischen Programm entfaltete. Werfen wir einen genaueren Blick auf jede der Phasen.

Wie bereits erwähnt, begann Otto in der ersten Phase damit, Texte zu importieren, die er in Übersetzungen zugänglich machte. Diese Tätigkeit begann 1916[46] und wurde, etwas paradox gesprochen, bis einige Zeit nach Ottos Tod fortgesetzt. Der letzte Band von Ottos Übersetzungen, der auch Nachdrucke bereits früher veröffentlichter Texte enthält, wurde 1943 veröffentlicht.[47] Wie zu erwarten ist, vollzieht sich die Produktion von Übersetzungen in ungeordneter Weise und mit häufigen Unterbrechungen. Sie tritt in den Hintergrund, wenn und während Ottos Aufmerksamkeit von anderem beansprucht wird, und wird dann später wieder aufgenommen. Dies hat damit zu tun, dass Otto als unabhängiger Importunternehmer agiert und keine Firma im eigentlichen Sinne betreibt. Außerdem leistete Otto, als er gegen Ende seines Lebens

---

45 Vgl. Otto, WÖM.

46 Vgl. Otto, Dīpikā des Nivāsa; ders., Aller Meister Lehren; ders., Arthapañcaka; ders. Von indischer Frömmigkeit.

47 Otto, Varuna-Hymnen; vgl. Otto, Gefühl des Überweltlichen, Kap. 5 u. 13.

an der Bhagavadgītā arbeitete wesentlich mehr, als einfach einen Text aus dem Sanskrit zu übersetzen: Er lieferte zusätzlich eine kritische (wenngleich vollständig spekulative) Rekonstruktion des Textes und seiner Geschichte nach der Art mancher Bibelwissenschaftler.[48]

Es ist relativ einfach, Ottos Übersetzungen hinsichtlich ihrer philologischen Exaktheit zu kritisieren. Was sollte man anderes von jemandem erwarten, der sich zwischen dem Ende seiner Weltreise und dem Ausbruch des Ersten Weltkriegs das Sanskrit irgendwie selbst beigebracht hat und dann bereits zwei Jahre später seine erste Übersetzung veröffentlichte. Außerdem erscheint sein Versuch, die Entwicklungsphasen des Textes der Gita zu rekonstruieren, in bizarrer Weise egoistisch: Er nimmt ein wichtiges Importgut und versucht es in Stücke zu schneiden, um seine Theorien zu bestätigen. Aber es gibt vielleicht einige andere wichtige Beobachtungen, die wir an dieser Arbeit Ottos machen können. Die Texte, die Otto für den Import nach Deutschland auswählte, präsentieren die Religionen des südlichen Asien als eine Mischung aus idealistischer Philosophie, Mystizismus und religiösem Vaiava-Kult. Keiner dieser Texte ist von größerem Aussagewert hinsichtlich aktueller religiöser Praktiken oder ihrer sozialen Organisationsformen – und das heißt auch nicht hinsichtlich des religiösen Denkens und Verhaltens vieler Südasiaten.

Wer den Hinduismus aus nordamerikanischen oder europäischen Textbüchern kennt, wird eine gewisse Vertrautheit für Ottos Konzentration auf mystische Elemente der Vedāanta-Philosophie, besonders auf ihre Ausformungen im Advaita oder Viśiṣṭādvaita, sowie die Kulttraditionen des Vaiṣṇava empfinden. Es ist daher nicht überraschend, dass Otto nicht nur Rabindranath Tagore bei dessen Besuch in Marburg als Übersetzer diente, sondern auch seine eigenen Übersetzungen indischer Texte besser zu verkaufen suchte, indem er sie mit dem Namen Tagores schmückte.[49] Otto importiert als Hinduismus eine unkritisch entgegengenommene neo-hinduistische Synthese der mutmaßlich besten Elemente der Religionen Südasiens. Vielleicht drücken sich in dieser Auswahl die Vorlieben seiner indischen Zulieferer aus, vielleicht diejenigen seiner Abnehmer in Deutschland. Möglicherweise spiegeln sich auch beide darin – und zusätzlich Ottos eigene Interessen. Heute wissen wir, dass eine solche Auswahl von Importgütern nur einen relativ kleinen Teil

---

48 Otto, Urgestalt der Bhagavad-Gita; ders., Der Sang des Hehr-Erhabenen; ders., Die Lehrtraktate der Bhagavad-Gita.

49 Otto, Aus Rabindranath Takkurs väterlicher Religion; ders., Rabindranath Tagore's Bekenntnis; ders., ‹Meine Religion› von Rabindranath Tagore.

dessen wiederspiegelt, was wir üblicherweise Hinduismus nennen,[50] und in Ottos Fall können wir diese Einengung der Perspektive zudem der sehr kurzen und oberflächlichen Wahrnehmung des indischen Subkontinents durch einen Gelehrten zuschreiben, der vor allem der Bildungselite des Landes begegnete. Aber man sollte Otto nicht zu rüde für all dies kritisieren. Axel Michaels hat darauf hingewiesen, dass die meisten von uns, auch wenn sie um die beschränkte brahmanisch-sanskritische Perspektive wissen, aus welcher wir unseren Begriff von Hinduismus bilden, diesen dennoch auf vielen Ebenen weitgehend beibehalten. Um dafür ein sehr einfaches Beispiel zu geben, möchte ich nur darauf hinweisen, wie viele von uns unseren Studierenden in den ersten Semestern etwas über die radikalen Auswüchse der purāṇischen Traditionen erzählen, zum Beispiel, dass Gaṇeśa manchmal mit einem menschlichen Kopf dargestellt wird, auf einem Pferd reitend und eine Pfeife (*hookah*) rauchend? (Auf diese Art wird er auf den *pithora*-Gemälden von Rathawas wie zum Beispiel Mansinghbhai dargestellt, einem begabten *pithora*-Maler im östlichen Gujarat.) Dies zum einen. Zum anderen sollte man auch so vorsichtig sein, Otto nicht Standpunkte zu unterstellen, die er nicht teilte – obwohl er offenbar recht unkritisch eine bestimmte neo-hinduistische Perspektive auf die Religionen Südasiens vertrat. Denn es ist keinesfalls klar, ob Otto überhaupt daran interessiert gewesen wäre, einen umfassenden und detaillierten Überblick über die Religionen Südasiens zu präsentieren. Vielmehr lehnte er es wie einige heutige Gelehrte[51] generell ab, von «Hinduismus» zu sprechen und betrachtete, was häufig zusammenfassend Hinduismus genannt wird, als ein Bündel unterschiedlicher religiöser Traditionen und Gemeinschaften.

Mit Phase zwei wird der Höhepunkt von Ottos Importtätigkeit eingeleitet, der in seinen vergleichenden Studien besteht. Beispielhaft sind vor allem die «West-östliche Mystik» (1926), die unter anderem die Lehren von Śaṅkarācarya im Vergleich zu denjenigen Meister Eckharts diskutiert und «Die Gnadenreligion Indiens und das Christentum» (1930), welches die Überlieferungen von Śrī Vaiṣṇava aus Rāāmāānuja im Vergleich zu christlichen Lehren der Erlösung aus Gnade untersucht. Wie die Titel der Bücher zeigen, gibt es für Otto grundsätzlich zwei Weisen, wie religiöse Erfahrung zur Darstellung gelangt. Diesen entsprechen grob die *jñāna*- und *bhakti*-Traditionen in Indien oder die unpersönliche und persönliche Konzeption des Numinosen: mystische und gläubige

---

50 Vgl. z. B. Sontheimer, Hinduism; Michaels, Hinduism, 12–30.
51 Vgl. Stietencron, Hinduism.

Frömmigkeit.[52] Doch zeigen die nahezu identischen Untertitel der beiden Bücher, dass Ottos vergleichende Studien vor allem die grundlegende Struktur seines Kulturimperialismus wiedergaben. Seine Projekte werden als «Vergleich und Unterscheidung» eingeführt. Was hier verglichen und unterschieden werden soll, sind die beiden Hälften, in welche die religiöse Welt durch die kolonialistische Phantasie unterteilt wird: Ost und West, erstere stärker durch die indischen als durch die chinesischen Religionen repräsentiert (wobei unklar bleibt, worauf diese Präferenz beruht) wird, letztere vornehmlich durch das deutsche Christentum. Offenkundig bleibt durch diese Unterscheidung der Großteil der Welt untervertreten, dennoch wird sie in US-amerikanischen Lehrbüchern oder in Lehrveranstaltungen mit dem Titel «Weltreligionen des Westens», «Weltreligionen des Ostens»[53] immer noch reproduziert. Dabei ist entscheidend, was Otto durch seine vergleichenden Studien offenlegt: Es ist die gleiche grundlegende religiöse Erfahrung, die in Ost und West auftritt. Aber was er durch die Unterscheidung zeigt ist in ähnlicher Weise entscheidend: Es wird immer ein unterscheidendes Merkmal geben, dass den christlichen Westen als überlegen erweist. Irgendwie schafft es der christliche Westen immer besser als der Osten, das in der religiösen Grunderfahrung angelegte Potential zu aktualisieren.

Selbstverständlich musste man es nicht in dieser Weise sehen. Die Übereinstimmung zwischen Ottos Analyse des Numinosen und seinen vergleichenden Studien ist nicht übermäßig stark. Ein begabter Denker war durchaus in der Lage, die Erfahrung des Numinosen als Herzstück der Religiosität anzusehen, ohne die Überlegenheit seiner westlichen oder östlichen Ausprägung zu behaupten.[54] Aber für Otto stellte es sich dennoch so dar. Dies führt zu einer sehr grundsätzlichen Frage über Ottos Kulturimperialismus, die leicht aus dem Blick gerät, weil Otto seine vergleichenden Studien zu einer Zeit schrieb, als er seine Aktivitäten auf den Import reduzieren musste, da der Export schlicht und einfach nicht mehr möglich war: Wie kann man die Herzen und Gedanken von Menschen gewinnen – geschweige denn ihr Geld –, die nicht zur eigenen Gruppe gehören, wenn man ihnen erzählt, dass ihre Traditionen zwar gut sind, die eigenen aber besser? Man muss annehmen, dass die

52 Vgl. Otto, WÖM.

53 Vgl. die Marktkräfte, die dazu führten, dass Ludwig, The Sacred Paths, als ders., The Sacred Paths of the East, und ders., The Sacred Paths of the West, ediert wurde.

54 Vgl. z. B. die in Ludwig, The Sacred Paths of the East, und ders., The Sacred Paths of the West, implizite Haltung.

meisten Menschen eine solche Einstellung bestenfalls als ärgerlich empfinden. Dennoch nahm Otto eine solche Haltung ein und zwar nicht allein auf dem Hintergrund seiner vermessenen kolonialistischen Gedanken. Sein Importunternehmen war zu jedem Zeitpunkt ein seltsames Unterfangen. Als professioneller Theologe konnte Otto einfach nicht glauben, dass die indischen Traditionen ebenso wertvoll seien, wie das Christentum. Dadurch gelangte er in eine in gewisser Weise widersprüchliche Lage: Er wollte seine Importgüter an den Mann bringen, aber trotz aller Vorzüge, die er ihnen zuschrieb, musste er letztendlich behaupten, die heimischen Produkte seien die besseren. Die Menschen sollten seine Importwaren erwerben, aber keinesfalls damit das Christentum ersetzen. Wie zu erwarten steht, lehnte ein Großteil von Ottos damaliger Klientel (vornehmlich Theologiestudierende) seine Produkte schlichtweg ab. Die meisten von Ottos Nachfolgern im Importgeschäft, z. B. Religionsforscher die in nordamerikanischen Bachelor-Studiengängen unterrichten, nehmen zumindest keinen wertenden Vergleich mehr zwischen den importierten und den heimischen Kulturgütern vor. Die Vermutung liegt nahe, dass ein Großteil des gegenwärtigen Interesses an solchen Gütern einen exotistischen Hintergrund hat.

In der dritten Phase sollte sich das Importgeschäft über Texte und Bücher hinaus auf physische Artefakte und Objekte ausdehnen. Obwohl Otto und seine Mitarbeiter, allen voran Heinrich Frick, es emsig versuchten, konnten sie die Behörden zu Ottos Lebzeiten nicht von der Idee überzeugen, ein eigenes Gebäude für die Religionskundliche Sammlung zu finanzieren. Dennoch gab es einige Bewegung in Richtung auf die Implementierung dieser Expansion. In den Jahren 1927–28 unternahm Otto eine größere Indienreise, um Materialien für die Religionskundliche Sammlung zu beschaffen.[55] Nach seiner Rückkehr gelang es ihm und seinen Mitarbeitern, eine zeitweilige Bleibe für die Ausstellung dieser Materialien zu finden, und sie erhielten Zusagen für die Bewilligung eines dauerhaften Heims. Dennoch erhielt die Sammlung erst 1947 einen dauerhaften Sitz – und erst zu diesem Zeitpunkt, zehn Jahre nach seinem Tod, war Ottos Importunternehmen vollständig etabliert.[56]

Niemand, der mit der Geschichte der Elgin Marbles[57] oder mit dem heutigen Antiquitätenschmuggel aus Indien[58] vertraut ist, kann daran zweifeln, dass der Aufbau der Sammlung die Möglichkeit des Kultur-

---

55 Otto, Bericht über eine Studienreise.
56 Vgl. dazu Kraatz, Die Religionskundliche Sammlung, 385–387
57 Vgl. z. B. Hitchens, The Elgin Marbles.
58 Vgl. z. B. Keefe, The Idol Thief.

raubs eröffnete. Tatsächlich bin ich persönlich tief betroffen von dem Anblick der Zerstörung, die man bei indischen Baudenkmälern häufig antrifft, einer Zerstörung, die allein unternommen wurde, um Kulturgüter anderswohin zu bringen. Und wenn ich Sammlungen südasiatischer Kunst in Museen besuche, geschieht es oft, dass ich die verschiedenen bildhauerischen Werke sehr viel lieber *in situ* betrachtet hätte, als so, hoffnungslos aus ihrem ursprünglichen Zusammenhang gerissen. Ich muss allerdings zugeben, dass ich keine Daten über Ottos Beschaffungswege besitze, weder über seine Bezugsquellen noch über die Preise, die er für die Kunstobjekte bezahlte, noch über seine Transportmodalitäten. Angesichts des Mangels an greifbaren Daten wie auch der Unabgeschlosssenheit des Unterfangens zu seinen Lebzeiten ist es vielleicht besser, die weitere Besprechung dieser Phase seines Importunternehmens auf eine Zeit zu vertagen, zu der uns sichere Quellen darüber zur Verfügung stehen.

Weiterführende Überlegungen

Die Erforschung der Verbindung von Kolonialismus und akademischer Praxis ist eine schwierige Angelegenheit. Dasselbe gilt für die Darstellung von Forschungspraxis als Wiederaufnahme kolonialer Bestrebungen. Zum ersten ist es nämlich sehr verführerisch, die Forschungspraxis eines andern aus einer Perspektive zu betrachten, die das Resultat unserer eigenen tiefsten Überzeugungen ist. Zum Beispiel war Edward Saids Buch «Orientalism» (1978) eine sehr wichtige Arbeit und ist es meines Erachtens auch weiterhin – aber es führte zu einer Sichtweise, die die Forschungsgeschichte in einfachen binären Gegensätzen darstellte: Ost–West; Kolonisatoren–Kolonisierte; Herrscher–Beherrschte usw. Eines der mit einem solchen Ansatz verbundenen Probleme ist, dass die europäischen Länder kein einheitliches Set kolonialistischer Bestrebungen vertraten – noch waren sie im Erreichen ihrer Ziele in vergleichbarer Weise erfolgreich. Diese Beobachtung trifft meines Erachtens in besonderer Weise auf Rudolf Ottos Forschungspraxis zu.

Es besteht kein Anlass, daran zu zweifeln, dass sich Otto um 1912 für eine kulturimperialistische Politik einsetzte und dass er sie von 1912–1914 auch aktiv verfolgte. Weiter bin ich davon überzeugt, dass dieser Kulturimperialismus Ottos Religionsforschung nach der Rückkehr von seinen Reisen 1912 bis zu seinem Tod beeinflusste. Dennoch ist es wichtig, die Komplexität der Situation Ottos in Betracht zu ziehen. Obwohl nämlich Ottos Vorstellungen durchaus für kolonialistische Zwecke gebraucht werden konnten, dienten sie faktisch anderen Zwecken.

Und seit der Kolonialismus für die Deutschen keinen gangbaren Weg mehr darstellte, wurden sie auch für andere Ziele in Dienst genommen.

Auf seinen Reisen fand sich Otto wegen seiner einzigartigen Stellung als dritte Partei im Bereich der Kontaktzone von Kolonisierten und Kolonisatoren als jeweils eigenständigen komplexen Realitäten wieder, so dass er zugleich mit den Kolonisierten sympathisierte und versuchte, sie zu kolonisieren. Diese Spannung versuchte er durch sein kulturimperialistisches Programm aufzulösen, das von Paul Rohrbach durchaus präziser als ethischer Imperialismus bezeichnet worden ist. Doch dieses Programm scheiterte. Nicht aufgrund seiner inneren Widersprüche (obgleich diese durchaus vorhanden waren), sondern wegen äußerer Umstände. Deutschland war nach der Niederlage im Ersten Weltkrieg nicht mehr in der Position zu kolonisieren. Vor diesem Hintergrund kann Ottos Wende von der Religionsphilosophie zur Religionsgeschichte als eine Art postkoloniales Projekt betrachtet werden, das nicht in erster Linie aus dem Verlust *vergangener* «Größe» entstanden war, sondern aus dem gescheiterten Versuch *koloniale* Größe zu erlangen. Selbstverständlich beinhaltete es die Überzeugung Ottos von der Überlegenheit der eigenen Nation, die sich sehr gut mit einer kolonialistischen Haltung verträgt. Aber diese Überzeugung hatte noch andere Quellen als den Kolonialismus und konnte sich zu seiner Zeit sogar als relativ wohlmeinend erweisen. Tatsächlich war Ottos Vorstellung von der Überlegenheit des Christentums in solch einem Maße gemeinnützig, dass er beachtliche theologische Kritik erntete (auf diese Kritik habe ich oben nur am Rande hingewiesen).

Es liegt noch eine zweite und weitaus größere Gefahr als diejenige der übermäßigen Schematisierung darin, Ottos «Religionswissenschaft» als Wiederaufleben des Kulturimperialismus zu bezeichnen. Diese Gefahr besteht darin, bestimmte Behauptungen oder Ideen deshalb abzulehnen, weil wir die politische Einstellung des in Frage stehenden Denkers nicht teilen. Robert Segal hat darauf hingewiesen, dass wir die Ergebnisse anderer Forscher nicht auf der Grundlage der Umstände ihrer Entstehung oder der mit ihnen verbundenen politischen Interessen beurteilen dürfen.[59] Es dennoch zu tun, erzeugt keinen epistemologischen Gewinn, sondern entspricht einfach nur der Behauptung, unsere politische Meinung sei besser, als die des anderen. Wie schäbig uns unsere politischen Gegner auch erscheinen mögen, es bleibt doch immer die Möglichkeit, dass ihre Untersuchungen dem Gegenstand angemessener sind, als unsere eigenen. Tatsächlich könnte man argumentieren

---

59 Vgl. Segal, Theories of Religion.

(obwohl ich selbst dies nicht für überzeugend halte), dass man, um wie Otto ein erfolgreiches Importunternehmen zu führen, nicht nur den Markt verstehen muss, für den man die Güter importiert, mit denen man Handel treiben will, sondern vielmehr auch diese Güter selbst. Wie dem auch sei: Jedenfalls müssen wir Wissenschaft vor allem danach beurteilen, wie kohärent sie ist, und ob sie mit den verfügbaren Daten übereinstimmt. (Das gilt auch dann, wenn wir, anders als die meisten heutigen *philosophers of mind*, zu einer Kohärenztheorie der Wahrheit neigen – denn dadurch ändert sich tatsächlich nur die Weise, wie wir unsere Daten in Begriffe fassen.) Obwohl ich persönlich stark an Otto interessiert bin, lehne ich trotzdem einen großen Teil seiner Ergebnisse ab. Dies tue ich nicht, weil er ein Kolonialist war, sondern weil ich überzeugt bin, dass seine Untersuchungen fehlerhaft sind.

Aber dies müsste in einem anderen Zusammenhang erläutert werden. Deswegen möchte ich nun mit einer weiteren Beobachtung schließen. Sie betrifft die gegenwärtige Praxis der Religionsforschung. Bei der Untersuchung Ottos und seines Kontextes fällt besonders die enge Verbindung zwischen seinem Denken und den Bestrebungen der deutschen Bildungselite auf. Diese Anliegen wurden in Konkurrenz zu denjenigen der wirtschaftlichen Elite verfolgt – und sie brachten Leute wie Otto dazu, die Bedeutung von Bildung und religiöser Erfahrung gegenüber materiellen und praktischen Fragen besonders zu betonen. Genau diese Betonung stellt wiederum das Herzstück von Ottos Kulturimperialismus dar. Weder die deutsche Wirtschaft noch das deutsche Militär würden Deutschlands Größe auf der Weltbühne begründen; dies war der Weg, den Großbritannien und Frankreich eingeschlagen hatten. Vielmehr sollten die deutschen Professoren und Universitäten dies erreichen. Anders als die meisten wurde die Bildungselite vom Interesse an der Nation und nicht von dem an sich selbst geleitet,[60] und ihre Aktivitäten sollten die Seelen der Menschen nicht verarmen lassen.[61] Die Forschungstätigkeiten in einem solchen Zusammenhang als Importgeschäft zu bezeichnen, hätte gerade diejenigen Vorstellungen zerstört, auf denen jene Aktivitäten gründeten.

Heutzutage haben wir die Spannungen zwischen Gelehrten und Geschäftsleuten wohl kaum überwunden. Es mag sogar gute Gründe für diese Spannungen geben. Man denke nur an die verbreitete akademische Kritik am globalen Kapitalismus. Aber obwohl wir nicht das Recht haben, Ottos oder eines anderen akademische Ansichten aufgrund ihrer

---

60 Vgl. Rade, Der Deutsche Akademische Freibund.

61 Vgl. Otto, Deutsche Kulturaufgaben im Ausland.

politischen Verortung abzulehnen, darf uns die Erkenntnis, welchen Standpunkt ein/-e Wissenschaftler/-in vertritt, durchaus dazu veranlassen, ihre oder seine Ansichten zu hinterfragen. Ich möchte an dieser Stelle beliebt machen, dass genau dies zu tun durchaus nutzbringend für uns ist. Obgleich die Religionsforschung einen Großteil von Ottos Erbe hinter sich gelassen hat, ist es doch Otto, der uns, auf tiefenstruktureller Ebene, eine Perspektive auf Religion vermacht hat, die analytisch verschieden von derjenigen Rationalität und Irrationalität ist, welche den Rest des menschlichen Lebens kennzeichnen. Dies ist, analytisch betrachtet, eingrenzend. Zum Beispiel dient, soweit ich sehen kann, die Religion den meisten Menschen dazu, Vorteile anzuhäufen, Risiken zu managen und Unsicherheiten zu bewältigen. Es ist vielleicht hilfreich, in diesen Aktivitäten Parallelen zu wirtschaftlichen Belangen zu sehen. Tatsächlich könnte es vorteilhaft sein, die Grenze zwischen Wirtschaft und Religion zu verwischen, wie es Pierre Bourdieu getan hat, und die Religionsforschung innerhalb einer «allgemeinen Wissenschaft der Ökonomie der Praktiken» anzusiedeln, «die in der Lage ist, alle Praktiken [...] als ökonomische Praktiken zu verstehen, die auf die Maximierung symbolischen oder materiellen Profits zielen»[62].

Eine solche Sichtweise steht weit von derjenigen Vision von Religion ab, die uns von Leuten wie Rudolf Otto vermacht wurde. Aber vielleicht könnte dies ein weiterer Vorteil der Erforschung der Geschichte des Fachs sein: Indem wir die Umstände offenlegen, unter denen bestimmte Ideen zur Vorherrschaft gelangt sind, befreien wir uns dazu, sie zu hinterfragen und etwas Neues vorzuschlagen.

Literaturverzeichnis

Alles, Gregory D.: Rudolf Otto and the Politics of Utopia, Religion 21 (1991), 235–256.

– The Science of Religions in a Fascist State: Rudolf Otto and Jakob Wilhelm Hauer during the Third Reich, Religion 32 (2002), 2, 177–204.

– Rudolf Otto, Cultural Colonialism and the ‹Discovery› of the Holy, in: Timothy Fitzgerald (ed.), The Sacred and the Secular: Historical and Colonial Contexts, London, Equinox, 2007, 179–194.

62 Bourdieu, Outline of a Theory of Practice, 183 [Übersetzung aus dem Englischen HM].

Barlow, Ima Christina, The Agadir Crisis. Chapel Hill, University of North Carolina Press, 1940.

Barraclough, Geoffrey, From Agadir to Armageddon: Anatomy of a Crisis. New York, Holmes and Meier, 1982.

Benz, Ernst, Rudolf Otto als Theologe und Persönlichkeit, in: ders. (Hg.), Rudolf Otto's Bedeutung für die Religionswissenschaft und die Theologie Heute, Leiden, E. J. Brill, 1971, 30–48.

Bourdieu, Pierre, Outline of a Theory of Practice. Trans. Richard Nice. Cambridge, Cambridge University Press, 1977.

Bousset, Wilhelm, Brief Paul Wernle, Göttingen, 6. Juni 1909, Archiv RGS 798.

Düding, Dieter, Der Nationalsoziale Verein. Der gescheiterte Versuch einer parteipolitischen Synthese von Nationalismus, Sozialismus und Liberalismus. München: R. Oldenbourg, 1972.

Fischer, Ilse, Der Bestand Leonard Nelson im Archiv der sozialen Demokratie der Friedrich-Ebert-Stiftung. Bonn: Archiv der Sozialen Demokratie der Friedrich-Ebert-Stiftung, 1999.

Franke, R. Otto (Übers.): Dīghanīkāya. Das Buch der langen Texte des buddhistischen Kanons [Quellen der Religionsgeschichte, 4], Göttingen: Vandenhoeck & Ruprecht, 1913.

Frick, Heinrich, Rudolf Otto zum Gedächtnis: Trauerfeier für den am 6. März 1937 heimgegangenen Professor D. Rudolf Otto und Gedächtnisrede an seinem Sarg gehalten von Professor Heinrich Frick am 10. März 1937. Leipzig: Leopold Klotz, 1937.

Gerber, Lydia, The Role of German Missionaries in Post-Boxer North China, in: Asia Pacific: Perspectives 5 (2004), 1, 21–26.

Haas, Hans (Übers.), Amida Buddha unsere Zuflucht: Urkunden zum Verständnis des japanischen Sukhāvatī-Buddhismus, Göttingen, Vandenhoeck & Ruprecht, 1910.

Hillebrandt, Alfred (Übers.), Lieder des Ṛgveda [Quellen der Religionsgeschichte, 5], Göttingen, Vandenhoeck & Ruprecht, 1913.

Hitchens, Christopher, The Elgin Marbles: Should They Be Returned to Greece? London: Verso, 1997

Hsia, Adrian, Richard Wilhelm's Reception of Confucianism in Comparison with James Legge's and Max Weber's, in: Journal of Ecumenical Studies 40 (2003), 1–2, 96–110.

Jung, Carl Gustav; Wilhelm, Richard: Das Geheimnis der Goldenen Blüte. Ein chinesisches Lebensbuch. München: Dornverlag, 1929.

Keefe, Patrick Radden, The Idol Thief, in: The New Yorker vom 7. Mai 2007.

Kraatz, Martin, Die Religionskundliche Sammlung, eine Gründung Rudolf Ottos, in: Ingeborg Schnack (Hg.), Marburger Gelehrte in der ersten Hälfte des 20. Jahrhunderts, 382–389, Marburg: N. G. Elwert, 1977.

Ludwig, Theodore M., The Sacred Paths: Understanding the Religions of the World. 4th ed. Upper Saddle River NJ: Pearson Education, 2006

– The Sacred Paths oj the East. 3rd ed. Upper Saddle River NJ: Pearson Education, 2006.

– The Sacred Paths oj the West. 3rd ed. Upper Saddle River NJ: Pearson Education.

McCutcheon, Russell T., Manufacturing Re!igion: The Discourse on Sui Generis Religion and the Politics of Nostalgia. New York: Oxford University Press, 1997.

Michaels, Axel, Hinduism: Past and Present. Trans. Barbara Harshav. Princeton NJ: Princeton University Press, 2004.

MITLÄUFER, DIE, Regie: Eberhard Itzenplitz und Erwin Leiser. EML Film, 1985.

Mogk, Walter, Paul Rohrbach und das ‹Größere› Deutschland. Ethischer Imperialismus im Wilhelminischen Zeitalter: Ein Beitrag zur Geschichte des Kulturprotestantismus, München: Wilhelm Goldmann, 1972.

Obergethmann, Frank, Rudolf Ottos ‹Religiöser Menschheitsbund›. Ein Kapitel interreligiöser Begegnung zwischen den Weltkriegen, in: Zeitschrift für Religionswissenschaft 6 (1998), 79–106.

Otto, Rudolf, Brief an Hermann Mulert (o.D.), UB Mbg Hs. 797:775.

– Einfluß der Aufklärung auf die griechische Kirche dargestellt an dem Lebensbilde des Eugenio Bulgaris. Erichsburg, Sommersemester 1894.

– Briefe von einer Reise nach Agypten, Jerusalem und dem Berge Athos um Ostern 1895, in: Der Hannoversche Sonntagsbote. Evangelischlutherisches Volksblatt für Stadt und Land 1 (1897), 5, 2–3; 6, 2–3; 8, 3–4; 9, 3–4; 10, 2–4; 11, 3–5; 14, 3–4; 15, 3–4; 16, 2–4; 22, 4–5; 23, 4–5; 29, 3–4; 31, 4–6; 32, 4–6; 35, 3–6; 36, 3–4.

– Brief an Caroline Ruepke Otto (Ottos Mutter), Göttingen, 17. April 1897, UB Mbg 797:565.

– Kirchliche Aemter für Frauen, in: Die christliche Welt 17 (1903), 39, 24. September 1903, Sp. 920–924.

– Naturalistische und religiöse Weltansicht, Tübingen: J. C. B. Mohr 1904.

– Moderne Religionen, in: Die christliche Welt 18 (1904), 5, Sp. 100–105; 13, Sp. 297–299.

– Kantisch-Fries‘sche Religionsphilosophie und ihre Anwendung auf die Theologie. Tübingen: J. C. B. Mohr 1909.

– Vorschlag an Paul Siebeck für eine Einleitung in die Religionsgeschichte, Göttingen, 30. Juni 1909, Archiv J. C. B. Mohr, Tübingen.
– Schleiermacherstiftung. Ein Vorschlag für die Nürnberger Tagung, in: An die Freunde, 33 (20. September 1910), Sp. 369–370
– Brief an Martin Rade. [Gegen Ende des Jahres 1910] UB Mbg, Hs.839.
– Schmidt-Kandidaturen, in: Kirchliche Gegenwart. Gemeindeblatt für Hannover 10 (1911), 7–9.
– Die Lehrkandidaturen, in: An die Freunde, 37 (20. September 1911), Sp. 418–419.
– Ein erfreulicher Vorschlag, in: Die christliche Welt 25 (1911), 13 (30. März), Sp. 304–306.
– Zu dem erfreulichen Vorschlage, in: Die christliche Welt 25 (1911), 14 (6. April), Sp. 331–332.
– Das Bekenntnislied, in: Die christliche Welt 25 (1911), 39 (28. September), Sp. 922–925.
– Vom Wege, in: Die christliche Welt 25 (1911), Sp. 705–710, 724–729, 759–761, 779–783.
– Brief an Leonard Nelson, Benares, 1. December 1911, ASD, Nelson Nachlaß 31.
– Deutsche Kulturaufgaben im Ausland, in: Der Ostasiatische Lloyd 26 (1912), 23, 483–485 (mit 484a u. b).
– Bericht über die Reise des Professors der Theologie D. Dr. Rudolf Otto als Stipendiaten der Kahnschen ‹Stiftung für Auslandsreisen deutscher Gelehrten›, Göttingen, 29. Dezember 1912. GStA PK I. HA Rep. 76Vc, Sekt. I, Tit. 8, Nr. 9, Beiheft 2.
– Die Lehrstiftung, in: An die Freunde, 43 (14. Januar 1913), Sp. 474.
– Das Glaubenslied, in: An die Freunde, 43 (14. Januar 1913), Sp. 473–474.
– Quellen der Religionsgeschichte. Mitteilung 10, in: Theologische Literaturzeitung 38 (1913), 6 (15. März), Sp. 190.
– Quellen der Religionsgeschichte. Mitteilung 13, in: Theologische Literaturzeitung 38 (1913), 9 (26. April), Sp. 285.
– Quellen der Religionsgeschichte. Mitteilung 17, in: Theologische Literaturzeitung 38 (1913), 12 (7. Juni), Sp. 381–382.
– Quellen der Religionsgeschichte. Mitteilung 23, in: Theologische Literaturzeitung 38 (1913), 15 (19. Juli), Sp. 476.
– Rede vor dem Preußischen Abgeordnetenhaus, 70. Versammlung der 22. Legislaturperiode, Sitzung 2 (2. Mai 1914), in: Wörtlicher Bericht über die Verhandlungen des Preußischen Abgeordnetenhauses, Berlin: Preußisches Verlagsamt 1914, Sp. 5956–5960.

– Brief an Hermann Mulert, Göttingen, 22. März 1915, UB Mbg Hs. 797:761.
– Dīpikā des Nivāsa; eine indische Heilslehre aus dem Sanskrit von Rudolf Otto, Tübingen, J. C. B. Mohr (P. Siebeck) 1916.
– Aller Meister Lehren. Zeitschrift für Missionskunde und Religionswissenschaft 31 (1916), 73–82, 97–116.
– Arthapañcaka oder Die fünf Artikel; in: Theologische Studien und
– Kritiken 89 (1916), 253–282.
– Von indischer Frömmigkeit, in: Die christliche Welt 30 (1916), 255–256, 348–350, 423–426,528–530,571–572,727–729,755.
– Reform des Wahlrechts jetzt!, in: Deutsche Politik 2 (1917), 21 (25. Mai), 669–672.
– Jedenfalls so frühzeitig, in: Deutsche Politik 2 (1917), 30 (27. Juli), 955–958.
– Warum hat England noch keine Brotkarte?, in: Deutsche Politik 2 (1917), 40 (5. Oktober), 1288–1290.
– Die Missionspflicht der Kirche gegenüber der religionslosen Gesellschaft, in: Thimme, Friedrich/Rolffs, Ernst (Hg): Revolution und Kirche. Zur Neuordnung des Kirchenwesens im deutschen Volksstaat, Berlin: Georg Reimer 1919, 273-300.
– Aus Rabindranath Thakkurs väterlicher Religion, in: Die christliche Welt 36 (1922), 1 (5. Januar), Sp. 7–10; 2 (12. Januar), Sp. 22–23.
– Zum Verhältnisse von mystischer und gläubiger Frömmigkeit, in: Zeitschrift für Theologie und Kirche 3 (1922), 255–265.
– West-östliche Mystik: Vergleich und Unterscheidung zur Wesensdeutung, Gotha: L. Klotz, 1926.
– Sinn und Aufgabe moderner Universität: Rede zur vierhundertjahrigen Jubelfeier der Philippina zu Marburg. Marburg: N. G. Elwert, 1927.
– Bericht über eine Studienreise zu religionskundlichen Zwecken vom 18. Oktober bis 14. Mai 1927/28 nach Indien, Ägypten, Palästina, Kleinasien und Konstantinopel. An die Notgemeinschaft der deutschen Wissenschaft. Marburg, 6 November, 1928.
– Die Gnadenreligion Indiens und das Christentum: Vergleich und Unterscheidung. Gotha: L. Klotz, 1930.
– Rabindranath Tagore's Bekenntnis. Dem Dichter zum 70. Geburtstage gewidmet. Tübingen, Mohr 1931.
– ‹Meine Religion› von Rabindranath Tagore, in: Westermanns Monatshefte 75 (1931), 345–350.
– Das Gefühl des Überweltlichen (Sensus Numinis), München: C. H. Beck 1932.
– Die Urgestalt der Bhagavad-Gita, Tübingen: J. C. B. Mohr 1934.

– Der Sang des Hehr-Erhabenen: Die Bhagavad-Gita. Stuttgart: W. Kohlhammer 1935.
– Die Lehrtraktate der Bhagavad-Gita. Tübingen: J. C. B. Mohr 1935.
– Briefe Rudolf Ottos von seiner Fahrt nach Indien und Agypten, in: Die christliche Welt 52 (1938), 24, Sp. 985–990.
– Reisebriefe Rudolf Ottos aus Griechenland, in: Die christliche Welt 55 (1941), 9 (3. Mai), Sp. 197–198. [Ottos Brief an die Gehrichs, ca. 2. Sept. 1891, UBM 797:566.]
– Varuna-Hymnen des Rig-Veda. Religionsgeschichtliche Texte, hg. von Gustav Mensching, Bd. 1. Bonn: Ludwig Röhrscheid 1943.
– Otto, Rudolf; Hermelink, Heinrich; Hauer, Jakob Wilhelm; Heiler, Friedrich: Lehrsammlung für die Religionsgeschichte und Konfessionskunde. An das Preußische Kulturministerium. Marburg, 29. April 1926. StAM, Best. 310, acc. 1983/15, Nr. 4224, Bd. 1, 1–3.
Rade, Martin, Der Deutsche Akademische Freibund. Oeffentlicher Vortrag nach der Konstituierung einer Ortsgruppe des Akademischen Freibundes in Heidelberg gehalten am 15. November 1911. München: Buchhandlung Nationalverein 1912.
Rohrbach, Paul, Deutschland unter den Weltvölkern: Materiellen zur auswärtigen Politik. 2. A. Berlin-Schöneberg: Die Hilfe 1908.
– Was steht für Deutschland in China auf dem Spiel, in: ders. (Hg.): Deutsche Kulturaufgaben in China: Beiträge zur Erkenntnis nationaler Verantwortlichkeit, 32–66. Berlin-Schöneberg: Die Hilfe 1910.
– Der deutsche Gedanke in der Welt. Düsseldorf: Karl Robert Langewiesche 1912.
– Das ‹Größere› Deutschland, in: Schröter, Arthur (Hg.), Der Deutsche Staatsbürger,. Leipzig: Carl Ernst Poeschel, 2. vermehrte Auflage, 1912, 418–461
Said, Edward W., Orientalism. New York: Pantheon Books 1978.
Schwöbel, Christoph (Hg.): 1993 An die Freunde: Vertrauliche d. i. nicht für die Offentlichkeit bestimmte Mitteilungen (1903–1934). Einleitung von Christoph Schwöbel. Berlin: Walter de Gruyter 1993.
Segal, Robert, Theories of Religion, in: Hinnells, John R. (Hg.), The Routledge Companion to the Study of Religion, 49–60. London: Routledge 2005.
Shimazono, Susumu: Review of Suzuki Norihisa: Meiji shūkyōo shichō no kenkyū: Shūkyōgaku kotohajime, in: Japanese Journal of Religious Studies 7 (1980), 1, März.
Siebeck, Paul, Brief an Rudolf Otto, Tübingen, 1 Juli 1909, Archiv J. C. B. Mohr, Tübingen.
Sontheimer, Günther-Dietz, Hinduism: The Five Components and their Interaction, in: Brückner, Heidrun; Feldhaus, Anne; Malik, Aditya

(Hg.): Essays on Religion, Literature, and Law, 197–212, New Delhi: Indira Gandhi National Centre for the Arts 2004.
Spieth, Jakob (Übers.), Die Religion der Eweer in Süd-Togo. Göttingen: Vandenhoeck & Ruprecht 1911.
Stietencron, H. von, Hinduism: On the Proper Use of a Deceptive Term, in: Sontheimer, Günther-Dietz/Külke, Hermann (Hg.): Hinduism Reconsidered, 11–27, New Delhi: Manohar Publications 1989.
Strachotta, Fritz-Günter, Religiöses Ahnen, Sehnen und Suchen von der Theologie zur Religionsgeschichte: Heinrich Friedrich Hackmann, 1864–1935, Frankfurt a. M.: P. Lang 1997.
Strenski, Ivan, Four Theories of Myth in Twentieth-Century History: Cassirer, Eliade, Levi-Strauss, and Malinowski. Iowa City: University of Iowa Press 1987.
Walleser, Max (Übers.), 1914 Prajñāpāramitā: die Vollkommenheit der Erkenntnis nach indischen tibetischen und chinesischen Quellen [Quellen der Religionsgeschichte, 6], Gottingen: Vandenhoeck & Ruprecht 1914.
Warneck, Johannes (Übers.), Die Religion der Batak. Ein Paradigma für die animistischen Religionen des Indischen Archipels. Göttingen: Vandenhoeck & Ruprecht 1909.
Wilhelm, Richard, The I ching; or, Book of changes: The Richard Wilhelm translation rendered into English by Cary F. Baynes. Foreword by C. G. Jung. New York: Pantheon Books 1950

Thorsten Dietz

Die Luther-Rezeption Rudolf Ottos oder die Entdeckung der Kontrast-Harmonie der religiösen Erfahrung

Rudolf Otto selbst konnte in einer oft nur knapp gewürdigten Notiz den Grundimpuls zu «Das Heilige» so verorten: «Ja, an Luthers ‹De servo arbitrio› hat sich mir das Verständnis des Numinosen und seines Unterschiedes gegen das Rationale gebildet».[1] Mehr noch, bis in die begriffliche Gestaltung seiner Kategorien habe er sich von lutherischen Leitbegriffen inspirieren lassen: «Wenn ich oben zur Bezeichnung der einen Seite des Numinosen das tremendum und die majestas einführte so geschah das in der Tat geradezu durch eine Erinnerung an termini Luthers selber: ich entlehnte sie aus seiner ‹divina majestas› und deren ‹metuenda voluntas› die mir von meiner ersten Beschäftigung mit Luther her im Ohre geblieben sind.»[2] In der systematischen Erschließung seines Ansatzes wurde dieser Spur bislang noch nicht gründlich nachgegangen. An dieser Stelle soll 1. Rudolf Ottos theologische Dissertation zum Heiligen Geist bei Luther als Ausgangspunkt seiner eigenen systematischen Theoriebildung vergegenwärtigt werden. Sodann geht es 2. um die (eher hintergründige) Bedeutung Luthers für Otto in seiner Göttinger Zeit (1898–1915). 3. Schließlich ist die Rezeption Luthers in «Das Heilige» vorzustellen. Ausgehend vom Problemstand der damaligen religionstheoretischen Diskussion soll vor allem die Struktur von Ottos Konzeption der Kontrast-Harmonie der religiösen Erfahrung erörtert werden.

1. Ottos theologische Anfänge in der Lutherforschung

Der Bezug zu seiner Luther-Dissertation[3] ist in «Das Heilige» von milder Distanznahme geprägt: «Diese Anfänger-Schrift habe ich seinerzeit noch ganz unter den Nachwirkungen Ritschl's geschrieben, wie an ihrer

—

1 DH[17], S. 123.

2 DH[17], S. 122f. Martin Luther ist auch die am häufigsten erwähnte Referenz in «Das Heilige»; vor Schleiermacher und Kant.

3 Otto, Anschauung.

Stellung zur Mystik leicht erkennbar ist.»[4] Die Distanzierung von der frühen Wertung der Mystik markiert eine konkrete Frage, in der sich Otto sich s. E. von Ritschl fortentwickelt hat. Zugleich ist in seinem späteren Werk leicht ersichtlich, dass Otto sich immer wieder auf seine Dissertation zurückbezieht.[5] Nehmen wir Ottos Selbstverortung als heuristischen Ausgangspunkt der Untersuchung: Worin besteht die Wirkung des Ritschl'schen Einflusses auf seine Dissertation? Und wo lässt sich zumindest rückblickend eine eigenständige theologische Akzentsetzung Ottos wahrnehmen?

1.1 Albrecht Ritschl und die Erneuerung der Lutherforschung

Otto verfasste seine Dissertation in Göttingen Ende der 1890er Jahre. Im Vorwort ordnet sich Otto selbst in die von Ritschl geprägte Lutherforschung ein und betont den direkten Anschluss seiner Überlegungen an die einschlägigen Lutherforschungen von Ritschl, Harnack, Herrmann, Schultz u. a.[6] Man kann auch für Otto mit den Worten von Horst Stephan formulieren, was den eigentümlichen Reiz einer Anknüpfung an Ritschl ausmachte: Ritschls theologischer Ansatz «trug die Verheißung in sich, auch in der modernen, von Realismus, Naturwissenschaft und historischer Kritik erfüllten Welt mit gutem Gewissen Christ sein zu können».[7] Als charakteristisch für Ritschls theologische Bezugnahme auf Luther[8] kann man die Verbindung von *Normativität, Historizität* und *Modernität* bezeichnen. Luthers Theologie wird als normative Grundlage des eigenen systematischen Denkens zur Geltung gebracht. Diese Normativität ist deutlich unterschieden von einem dogmatisch-affirmativen Verfahren, das von geschichtlicher Einbettung absieht und Luthers Theologie im Sinne kirchlicher Dogmenbildung heranzieht. Bei Ritschl wird Luthers eigenes Denken im Unterschied zur protestantischen Schultheologie im Sinne der Orthodoxie bzw. der Kirchenlehre herausgearbeitet. Luthers Theologie wird zugleich auf Grundlage eines modernen Standpunktes auf der Höhe der aktuellen wissenschaftlichen Diskussion gewürdigt – und weitergedacht. In diesem Sinne kann Ottos

4 DH[17], S. 123.

5 Das gilt vor allem für seine Studien aus der Zeit nach dem Ersten Weltkrieg: Otto, Sünde und Urschuld. Vgl. die teilweise ausführlichen Selbstzitierungen: S. 34–36; 44–60; 219–225.

6 A.a.O., S. 3.

7 Stephan, Geschichte, S. 252.

8 Vgl. Lotz, Ritschl & Luther; Hofmann, Ritschls Lutherrezeption.

Dissertation als eine Arbeit Ritschl'scher Prägung bezeichnet werden. Konkret lässt sich dies etwa zeigen in der Kritik supranaturalistischer Denkmuster wie in der reservierten Haltung gegenüber mystischen Traditionen.

1.2 Antisupranaturalismus und Mystikkritik

Ottos Dissertation über Luthers Lehre vom Heiligen Geist geht von einer bei Harnack[9] formulierten Problemanzeige aus: Wie verhält sich Luthers eigenes Erleben und Denken zur weithin kritiklosen Übernahme der klassischen supranaturalistischen Kirchendoktrin über den Heiligen Geist? Otto konkretisiert die Problemstellung, indem er in Luthers Beschreibungen des Heilsprozesses zwei Ebenen identifiziert: 1. Eine theologisch-pneumatologische Ebene: Das Wirken des Heiligen Geistes im Menschen schafft Sündenerkenntnis und Buße, schenkt Glaube, Vertrauen und neues Leben. 2. Eine empirisch-psychologische Linie: Hören des Wortes, Buße und Glaube bilden einen geschlossenen Kreis von religiöser Erfahrung und affektiver Verarbeitung. Diese beiden Ebenen begegnen in Luthers Beschreibungen zum Heilsgeschehen in zweifacher Weise: Auf der einen Seite ist, metaphysisch betrachtet, der Heilige Geist die handelnde Instanz, die im Menschen neues Leben schafft bzw. das Gottesverhältnis erneuert. Auf der anderen Seite kann Luther dieses Geschehen ganz dem menschlichen Glauben zuschreiben: Der Glaube ist der ganze Heilsbesitz, aus ihm fließen Gewissheit und Freude. Diese Doppelung wiederholt sich bei der Frage nach der Konstitution des Glaubens. Auf der einen Seite ist es wiederum der Heilige Geist, der den Glauben wirkt und erhält. Auf der anderen Seite lässt sich die Konstitution des Glaubens auch empirisch beschreiben: Es ist das Wort von Christus, welches den Menschen trifft, zur Buße führt und Glaube entstehen lässt.

Was für ein Verhältnis besteht zwischen diesen beiden Gedankenreihen? Die klassische, metaphysische bzw. supranaturalistische Theologie hat diese Ebenen übereinander geblendet: Sie hat den Heiligen Geist als

---

9 Otto zitiert aus der «Schlussbetrachtung zum dritten Band», Harnack, Dogmengeschichte III, S. 806. Nach der letzten Überarbeitung (4. Aufl.) findet sich das Zitat Harnack, Dogmengeschichte III. 5. Aufl. (Nachdruck 4. Aufl.), S. 896. Luthers Verständnis vom Heiligen Geist kommt in Harnacks Darstellung kaum zur Sprache. Zur «Gleichung von Geist und Wort» (S. 880–881 [5. Aufl.]) siehe Harnacks Kritik an Luthers Sakramentsauffassung S. 880ff. [5. Aufl.].

auslösenden Wirkfaktor innerhalb einer supranaturalistischen Gesamtschau der Wirklichkeit beschrieben. Offenkundig gibt es bei Luther viele Formulierungen, die sich entsprechend einer solchen additiven Verhältnisbestimmung der transzendenten und der psychologischen Ebene deuten ließen. Am häufigsten begegnen Mittelformulierungen: *Durch* das Wort wirkt der Geist den Glauben; *durch* den Glauben erneuert der Geist den Menschen.

Otto ist es zunächst um den Nachweis zu tun, dass die empirisch-psychologische Beschreibung des christlichen Glaubens durchaus hinreichend ist. «Nicht übermenschliche Gefühle werden per spiritum eingeflossen, sondern echt menschliche Gefühle werden durch ein persönliches Erleben ausgelöst.»[10] Otto zufolge wirken die metaphysischen Überblendungen angesichts Luthers eigenster und originellster Beschreibungen seiner Heilserfahrung eher als Störfaktor; sie benennen übernatürliche Wirkursachen für ein Geschehen, das aus sich heraus bereits voll verständlich ist. Für Otto ist es Luthers Konservatismus, durch den er sich zur Übernahme der orthodoxen Kirchensprache bewegen ließ, was die Verwendung supranaturalistischer Sprachmuster unvermeidlich machte. In Luthers Beschreibung des sittlich-religiösen Glaubens ist zugleich unverkennbar: Die Verbindung von Christus, Wort, Verkündigung, Glaube und Erneuerung lässt sich als ein geschlossener, empirischer Zusammenhang verstehen. Die «Glieder dieser Kette [...] stellen den eigentlichen selbständigen und zureichenden Kausalnexus dar, lassen keinen Einschub zu, und schließen falsche Halbierungen und Kompromisse, sowie unklare, ‹durch, in, mit› aus.»[11]

Bedeutet, diese psychologisch geschlossene Beschreibung des christlichen Glaubens anzuerkennen, dass auf die Rede von einem Wirken des Heiligen Geistes bzw. Gottes im Menschen verzichtet werden kann? Folgen aus der Tatsache, dass sich das religiöse Erleben ganz aus innerweltlichen Wirkursachen und Zusammenhängen erklären lässt, eine «Abkühlung des religiösen Empfindens, eine Verödung und Verarmung der religiösen Vorstellungswelt, ein kaltes Herz und ein leerer Him-

---

10 Otto, Anschauung, S. 80.

11 Otto, Anschauung, S. 95. Solche Ablehnung metaphysischer Erklärungen des Zusammenhangs vom göttlichem Wirken und menschlicher Beteiligung ist in der Nachfolge Ritschls gängig. Vgl. Schultz, Grundriss. Zum Verhältnis von Geistwirken und menschlicher Tätigkeit in der Heiligung betont Schultz: «Das Verhältnis der Wirkungen Gottes zu den ethischen Vorgängen metaphysisch zu begreifen, muss die Dogmatik ablehnen.», a.a.O., S. 140f.

mel»?[12] Der Vorwurf, hier laufe die Logik, wenn schon nicht auf eine Eliminierung Gottes[13] so doch auf eine deistische Verflachung hinaus, bei der Gott als erster Beweger einer unendlichen Kette von Konsequenzen gedacht werden kann, geht für Otto jedoch in die Irre. Nicht am Beginn einer unendlichen Kausalkette, sondern in den irdischen, empirischen Vermittlungen begegne bei Luther der Mensch seinem Gott. Luther habe zwar das Verhältnis Gottes zu den Vermittlungen nicht theoretisch erörtert. Die Theorie der Schultheologie, Gottes Verursachung und irdische Vermittlungen als *causa prima* und *causae secundae* einander zuzuordnen, gehe angesichts der behaupteten Unmittelbarkeit der Präsenz Gottes (im Wort, im Glauben) in die Irre. Im empirischen Geschehen selbst sehe Luther Gott als «numen praesens»[14] anwesend. Eine andere Möglichkeit der Zuordnung dieser beiden Ebenen wäre eine panentheistische Verhältnisbestimmung: Das natürliche Geschehen und das Wirken Gottes erwiesen sich zuletzt als identisch. Otto sieht eine solche Beschreibung durchaus als eine naheliegende Möglichkeit an, nicht ohne sie zugleich einzuschränken: Diese Deutung habe einen stark spekulativen Charakter. Zwar habe Luther vor allem in «De servo arbitrio» Ansätze in diese Richtung entwickelt, systematisch konsequent aber sei ein solcher Weg von Luther nicht verfolgt worden.

Otto sucht einen dritten Weg. Luther wird von ihm als Typus der großen religiösen Figuren vorgestellt. Solche religiösen Gestalten sind letztlich an einer spekulativen Lösung wenig interessiert. «Luther

---

12 A.a.O., S. 96.

13 In diese Richtung ging später die Kritik an Otto von Reinhard Slenczka und Karsten Lehmkühler, vgl. Slenczka, Erkenntnis des Geistes, und Lehmkühler, Kultus und Theologie. Lehmkühler zeichnet Ottos Studie ein in die Entwicklung der religionsgeschichtlichen Schule. Zu Recht wird die enge Verflechtung mit der allgemeinen Tendenz der Exegese betont. Otto selbst hatte 1902 in seiner Studie über die historisch-kritische Erforschung des NTs seine Arbeit in diesem Kontext gesehen. Zugleich verfehlt die Zuspitzung Lehmkühlers die vermittlungstheologische Absicht Ottos. Die Feststellung, Ottos Lutherdeutung «müsse als Eintragung eigener dogmatischer Entscheidungen in die Interpretation historischer Texte betrachtet werden» (A.a.O., S. 206), führt in die Irre, da Otto von Anfang an sein systematisches Interesse offengelegt hat. Die Betonung des Gegensatzes von Supranaturalimus und Psychologie wird einseitig als eine Eliminierung der objektiven Seite gedeutet zugunsten der psychologischen. Ottos Anliegen ist umgekehrt:: Durch die supranaturalistische Beschreibung wird der Geist zu einem Teil des Weltgeschehens gemacht.

14 A.a.O., S. 100.

zwängt nicht die göttliche Kausalität an einer Stelle oder an mehreren in den Kausalnexus hinein. Sondern es ist ihm über das Ganze desselben eine doppelte Betrachtungswirklichkeit möglich».[15] Die Rede vom Heiligen Geist darf diesen nicht supranaturalistisch als unverzichtbaren Faktor des Geschehens verorten. Vielmehr ist die Rede vom Geist bei Luther in einem deutungstheoretischen Sinn aufzufassen. Die religiöse Sicht der Welt ist eine bestimmte Bewertung, in der die Gesamtheit des Geschehens als Gottes Wirken interpretiert wird.[16] Mögen Luthers Ausführungen vielfach noch an die Positivierung des Geistes im Sinne einer metaphysischen Instanz erinnern, konsequent zu Ende gedacht, ist die Rede vom Geist der religiöse Ausdruck für Gottes Allwirksamkeit im empirischen Geschehen. Ein solcher deutungstheoretischer Ansatz von Theologie wird von Otto allerdings eher angedeutet als ausführlich entfaltet. Im Zentrum seiner Erörterung steht die anti-supranaturalistische Beschreibung des christlichen Heilsstandes und damit ein spezifisch modernes Anliegen.[17]

Neben dieser anti-supranaturalistischen Haltung ist es die Mystikkritik, die für die Ritschl-Schule symbolische Bedeutung besaß. «Mystik» galt in der Schule Ritschls als Inbegriff katholischer bzw. pietistischer Frömmigkeit und damit als Verfehlen des reformatorischen Glaubensbewusstseins. Otto übernimmt diese Abgrenzung und betont die sittlichen, personalen Kategorien des Verhältnisses von Gott und Mensch. Mystik steht für falsche magische Untertöne, die eine Verknüpfung christlichen Glaubens mit moderner Geisteshaltung erschweren. Das Ritschl'sche Pathos lief darauf hinaus, die Weltzuwendung des Menschen und seine sittliche Berufung im irdischen Dienst religiös zu konstituieren. Die menschlich-empirische Beschreibung des Glaubens atmet

---

15 A.a.O., S. 102.

16 Ausdrücklich unterstreicht Otto diesen Urteilscharakter der religiösen Weltsicht in der Anmerkung auf S. 104: «[...] zu beurteilen! Denn der Satz, dass Gott wirke in den Ursachen um uns her, ist so wenig ein Exempel, das sich nüchtern ausrechnen lässt, wie der Satz, dass Gott sei, selber. Es wird niemals ein Wissen, sondern bleibt ein ‹Urteil› mutigen Glaubens.»

17 Otto betont die Geschlossenheit des Kausalnexus des irdischen Geschehens in der Zuversicht, dass dies durch fortschreitende historische Forschung immer deutlicher werden würde. Es gilt Otto als sicher, dass die fortschreitende Forschung «immer mehr des Erkannten aus dem Kausalnexus erklären» (a.a.O., S. 104) wird, dass die «Kette der allgemeinen Verknüpfung geschlossen bleibt» (ebd.). Der Anschluss an die zeitgenössische Debatte über historische Methodologie in der Theologie im Sinne Ernst Troeltschs ist unverkennbar.

daher echten Göttinger Geist im Sinne Ritschl'scher Prägung: Es gehe um das Verhältnis zwischen dem «Gott, der nicht der Gott der Sakramentsmagien sondern der sündenvergebende, himmlische Vater, und dem Menschen, der nicht ein ‹natürliches› Substrat zur Verwandlung in ‹Übernatürliches› ist, sondern der der Verzeihung bedürftige und in der Liebe selige ist».[18] Otto folgt dabei der für Ritschls Ansatz typisch kritischen Abgrenzung gegenüber Beschreibungsformen des Glaubens, die magische, mystische, bzw. metaphysischen oder supranaturalistische Kategorien nutzen.

1.3 Eigene Akzente: Das Geheimnis der Religion und die Wendung zum Subjekt

Von seinen späteren Werken her gelesen, ist Ottos Schrift zugleich auch mehr als eine Abhandlung in Ritschl'schem Geist. Vor allem Hans Walter Schütte hat die grosse Bedeutung der in der Regel nicht beachteten Frühschrift Ottos betont und sie als «Keimzelle seines Denkens»[19] gewürdigt. Denn es gibt in Ottos Frühwerk in der Tat einige Ansatzpunkte, die eine große systematische Entfaltung erfuhren. Zum Zeitpunkt ihrer Entstehung arbeitet Otto schon an der Entwicklung seines eigenen systematischen Zugangs zu religiösen Phänomenen. 1899 veröffentlicht er die Erstauflage von Schleiermachers Reden. Außer einer durchgängigen Kommentierung (und der damit verbundenen systematischen Deutung des Textes) fügt Otto eine Einleitung und ein ausführliches Nachwort hinzu, worin er über die Würdigung der Schrift hinaus Schleiermacher als Ahnherrn theologischer Methodologie in Anspruch nimmt.[20] Schleiermachers Religionstheorie wird gewürdigt als Etablierung einer Unterscheidung zwischen psychologischer und historischer Betrachtung der Religion. Angesichts des historischen Geistes der Aufklärung habe es Schleiermacher vermocht, im Sinne der Vermögenspsychologie seiner Zeit die Religion als anthropologisches Vermögen sui generis zu beschreiben und ihr damit ihre Autonomie zu sichern. Die

---

18 A.a.O., S. 97.

19 Schütte, Religion und Christentum, S. 12. Schütte zeigt dabei eine starke Neigung, die Einheitlichkeit des Problemhorizonts bei Otto zu betonen auf Kosten einschneidender Entwicklungen im Übergang zu «Das Heilige», so zu Recht Pfleiderer, Theologie als Wirklichkeitswissenschaft, S. 114ff. Die systematische Bedeutung von Ottos Lutherdissertation für seinen weiteren Denkweg betont auch Barth, Das Psychologische.

20 Reden 1920. S. III–XIII (Zur Einführung) und S. XVII–XLIV (Rückblick).

Verortung der Religion im Menschen und der Nachweis der Notwendigkeit dieser Potentialität neben Wissen und Handeln sei die besondere Pointe seines Ansatzes. Dieser psychologischen Grundlegung tritt dann die historische Analyse an die Seite. «Das Wesen der Religion gilt es zu finden, indem man ihre geschichtlichen Erscheinungsformen studiert»[21]. Die Verbindung von psychologischer Analyse und historischer Induktion gilt Otto als methodologische Leitlinie theologischer Arbeit. Dabei versteht Otto Schleiermacher so, dass in der historischen Induktion die Religion «nicht in den Systemen, Dogmatiken und Institutionen, die sie hervorgebracht haben, sondern in den religiösen Persönlichkeiten und ihrem ursprünglichen Erleben»[22] aufzuspüren sei. Man kann die Lutherstudie Ottos als Durchführung dieses religionstheoretischen Programms auffassen. In dieser Weise wurde sie auch in der zeitgenössischen Theologie wahrgenommen, so etwa von Reinhold Seeberg: «Es hat sich in der Theologie ein neues literarisches Genre herausgebildet, Lutherstudien, die aber zugleich die dogmatischen Überzeugungen des betreffenden Autors zum Ausdruck bringen sollen.»[23] In der Tat lässt sich Ottos Werk als eine systematische Studie dieses Genres lesen.[24] In diesem Sinne setzt Otto (neben der Abwehr supranaturalistischer und mystischer Verfälschungen) hier schon positive Akzente, deren Potential erst in seinen späteren Veröffentlichungen deutlich werden sollte. Zu denken ist vor allem an seine Beschreibungen des Gottesverhältnisses und der Glaubenserfahrung.

Zunächst ist auffällig, welche Schlüsselbedeutung Luthers Schrift «De servo arbitrio» und vor allem das dort zum Ausdruck kommende Gottesbewusstsein für ihn gewinnt. Gerade an dieser Stelle ist die in «Das Heilige» vorgenommene Deutung seiner eigenen Schrift als Ritschl'sche Anfängerschrift nicht angemessen. Ritschl konnte «De servo arbitrio» als Fortwirkung eines nominalistischen Erbes an den Rand der lutherischen Werke rücken. Auch für Otto hat diese Schrift einen Sonderstatus insofern, als Luthers Erörterungen mit Prädikaten wie «spekulativ» gekennzeichnet werden. Grundsätzlich aber gelten ihm Luthers Ausführungen in «De servo arbitrio» als besonders charakteristisch für Luthers Religionserleben. Das gilt vor allem für die plastische Präsenz bzw. die Unmittelbarkeit, die die Gotteswirklichkeit im Glauben ge-

---

21 A.a.O., S. XIX.

22 Ebd.

23 Seeberg, Besprechung, S. 470.

24 Als besonders typisch in dieser Hinsicht gelten kann vor allem: Herrmann, Verkehr.

winnt. Besonders unterstrichen wird zunächst das Moment der gefühlshaften Gegebenheitsweise des Religiösen: «Dass für Luthers Empfinden bei vollkommener Erhebung zu ihm im kindlichen Vertrauen dennoch Gott immer Gott bleibt – dieses nur zwischen Geschöpf und Schöpfer mögliche Empfinden [...] das muss hier als ein Zuzugebendes vorausgesetzt werden. Es kann vorausgesetzt werden, da es zu sehr von selbst sich fühlbar macht.»[25] In der Tat sind in diesem Zusammenhang Untertöne zu vernehmen, die auf künftige Ausarbeitungen voraus weisen. So sehr Otto den Hauptakzent auf eine aufgeklärte, religionstheoretische Durchdringung der lutherischen Texte legt, so fällt doch auf, dass die Dimension des Geheimnisvollen, Unerklärbaren an mehr als an einer Stelle ausdrückliche Würdigung erfährt. Er müsse begriffen werden «als getreuer Katholik altertümlicher Observanz, welcher zu sein Luther in keiner Periode seines Lebens aufgehört hat, als demütiger Frommer, dem als solches das Mysterium sympathischer ist als das Durchsichtige».[26]

Neben der Bedeutung des Geheimnisses für das Gottesbewusstsein ist es die Beschreibung der besonderen religiösen Erfahrungsqualität, die nach vorne weist. Luthers Betonungen des *homo spiritualis* erfahren bei Otto eine anthropologische Deutung; sie bezeichnen «eine Zuständlichkeit, eine in des einzelnen Menschen Natur gelegene Bestimmtheit desselben [...]. Sie bezeichnen völlig das, was man mit ‹religiös›, ‹religiöser Sinn›, ‹religiöse Empfänglichkeit›»[27] meint. Immer wieder kommt Otto dabei auf den Gegensatz zwischen der überlieferten Lehrbildung und der «eigensten Religion» Luthers, seines «eigensten Erlebnisses» zurück.[28] Diese Erfahrungsdimension Luthers wird in Ottos Deutung als ausschlaggebend in Anspruch genommen: «Hier zieht das neue Empfinden unausweichlich seine Konsequenz. Es scheidet das Alte aus»[29]. Dieser Aspekt wird beim Glaubensbegriff konkretisiert. Otto wehrt ausdrücklich die Tendenz ab, Luthers Glaubensbegriff wesentlich durch seine fiduziale Natur bestimmt zu sehen. Es ist «ihm die Gleichung von fides und fiducia doch niemals giltig in dem Sinne einer eigentlichen Definition [...]. Niemals hört sein Glaube auf, seiner Materie nach [...] Andacht und Demut vor der hohen Majestät zu sein.»[30] Der Glaube als

—

25 A.a.O., S. 88.
26 A.a.O., S. 93.
27 A.a.O., S. 90.
28 A.a.O., S. 16.
29 A.a.O., S. 65.
30 A.a.O., S. 87.

das Gottesverhältnis des Christen ist von einer durchgreifenden Spannung bestimmt: «Denn Gott bleibt ihm Gott und Mensch Mensch, und wie kann sich der Mensch unterfangen mit Gott zu reden, er der Staub und Asche ist. Dieses Gefühl muss man als ständigen Oberton mitklingen hören bei Luthers Worten von dem Gott, der nichts als die völlige Zuverlässigkeit, von dem Glauben, der nichts als Vertrauen, dem Wort, das eitel Gnadenbotschaft ist: sonst klingen sie unrichtig. Man darf nicht als theologische Definition auffassen, was als Paradoxie kühnen Glaubens gesprochen ist.»[31] Die Aufmerksamkeit auf diese hier als «paradox» beschriebene Erfahrungsrealität des religiösen Glaubens ist es, die Ottos Denken auch im prominenteren Zusammenhang noch prägen sollte. «Es ist die Stimmung, die in ‹de servo arbitrio› kulminiert, aber die ihn stets begleitet.»[32] Der Realisierung des Glaubens geht insofern «jenes allgemeine religiöse Vermögen»[33] voraus. Furcht des Gesetzes, Flucht und Widerwille gegen Gott aufseiten des natürlichen Menschen ließen sich nicht begreifen, wäre dieser nicht «eminent ‹religiös›»[34]. Von daher ist es interessant, wie Otto hier schon Kontrasterfahrungen im Umgang mit Gott wahrnimmt. Luthers Verständnis des Wortes Gottes als Gesetz und Evangelium steht (wie insgesamt in seiner Epoche der Luther-Forschung) nicht im Zentrum von Ottos Aufmerksamkeit. Auffällig ist, wie Otto entgegen der klassischen Lesart der Ritschl-Schule das Zueinander von Fürchten und Lieben bestimmt. In der Ritschl-Schule war es klassisch geworden, die Gottesfurcht als kindliche Ehrfurcht zu begreifen, die als Frucht der Liebe zu begreifen sei. Demgegenüber betont Otto stärker das polare Verhältnis beider Reaktionen gegenüber Gott. Das Verhältnis zu Gott ist nie nur «einfaches Vertrauen».[35] Vorausgesetzt ist das Vorhandenseins «eines durchaus eigenen Grundgefühls, des nur durch sich selbst definierbaren Grundgefühls gegen das Übermenschliche und Ewige».[36] Das Gottesverhältnis sei bestimmt «von dem Drohen des Gesetzes und dem Drucke des Kreuzes sowie von dem Troste der Erlösung.»[37] Otto wehrt hier schon der Tendenz, das Gottvertrauen allein als vollgültige Bestimmung des religiösen Verhältnisses zu verstehen und (mit deutlicher Abgrenzung gegen-

---

31 Ebd.
32 A.a.O., S. 88.
33 Ebd.
34 Ebd.
35 A.a.O., S. 85.
36 Ebd.
37 A.a.O., S. 86.

über Ritschl) «de servo arbitrio für apokryph und andere zu Tage tretende religiöse Gefühle Luthers, die nicht in jenem Trauen der Hülfe restlos aufgingen, für unvergorene Reste mittelalterlich-religiöser Stimmung zu erklären.»[38] Insgesamt aber bleibt es in dieser Richtung bei Andeutungen, die nicht zu einer klaren Systematik entwickelt werden. Es geht Otto mehr darum, überhaupt die erfahrungsbasierte Realität des religiösen Glaubens zu betonen, als dass bestimmte Kontrasterfahrungen eine eigenständige Würdigung bzw. systematische Ausformulierung gewännen.

1.4 Fazit

Ottos Erstlingswerk hat in der Lutherforschung keine sonderliche Wirkung entfaltet.[39] Luther wird in seiner Arbeit zum Exempel, die Möglichkeit einer modernen Religionssicht durchzubuchstabieren. Wesentliche Momente von Luthers Theologie werden nur am Rande sichtbar, insbesondere die Christologie wie auch die Worttheologie. Das Gegenwartsinteresse überlagert eindeutig die historisch-philologische Detailforschung und damit die Möglichkeit, genuine Impulse lutherischen Denkens freizusetzen. Insofern lässt sich Ottos Studie auch nicht als Vorläufer der Arbeiten von Karl Holl bzw. der Holl-Schule und der späteren Lutherrenaissance deuten. Zu sehr fehlt der Impuls, Luthers Denken in historisch-genetischen Detailforschungen sowohl aus dem klassischen Traditionswissen als auch aus modernen Aneignungen zu befreien.

Obgleich die Ergebnisse von Ottos Lutherforschung ihren historischen Horizont nicht überschreiten, so ist es doch die produktive Weiterentwicklung und Anverwandlung lutherischer Impulse innerhalb von neuen interpretatorischen Herausforderungen, die seine frühe Lutherauslegung heute noch von Interesse sein lässt. Die klassische metaphysi-

---

38 A.a.O., S. 87.

39 Vgl. etwa Regin Prenter mit seinen in die Irre führenden Zuspitzungen: «Die einzig größere Monographie, die in neuerer Zeit unserem Thema gewidmet worden ist, Rudolf Ottos jetzt erheblich veraltete Arbeit ‹Die Anschauung vom Heiligen Geist bei Luther› (Göttingen 1898), geht dementsprechend von der Voraussetzung aus, daß Luthers Gedanken über den Geist wesentlich von der Tradition bestimmt sind, und kommt von da aus zu dem einigermaßen erschütternden Ergebnis, daß der Heilige Geist im Grunde keinen organischen Platz in Luthers evangelischem Verständnis des christlichen Glaubens hat.» Prenter, Spiritus Creator, S. 7.

sche Perspektive der Theologie wird überführt in Ansätze zu einer Theorie des religiösen Subjekts. Die klassische Rede vom Geist führt zu modernen religionstheoretischen Überlegungen im Sinne liberaltheologischer Glaubenskonstitution. Das Leben im Geist lässt sich modern reformulieren als religiöse Aufnahmefähigkeit bzw. als religiöse Anlage der Persönlichkeit.

2. Ottos Umgang mit Luther in der Göttinger Zeit

Rudolf Ottos Göttinger Phase (bis zu seiner Berufung nach Breslau 1915) steht ganz im Zeichen der apologetischen Behauptung des christlichen Glaubens auf dem Felde gegenwartsbezogener Auseinandersetzungen.[40] Dabei geht Otto von der bisher gewonnenen Sicht eines modernitätskompatiblen Christentums aus. Dieses Verständnis wird angesichts unterschiedlicher Herausforderungen konkretisiert.

In seiner Schrift «Das Wirken Jesu in historisch kritischer Sicht»[41] geht es um die Behauptung des christlichen Glaubens angesichts der durch die historisch-kritische Erforschung der Bibel augelösten Zweifel an der überzeitlichen Bedeutung Jesu. Im Stil einer Volksaufklärung, wie es in anderen Veröffentlichungen aus dem Kreis der Religionsgeschichtlichen Schule ähnlich geschah, unternimmt Otto hier ein paralleles Unternehmen zu seiner Bemühung um eine moderne Lutherdeutung.

Die folgenden Jahre sind vor allem bestimmt von der Auseinandersetzung mit Formen naturalistischer bzw. «darwinistischer» Weltanschauung.[42] Im Sinne der kantianischen Grundüberzeugungen der Ritschl'schen Tradition wie auch der Religionswissenschaftlichen Schule ist klar, dass es sich hier nicht um die konfrontative Apologetik in der Form einer überwundenen natürlichen Theologie oder im Sinne einer Repristination supranaturalistischer Einsprüche handeln kann. Nicht um das Recht religiöser Weltanschauung im Widerspruch zur Naturwissenschaft, sondern um die Möglichkeit religiöser Weltanschauung angesichts der aktuellen Wissenschaftsentwicklung geht es. Auf Luther wird dabei generell Bezug genommen in Sinne eines Glaubensverständnisses, dem die «fromme Weltansicht» nicht aus «natürlicher Betrachtung der

---

40 Zum apologetischen Grundzug seines Denkens vgl. auch Schütte, Religion, S. 3. Ausführlich betonte zuletzt Gregory D. Alles den Gesichtspunkt des Apologetischen bei Otto: Alles, Genealogy of the Holy.

41 Otto, Wirken Jesu.

42 Vgl. vor allem: Otto, Weltansicht.

Dinge»[43] erwächst; vielmehr geht es um die Möglichkeit, dass die natürliche Wirklichkeit im Sinne religiöser «Deutung»[44] anschaubar bleibt.

Schließlich rückt die Möglichkeit religionsphilosophischer Begründung der Religion ins Zentrum von Ottos Veröffentlichungen. Im Anschluss an Kant bzw. seinen idealistischen Nachfolgern hält Otto eine transzendentale Erörterung des Grundes von Religion für unverzichtbar. Soll Religion rational verantwortet werden, so bedarf sie einer transzendentalphilosophischen Fundierung in der menschlichen Vernunft, muss sie als anthropologisch notwendig erwiesen werden. Kant und Schleiermacher kombinierend, sah Otto in seiner Kantisch-Fries'schen Religionsphilosophie[45] in der «Ahndungslehre» von Jakob Friedrich Fries einen für dieses Anliegen möglichen Weg. Für eine solche transzendentalphilosophische Grundlegung spricht nach Otto zweierlei. Zunächst einmal sind religiöse Phänomene der Wahrnehmung gar nicht unmittelbar gegeben ohne zumindest Ansätze einer Theorie der Religion. Angesichts des anwachsenden Umfangs religionsgeschichtlicher Untersuchungen hält Otto solche Unternehmungen für aussichtslos, «wenn man nicht, wenigstens dunkel, zuvor ein Prinzip in sich hat, nach dem man auch nur den geschichtlichen Stoff auswählt, geschweige denn gruppiert.»[46] Religionsgeschichte verfügt über kein klares Gegenstandsfeld, wenn sie meint, sich der Erarbeitung zumindest einer provisorischen Rahmentheorie entziehen zu können. Sodann ist es der mit den Religionen verbundene Wahrheitsanspruch, der die Erörterung metaphysischer Fragen unumgänglich macht. Die Geltungsdimension der Religion lässt sich nicht behaupten ohne Ansätze einer «Metaphysik der Religion»[47]. Dies ist schon deshalb nötig, weil «die Frage nach der Wahrheit religiöser Überzeugung [...] durch bloße empirisch-induktive Auffassung ihrer Tatsächlichkeit nie beantwortet werden kann.»[48] Diese

---

43 A.a.O., S. 11. «Darin allein besteht die Arbeit einer ihre Grenzen kennende Apologetik.» Ebd.

44 Otto, Weltansicht, S. 11. Im letzten Kapitel wird wieder im unmittelbaren Anschluss an Luther der christliche Glaube als Deutungsgeschehen eingeführt: Christliche Frömmigkeit «will sich nicht selber und direkt aus der Betrachtung der Natur herauslesen, sondern Recht und Freiheit sich wahren zu ihrer Weltdeutung.» A.a.O., S. 281.

45 KFR.

46 A.a.O., S. 3. Vgl. auch S. 195f.

47 A.a.O., S. 195.

48 Ebd.

metaphysischen Anfangsgründe der Religion sucht Otto in der Bestimmung ihres universalen anthropologischen Ortes näher zu begründen.

In all diesen Fragen bleibt Luther ein selten, aber beharrlich in Anspruch genommener Hintergrund seiner religiösen Orientierung und damit eine Positionsangabe in weltanschaulichen Auseinandersetzungen. Im Unterschied zu einem konservativen Kulturluthertum[49] ist Otto nicht aus auf Gegensatzbildungen zur modernen Welt. Ausgehend von einem tiefen Bewusstsein der Kontinuität mit der modernen Theologie (Schleiermacher, De Wette) entwickelt Otto einen vermittlungstheologischen Standpunkt. Er erläutert zunächst die wissenschaftssystematische Einordnung seiner Theologie. Dabei greift er zurück auf die Zweipoligkeit von Religionspsychologie und historischer Induktion. Ottos Wissenschaftssystematik ist inzwischen verfeinert: In einem weiteren Sinn bezeichnet er diese Doppelaufgabe nun als Religionsphilosophie. Davon unterscheidet er eine Religionsphilosophie im engeren Sinn, nämlich die transzendentalphilosophische Grundlegung der Religion im Menschen. Man kann von einer kantianischen bzw. friesischen Vertiefung seiner an Schleiermacher angelehnten Religionssystematik reden. In diesem Zusammenhang kommt auch Luther ins Spiel. Zunächst ist es Otto um die evangelisch-theologische Legitimität dieses Ansatzes zu tun. Daher versucht Otto die Konstruktion einer Kontinuität von Luther zur Aufklärungsphilosophie zu plausibilisieren.[50] Mehr postulierend als detailliert wird Kants transzendentale Begründungsleistung in eine direkte Linie zu Luthers Glaubensverständnis gestellt.[51] Bei aller Kontinuität sieht Otto durchaus einen reflexiven Fortschritt. Schon in seiner Luther-Dissertation hatte Otto die Allursächlichkeit Gottes als Schlüsselgedanke bei Luther betont. Transzendentalphilosophische Begründung vermag diese Sicht nicht nur religiös zu behaupten, sondern reflexiv zu begründen. Neben der wesentlichen Kontinuität in der Zuordnung wird mit der transzendentalphilosophischen Begründung eine höhere Präzision erzielt. Der in Anspruch genommene Theorierahmen theologischen Denkens wird nachdrücklich im idealistischen Erbe verankert. Luther bleibt positiver Bezugsrahmen der theologischen Entwicklung Ottos. Offenkundig ist es Otto jedoch nicht um eine Vertiefung in den Grund evangelischer Theologie zu tun, wie später vielen Vertretern der Lutherrenaissance, sondern um Bewährung und Fortentwicklung angesichts

---

49 Vgl. zum Begriff Graf, Protestantische Theologie in der Gesellschaft des Kaiserreichs, S. 18ff.; 80ff.

50 KFR, S. 19.

51 A.a.O., S. 24f.

drängender Zeitfragen. Otto ist in dieser Frage weder von einem Bewusstsein der Diskontinuität (Troeltsch) geprägt, noch wird Luther in einem repristinatorischen Sinn zur Geltung gebracht wie es für das Erlanger Luthertum üblich war. Der Bezug zu Luther behält eine orientierende Rahmenfunktion, ohne für die weitere Ausgestaltung des religionstheoretischen Programms tiefere inhaltliche Bedeutung zu erlangen.

Die Unabhängigkeit und Wahrheit der Religion kann zugleich nicht dargestellt werden, ohne diesen systematischen Begriff im Kontext der historischen Religionen zu verantworten.[52] In der Konsequenz seiner apologetischen Vermittlungstheologie gilt es, die Autonomie und die Wahrheit der Religion in Auseinandersetzung mit neueren religionswissenschaftlichen Theoriebildungen zu erörtern. Die Geschichte der Religion ist das Feld, auf dem die Selbständigkeit und Unableitbarkeit des Glaubens zu erweisen ist.[53] In diesem Zusammenhang ist Ottos Wundt-Rezension[54] ebenfalls überwiegend apologetisch orientiert: als Abwehr historisch-genetischer Ableitung der Religion und Sicherung ihrer Selbständigkeit angesichts des empirischen Materials. Zugleich wird dabei eine Aufgabenstellung deutlich, die über die bisherige Religionsapologetik hinausweist. Es kann nicht die Aufgabe wissenschaftlicher Religionsforschung sein, für die Wahrheit religiöser Erfahrungen einzustehen. Hier bleibt es dabei: «Ihr positiver Anspruch an Gültigkeit ist nicht

---

52 Die Verknüpfung dieser Gesichtspunkte begegnet schon bei Ottos Göttinger Lehrer Hermann Schultz, Vgl. Schultz, Grundriss. Die Aufgabe der Apologetik besteht für Schultz darin, «Wesen und Recht der Religion zu verstehen» (S. 2); Dies bedeutet zugleich (sachlich im Sinne Schleiermachers, aber unter ganz anderen Kenntnisbedingungen hinsichtlich der Religionsgeschichte), «die geschichtlichen Erscheinungen der Religion zu begreifen». Ebd. Bei Schultz begegnet ebenfalls schon die prinzipielle Betonung der apologetischen Aufgabe: «Wir sind wie die Kirche vor Augustin aus dem dogmatischen in ein apologetisches Stadium der Theologie eingetreten.» Ebd.

53 Die Zuwendung zur Religionsgeschichte ist dabei keineswegs ein neues Interesse. Schon die Freundschaft und der beständige Austausch mit Heinrich Hackmann sorgten dafür, dass Otto seit seinem Studium die Herausforderung durch die lebendigen Religionen Asiens stets vor Augen stand. Vgl. die diesbezüglichen Hinweise in Strachotta, Religiöses Ahnen. In diesem Sinne heißt es eben schon in der Einleitung seiner Lutherdissertation: «Zu verfolgen, wie bei einem Virtuosen und Heros der Religion hierüber die Vorstellungen sich bilden, ist schon rein religionsgeschichtlich interessant.» Otto, Anschauung, S. 1.

54 Otto, Sensus Numinis.

beweislich.»[55] Umso mehr stellt sich dann die Aufgabe, religiöse Erfahrungen als «seelische Vorkommnisse völlig eigener Art sehr viel gründlicher kennen[zulernen]»[56]. So sehr religionswissenschaftliche Forschung auf die religionsphilosophische Einsicht in die Unableitbarkeit der Religion angewiesen ist, so sehr bedarf jede Religionsforschung der Bewährung an den konkreten Erscheinungen der Religion, um die besondere Qualität religiösen Erlebens nachzeichnen zu können. Die Wundt-Rezension markiert in diesem Sinne den Übergang von prinzipiell-religionsphilosophischer Vergewisserung zur empirisch-qualitativen Erschließung des religiösen Erfahrungsraums.

3. Martin Luther in «Das Heilige»

Die Entwicklung von Rudolf Ottos Denken im zweiten Jahrzehnt des 20. Jahrhunderts (zwischen der «Kantisch-Fries'schen Religionsphilosophie» und seinem Werk «Das Heilige») dürfte eine Schlüsselherausforderung jeder Otto-Deutung darstellen. Dass in dieser Phase die Herausforderung durch empirische Religion wesentlich wird, ist offensichtlich. Die generelle Frage überwiegender Kontinuität oder Diskontinuität lässt sich aus der Perspektive meiner Fragestellung nach Ottos Lutherrezeption nicht beantworten. Innerhalb dieses Fokus' ist es jedoch eindeutig, dass der Bezug zu Luther auf die Seite der Kontinuität des gesamten Denkweges zu schlagen ist. Der zu erläuternde Umstand wird sein, dass, nachdem der Bezug auf Luther für lange Jahre ein beständig, aber eher beiläufig in Anspruch genommener Hintergrund seiner Theologie war, Otto in dieser Phase nun wieder nachdrücklich auf Luther in materialer Hinsicht zurückgreift.

Zunächst ist die Ausgangslage zu bestimmen (3.1): Vor welcher Herausforderung stand Otto in der Rezeption der religionsgeschichtlichen Forschung? Danach soll das Verhältnis zu Luther in zwei Schritten entfaltet werden. Zuerst (3.2) soll rekonstruiert werden, in welcher Weise Luther in «Das Heilige» in Anspruch genommen wird. Sodann (3.3) wird in einem zweiten Schritt der Blick auf Ottos Beschreibung der Kontrastharmonie der religiösen Erfahrung gelenkt. Durch einen strukturlogischen Vergleich mit der bei Luther begegnenden Logik polarer Kontrastbildungen sollen Ottos Grundkategorien religiöser Erfahrung in ihrem Profil geschärft werden.

—

55 A.a.O., S. 49.
56 A.a.O., S. 48.

3.1 Die religionswissenschaftliche Ausgangslage

Rudolf Otto hatte schon seit langem die Diskussion innerhalb der aufstrebenden religionswissenschaftlichen Forschung intensiv verfolgt.[57] Er teilte in der Debatte nach 1900 mit wesentlichen Autoren die Einsicht, dass von folgender Aufgabenbestimmung auszugehen war:

1. Die Aufgabe der Bestimmung des Wesens von Religion erfolgte zunehmend unabhängig vom klassischen Theismus der westlich-christlichen Religionsentwicklung. Religion lässt sich nicht mehr im Horizont eines christlichen Theismus bestimmen, zugleich aber soll an der Universalität des Religionsbegriffs festgehalten werden. Das sorgt für die Konjunktur von Begriffen wie Tabu, Mana, Heilig etc. Besonders das Konzept der *Heiligkeit* war bereits mehrfach prominent entwickelt worden. Im Anschluss an die Unterscheidung von heilig und profan bei W. Robertson Smith[58] wurde die einschneidende Bedeutung dieser Grundunterscheidung für jede Wesensbestimmung von Religion innerhalb der internationalen Debatte schnell deutlich, ob in religionspsychologischer (James[59]), religionssoziologischer (Durkheim[60]) oder in religionsgeschichtlicher (Söderblom[61]) Zuspitzung.

---

57 Barth, Theoriedimensionen. Vgl. die Einbettung Ottos in den religionswissenschaftlichen Diskurs seiner Zeit S. 40–50.

58 Smith, Religion of the Semites.

59 In William James' «Die Vielfalt religiöser Erfahrung» handeln die Vorlesungen 11–15 vom Thema der Heiligkeit bzw. vom Wert der Heiligkeit. James, Vielfalt, S. 234–382. Von der religionswissenschaftlichen Debatte im engeren Sinne ist James dabei noch nicht berührt. Heiligkeit wird im Anschluss an die christliche Frömmigkeitsgeschichte und im Sinne der anthropologischen Schwerpunktsetzung der Vorlesungen definiert als «Sammelname für die reifen Charakterfrüchte der Religion». A.a.O., S. 283.

60 Durkheim, Elementaren Formen. Durkheims funktionalistische Fragestellung nach den spezifisch sozialen Leistungen religiöser Überzeugungen und Handlungen steht zu Recht im Zentrum seiner Wirkungsgeschichte. Die grundlegende Bedeutung der Unterscheidung heilig/profan wird auch bei ihm nachdrücklich rezipiert (vgl. S. 62f.). Auch die vorläufige Definition der Religion macht Gebrauch vom Gedanken des Heiligen: «Überzeugungen und Praktiken, die sich auf heilige, d. h. abgesonderte und verbotene Dinge, Überzeugungen und Praktiken beziehen». A.a.O., S. 76. Der Begriff des Heiligen leistet für diese Schwerpunktverschiebung im Verständnis des Wesens der Religion Entscheidendes: die Umstellung von einem substantialistischen Verständnis von Religion hin zu ihrer Deutung als menschlich-soziale Realität.

2. Im Zentrum der Forschung stehen nicht mehr die autoritativen Selbstdeutungen der Religionssysteme, sondern befindet sich die gesamte Erfahrungsdimension des Religiösen im Lebensvollzug. In diesem Sinne ließ sich die Heiligkeitserfahrung in vielfältigen Praxis- und Erlebnisweisen beschreiben. Im Unterschied zur starken ethischen Akzentuierung des Begriffs in der zeitgenössischen Dogmatik[62] stand der affektive Erfahrungsaspekt im Zentrum des Interesses. Die Aufmerksamkeit verschob sich eindeutig von der Objektebene thetischer Geltungsansprüche hin zu Praktiken und Erfahrungsweisen der religiösen Subjekte; eine Tendenz der religionswissenschaftlichen Klassiker, die dabei durchaus in Tuchfühlung mit der Entwicklung der christlichen Theologie, vor allem bei ihren liberalen Protagonisten, stand. Dabei wurden auch spannungsvolle Erfahrungsweisen im religiösen Erleben vielfältig diskutiert, ob bei James[63], Wundt[64] oder Freud[65]. Besonderes Gewicht gewann für

---

61 Vgl. den Beitrag von Stefan Jäger in diesem Band.

62 Vgl. exemplarisch nur Julius Kaftan: «Wir verstehen aber das Wort ‹heilig› [...] in einem streng ethischen Sinn. Es besagt dasselbe wie, dass Gott der absolut Gute oder dass er der ethisch Vollkommene ist.» Kaftan, Dogmatik, S. 204.

63 In seiner 2005 erschienenen Münchener Dissertation stellt Henryk Machon die Vermutung an, die Figur der Kontrastharmonie sei in Anschluss an die Unterscheidung von William James der einmal und der zweimal Geborenen entwickelt worden (Machon, Religiöse Erfahrung zwischen Emotion und Kognition, S. 136.). Allein: James unterscheidet verschiedene Typen der Religiosität, Otto differenziert zwischen Erfahrungsmomenten des Numinosen. Auch Machons Rückführung auf die Erfahrung der Feierlichkeit, in der beides verbunden sei, vermag nicht zu überzeugen.

64 Vgl. Wundt, Völkerpsychologie, S. 307ff: Wundt beschreibt eine Reihe von Kontrasterfahrungen: Die Furcht nimmt auf einer höheren Stufe der Entwicklung zwei Formen an: Ehrfurcht und Abscheu (S. 310). Mit den Gefühlen der Ehrfurcht mischen sich Vertrauen und Liebe (S. 315). So haben die «aus dem Tabu entwickelten entgegengesetzten Affekte auch kontrastierende Ausdrucksformen geschaffen» (S. 316). Das Interesse liegt dabei weniger auf einer systematischen Ordnung solcher Kontrastbildungen als auf der Rekonstruktion historisch-genetischer Entwicklungsgesetze. Zumindest ein anregender Einfluss auf Otto ist nicht auszuschließen.

65 Auch Freud bezieht sich in seiner Studie «Totem und Tabu» auf den religionswissenschaftlichen Diskurs seiner Zeit. Bemerkenswert ist die Beschreibung von Ambivalenzverhältnissen, die ähnlich wie bei Otto als eine Kontrasteinheit aus attraktiven und aversiven Dynamiken verstanden wird: «Wir haben so oft Gelegenheit gehabt, die Gefühlsambivalenz im eigentlichen Sinne, also das Zusammentreffen von Liebe und Haß gegen dasselbe Objekt

Otto neben Söderblom vor allem Marett: «Aber besonders Marett kommt der Sache auf Haaresbreite nahe.»[66]

Wesentliche Elemente in Ottos Schilderung der religiösen Erfahrung des Heiligen waren im Diskurs seiner Zeit bereits vorformuliert. Dies gilt selbst für die These, dass vor allem bei Luther bestimmte Kontrasterfahrungen eine wichtige Rolle spielen: Schon Ottos Freund Wilhelm Bousset verwies bei Luther auf eine «doppelte Grundstimmung»[67]. Auf der einen Seite stehe die «zitternde scheue Furcht vor der Gottheit»[68]; zugleich «muss der Mensch sich irgendwie hingezogen fühlen zur Gottheit»[69]. Diese doppelte Grundstimmung sei für Luthers Glaubensverständnis wesentlich: «Mit unübertrefflicher Sicherheit hat Luther das zum Ausdruck gebracht, wenn er sagt: Wir sollen Gott über alle Dinge *fürchten – lieben und vertrauen*. Der Glaube ist immer ein Licht auf dunklem Grunde, ein Fortgestoßen- und Hingezogenwerden, zitternde Angst und jubelnde Freude.»[70]

---

an der Wurzel wichtiger Kulturbildungen aufzuzeigen. Wir wissen nichts über die Herkunft dieser Ambivalenz. Man kann die Annahme machen, daß sie ein fundamentales Phänomen unseres Gefühlslebens sei.» A.a.O., S. 212

66 DH[17], S. 17. Marett, The Treshold of Religion. Bei Marett findet sich eine Reihe von Motiven Ottos vorformuliert: Die Betonung des Begriffs «awe»: «[It] «expresses the fudamental religious feeling most nearly» (S. 13) Vgl. DH[17], S. 15! Affektive Kontrasteinheiten begegnen immer wieder: «‹Primus in orbe deos fecit timor› is only true if we admit wonder, admiration, interest, respect, even love perhaps, to be, no less than fear, essential constituens of this elemental mood.» (ebd.) Sind beim Tier Furcht und Neugierde gegensätzlich, ist es beim Menschen anders: «Here, if the objective conditions are favourable, the two can unite to form a blend.» (ebd.) «Mystic fear, then, is a fear charged with an overtone of wonder.» (ebd.) Im Sinne des Tabus geht Heiligkeitserfahrung mit Furcht einher: « [...] religion would be a matter of pure fear. There is yet the positive side of the sacred to be taken in account.» Vgl. vor allem die Formulierung: «that which is secret, attracts at the same time that it repels» (S. 187).

67 Bousset, Das Wesen der Religion, S. 18.

68 A.a.O., S. 19.

69 Ebd. In diesem Sinne sprach Bousset von einer «Zentripetalkraft und Zentrifugalkraft», a.a.O., S. 18.

70 Ebd. In einer ersten brieflichen Reaktion auf «Das Heilige» weist Wilhelm Bousset selbst seinen Freund auf diese Übereinstimmung hin: «[Ich] freute mich vielfacher Übereinstimmung von bereits ‹Geahntem›. In meinem Wesen der Religion habe ich – wenn auch in laienhafter Form – doch etwas davon schon zum Ausdruck gebracht. [...] Und auch den Doppelcharakter in aller Religion Scheu, Furcht und Flucht und doch das starke Hingezogen- und

Angesichts dieser Ausgangslage bestand Ottos Leistung in zweierlei: Innerhalb der Kategorie des Heiligen brachte Otto den Unterschied von Religion und Ethik noch einmal nachdrücklich zur Geltung durch die Formel, das Heilige abzüglich seiner sittlich-rationalen Momente sei als das Numinose zu bestimmen.[71] Sodann gelang ihm im Blick auf die Erfahrungsmomente eine systematische Ordnung (die «Momente des Numinosen»), wobei Otto verschiedene Gefühlsmomente vor allem mittels einprägsamer Kontrastbildungen zu einer komplexen Erfahrungseinheit verknüpfte. Die dafür mögliche Bedeutung seiner Luther-Rezeption gilt es nun zu bedenken.

3.2 Luther in «Das Heilige»

Zunächst wenden wir uns der direkten Inanspruchnahme Luthers in «Das Heilige» zu. Das Luther gewidmete Kapitel 14 hat schon vom Aufbau her eine Schlüsselstellung inne. Es schließt einen religionsgeschichtlichen Durchgang ab, der beleuchtet, wie die alt- bzw. neutestamentlichen (Kap. 12–13) und christentumsgeschichtlichen Erfahrungen des Numinosen sich niedergeschlagen hatten, bevor Otto ab Kapitel 15 bzw. 16 wieder die systematische Reflexion aufnimmt. Luther wird im historischen Durchgang als abschließende wie exemplarische Figur der Religionsgeschichte in Anspruch genommen. Dies gilt in dreifachem Sinne:

1. Der Bezug auf Luther verbürgt die *Positionalität* der eigenen Untersuchung. Rudolf Otto war sich über den nicht ganz eindeutigen wissenschaftssystematischen Status seiner Schrift «Das Heilige» durchaus im Klaren. Konnte er sonst großen Wert legen auf die jeweilige systematischer Verortung von Gedankengängen[72], so weist er für «Das Heilige» die eindeutige Zuordnung zu einer theologischen bzw. zu einer religionswissenschaftlichen Perspektive zurück. «Ihr Unterschied muss gekannt sein, aber ihre geflissentliche Auseinanderhaltung wäre in einer Schrift wie dieser Pedanterie.»[73] «Das Heilige» ist gleichermaßen ein

---

Hingerissen-Werden.» Schütte, Religion, S. 127f. [Brief von Wilhelm Bousset an Rudolf Otto vom 3. 12. 1916.]

71 Vgl. G. Pfleiderer: Das Numinose «bildet das spezifisch Religiöse in gleichsam potenzierter Form», Pfleiderer, Theologie, S. 126.

72 Vgl. die ausführlichen Skizzen zur Wissenschaftssystematik KFR, S. 192f. Vgl. auch Otto, Religionskundliche und theologische Aussagen, S. 58–63.

73 So in einer Anmerkung von 1936, DH^{17}, S. 171.

theologischer wie ein religionskundlicher Text,[74] mehr noch, eine religiöse Performance in der Form religionswissenschaftlicher Erörterungen. In den Bezugnahmen auf Luther lässt sich dies deutlich erkennen. In vielen Zusammenhängen wird die affirmative Haltung schon sprachlich zum Ausdruck gebracht, wenn es beispielsweise heißt, Luther formuliere «ganz richtig»[75]. Der Höhepunkt ist da erreicht, wo Luther der auslösende Impuls zu den Kerngedanken dieser Schrift zugeschrieben wird.[76] Auch wenn die Inanspruchnahme Luthers oft nur beiläufig formuliert wird (und nicht plakativ im Sinne der konfessionellen Theologie des 19. Jahrhunderts), an der Selbstzuordnung des Autors bzw. seines Textes zu einem lutherisch bestimmten Christentum kann kein Zweifel bestehen.

2. Luthers Religion wird eine gewisse *Massstäblichkeit* für die volle Entfaltung der religiösen Anlage des Menschen zugeschrieben. Luther wird schon im Vorfeld sozusagen als Superlativ eingeführt, etwa im Blick auf die Erfahrung des «Ganz anderen», die «für keinen bezeichnender» sei als für Luther.[77] Ein ähnlicher Ausblick wird im Blick auf die Erfahrung des «Mirum» gegeben.[78] Für den irrationalen Kern des Numinosen wird Luther als maßgebender Repräsentant namhaft gemacht gegenüber dem Rationalisten Erasmus.[79] Schliesslich kann Luther sogar zum Abschluss einer Reihe von Zeugen genannt werden, in der zuvor Christus, Mohammed und Buddha angeführt worden sind![80] So sehr Luther als Genie bzw. Heros der Religion in Anspruch genommen wird, ist zugleich klar, dass Luther von den Quellen der Religion im engeren Sinne noch einmal abgehoben wird. Luther wird nicht unmittelbar maßstäblich für das Christlich-Religiöse generell; es ist die «Hiobische Gedankenreihe», die für Luther in besonderer Weise typisch ist, und nicht Hiob, der eine «Lutherische Gedankenreihe» vorwegnimmt. Zum Maßstab wird Luther für eine besonders reine Realisierung der numinosen Substanz der Religion in ihrer christlichen Ausprägung.

---

74 Vgl. zur christlichen Positionalität des Textes: «Wir stoßen als Christen hier zweifellos» DH[17], S. 8.

75 DH[17], S. 30.

76 DH[17], S. 123.

77 DH[17], S. 37.

78 «Die Momente des Mirum aber werden uns in eigentümlicher Ausprägung besonders wiederbegegnen bei Luther». DH[17], S. 101.

79 DH[17], S. 28.

80 DH[17], S. 84.

In der Typologie der religiösen Persönlichkeiten des letzten Kapitels ist Luther eindeutig als «Profet» zu identifizieren.

3. Schließlich wird Luther als *heuristisches Muster* in der Wahrnehmung und Deutung religiöser Erscheinungen in Anspruch genommen. Immer wieder nimmt Otto bei Luther beispielhafte Grundformen religiösen Erlebens als Ausgangspunkt, von dem aus im religionsgeschichtlichen Material Parallelen und Entsprechungen gesucht werden können. An Luther habe sich sein «Verständnis des Numinosen» allererst gebildet, bevor er es «in der Religions-geschichte überhaupt wiedergefunden habe».[81] So ist Luther selbst dort Stichwortgeber, wo er sich eingestandenermaßen weniger unmittelbar als ergiebig erweist; etwa bei der Erfahrung des Fascinans, die durch ein Lutherzitat erläutert wird: «Gleichwie wir ein Heiligtum mit Furcht ehren und doch nicht davor fliehen, sondern mehr hinzudrängen.»[82] Insbesondere «De servo arbitrio» wird in dieser Hinsicht ein religiöser Grundtext; nicht nur als besonders illustratives Beispiel bestimmter religiöser Erfahrungen, sondern als heuristisches Mittel, solche Erfahrungen auf dem Feld der Religions geschichte aufzuspüren. So kann Otto formulieren, dass «uns diese Schrift geradezu der seelische Schlüssel wird zu verwandten Erscheinungen.»[83]

3.3 Luthers Fundamentalunterscheidungen und Ottos Kontrast-Harmonie der religiösen Erfahrung im strukturlogischen Vergleich

Ist die grundlegende Inspiration durch Lutherische Gedankenreihen in Ottos Konzeption kaum zu verkennen, so gilt es nun, das Verhältnis zu Luther näher zu bestimmen und damit indirekt das Profil der Otto'schen Kategorien zu schärfen. Nehmen wir Maß an dem, was Otto selbst an Luthers Religion zentral erschien: «Diese Kontrast-harmonie ist das Innerste in Luthers Religion.»[84] Die Polarität der religiösen Erfahrung ist die wesentliche Einsicht, die Otto von Luther entlehnt und zugleich signifikant fortentwickelt hat.

Es ist bezeichnend für Luthers Theologie, die angemessene Form theologischen Denkens als Vollzug antithetischer Unterscheidungen zu

---

81 DH[17], S. 123.
82 Lutherzitat nach DH[17], S. 42.
83 DH[17], S. 126.
84 DH[17], S. 123.

bestimmen.[85] Diese Fundamentalunterscheidungen beziehen sich auf die *Gegebenheitsweise des religiösen Inhalts*: Verborgenheit und Offenbarung Gottes; auf den *Gegensatz auf der Objektebene* des religiösen Vorstellungskreises: Zorn und Liebe Gottes, Gnade und Gericht; auf die *Mitteilungsform des religiösen Gehalts*: die sprachlogische Entfaltung als Forderung oder Zusage bzw. als Verurteilung oder Freispruch in der Unterscheidung von Gesetz und Evangelium; und setzen sich schließlich fort in der *Beschreibung der Aneignung* der Religion aufseiten des religiösen Subjekts: in Glaube und Unglaube, mit den daraus sich ergebenden dichotomischen Folgebestimmungen für den Lebensvollzug in seinen individuellen (Glaube und Werke) wie sozialen (Kirche und Welt) Vollzügen. Bezeichnend in dieser theologischen Matrix sind der Fokus auf die Interaktion von Gott und Mensch, die durchgängig personale Fassung der religiösen Vollzüge, sowie die Ausschließlichkeit der jeweiligen Bestimmung. In all diesen Punkten wird Otto deutlich andere Akzente setzen.

1. Zunächst wird die Darstellungslogik bei Otto signifikant verschoben: fort von der Interaktion von Gott und Mensch hin zum religiösen Subjekt, das als Einheitsgrund religiöser Erfahrung begriffen wird. Am Ort des Subjekts wird die Religion mit einem Spektrum an Grunderfahrungen erschlossen, die durch die Apriorität der religiösen Anlage ermöglicht sind. Dabei knüpft Otto durchaus in kontinuitätswahrender Absicht an die Betonung religiöser Erfahrung an Luther an.[86] Luthers theologische Grundunterscheidungen als solche werden von Otto weniger in Anspruch genommen als vielmehr die im Glaubensbegriff erschließbare Polarität der religiösen Erfahrung.[87] In die Analyse der religiösen Erfahrung fließen dabei Einsichten ein, die im Ansatz schon in Ottos Luther-Dissertation zu greifen sind: Die unmittelbare Präsenz Gottes im Glauben wird nun dergestalt betont, dass der seelische Akt des Gefühls – analog zu anderen Formen des Wahrnehmens bzw. Er-

---

85 Vgl. Beutel, Theologie als Unterscheidungslehre, S. 450–454; Ebeling, Luther; Korsch, Luther.

86 Vgl. S. 129 die Berufung auf Erkenntnisse seiner Dissertation über den Heiligen Geist bei Luther, wo Otto noch einmal ausdrücklich die Rede von der Identität von Geist und Glaube im Sinne seiner frühen Lutherforschung positiv aufgreift. In diesem Sinne verweist er auch auf den Wiederabdruck seiner diesbezüglichen Ausführungen in «Sünde und Urschuld».

87 «Allgemein aber steckt das numinose Moment im Glaubens-begriffe Luthers selber und zwar in seinem Mystischen». DH[17], S. 128.

kennens – als Gegenstandserfassung vorgestellt wird.[88] Ein anderer sich seit Ottos Anfängen durchhaltender Akzent ist die Betonung der Deutungstätigkeit des religiösen Glaubens. Von Beginn an wird das Numinöse zugleich als «Deutungs- und Bewertungskategorie» sowie als «Gemütsbestimmtheit»[89] eingeführt. Im Gefühl ist das Erleben grundlegend mit «*Deutungen* und *Bewertungen*»[90] durchsetzt. Die Leistung Luthers besteht für den Zugriff Ottos in der Intensität bzw. der Einseitigkeit, mit der die rein religiösen, irrationalen Motive bei diesem betont werden. Der Theologe Luther wird mit seinen Grundunterscheidungen so weit rezipierbar, wie seine Gedanken als Ausdruck des religiösen Erlebens der Person Luther verstanden werden können.

2. An zweiter Stelle ist eine Umstellung der Dynamik unverkennbar. Vor allem mit seiner Gegenüberstellung von *Tremendum* und *Fascinans* hat Otto eine nicht überschaubare Wirkungsgeschichte entfaltet. Das Verhältnis dieser Kontrastbildung zu Luthers Grundunterscheidungen ist vielschichtig. Das Moment des Tremendum ist in Ottos Darstellung deutlich angelehnt an lutherische Grunderfahrungen. Anders, als es von Luther her naheliegen würde, ist es jedoch nicht primär die Kategorie des Gesetzes, an die Otto zuerst anknüpft. Weniger das konkrete Handeln Gottes in Forderung und Urteil des Gesetzes als das Gottesbewusstsein im Sinne der Alterität und Majestät steht im Vordergrund.[91] Erst in zweiter Linie kommen – analog zu Luthers Beschreibung der Wirkung des Gesetzes – Erfahrungen des Zornes Gottes zur Sprache.[92]

In Ottos Beschreibung der «Momente des Numinosen» wird zwar eine Reihe von grundbegrifflichen Anleihen an Luthers Terminologie gemacht, die systematische Ordnung ist gleichwohl vielfach anders strukturiert als Luthers theologische Fundamentalunterscheidungen. Der Kontrast besteht zwischen den fortdrängenden und anziehenden Motiven.

---

88 «Nur wo ein numen als praesens erlebt wird, [...] kann als deren *Reflex* das Kreatur-gefühl im Gemüt entstehen.» DH^{17}, S. 11. Siehe schon die Rede vom numen praesens in Otto, Anschauung, S. 100. Vgl. diesbezüglich auch die knappen wie erhellenden Erläuterungen bei Barth, Theoriedimensionen, S. 44. Innerhalb der jüngsten Diskussion über die Philosophie der Emotionen wird der Charakter der Emotionen als Gegenstandserfassung wieder ausführlich diskutiert. Vgl. den Überblick bei Dietz, Emotions between Body and Mind.

89 DH^{17}, S. 7.

90 DH^{17}, S. 138. Siehe wiederum Barth, Theoriedimensionen, S. 46.

91 Vgl. DH^{17}, S. 14f. und S. 119f. Vgl. etwa auch DH^{17}, S. 28.

92 Vgl. DH^{17}, S. 20f. und S. 121f.

Aversive und appetitive Impulse prägen die innere anthropologische Erlebnisweise. Diese Momente sind in Luthers Worttheologie durchaus vorhanden, aber nicht dominant. Durch ihre Verortung im Subjekt erfahren beide Erfahrungsweisen eine Dynamisierung insofern, als sie auf ihre Bewegungsrichtung hin ausgelegt werden.[93] Besonders deutlich wird die eigenständige Ausgestaltung der Kontrastlogik am positiven Pol, am Moment des *Fascinans*. Otto selbst weist darauf hin, dass seine Kategorie gewissermaßen im lutherischen Polaritätsdenken «eingewoben»[94] sei. Bei Luther dominiert die Polarität von Unheilsdrohung und Heilserfahrung. In Ottos Perspektive sind es vor allem die anthropologischen Korrelate lutherischer Soteriologie, die in der Formulierung eines modernitätsfähigen Christentums von besonderem Interesse sind. Nicht Luthers eigentliches Korrelat zur Gnade, der vertrauende Glaube bzw. die *fiducia,* steht für Otto im Zentrum, sondern gewissermaßen dessen Implikation: die Heilssehnsucht bzw. die Heilsbedürftigkeit des Menschen. Bei Luther selbst muss diese Ausrichtung interpretatorisch eigens sichtbar gemacht werden.[95] Ottos Kategorien der Kontrast-Harmonie haben insofern trotz der dichten Bezugnahme auf Luther nur einen mittelbaren Bezug zu den Grundunterscheidungen in Luthers Theologie. Das Mittel der Kontrastbildung als Strukturgesetz und die starke Betonung des negativen Pols innerhalb der religiösen Erfahrung sind die

---

93 Diese Umakzentuierung ist im weiteren Horizont christlicher Theologiegeschichte zu betrachten: Es ist vielfach beobachtet worden, dass mit der Reformation des menschliche Gottesverhältnis eine Schwerpunktverlagerung erfährt. In der Epoche, die durch Augustin wie Bernhard bestimmt war, bilden Sehnsucht, Liebe, Vereinigung und Hingabe als ein Komplex «erotischer» Erfahrungs- und Beziehungsweisen die Mitte des Gottesverhältnisses. In der Reformation tritt der Glaube an die Stelle der Liebe (vgl. Hamm, Glauben Luthers). Die «erotische Reihe» wird ersetzt durch einen Komplex von Hören, Glauben, Vertrauen und Gehorsam. Nicht zuletzt bei Luther (vgl. die Freiheitsschrift wie generell das Erbe der Brautmystik!) ist die Verbindung des Glaubensverständnisses zur ersten Reihe noch deutlich gegeben, insgesamt aber ist diese Schwerpunktverlagerung offenkundig. Otto greift in dieser Frage stärker zurück auf die erotische Fassung des Gottesverhältnisses als auf ihre fiduziale Umbildung bei Luther. Diese Tradition ist im Luthertum am stärksten in den mystischen Strömungen erhalten geblieben. Die zunehmende Aufwertung des mystischen Traditionsstrangs in der Christentumsgeschichte bei Otto ist insofern alles andere als verwunderlich.

94 DH[17], S. 128.

95 Vgl. Ebd.

deutlichsten Impulse, die der Beschäftigung mit Luther zugerechnet werden können.

3. Schließlich sind Ottos Kontrastbildungen ausdrücklich nicht auf gegensätzliche Totalbestimmungen hin angelegt, sondern offen für eine vielfältige Gradualität der religiösen Stimmungen. Bei Luther ist die Ausschließlichkeit der jeweiligen Totalbestimmung entscheidend. Im Evangelium gibt es kein Gesetz mehr; angesichts des offenbaren Gottes ist seine Verborgenheit zu fliehen etc. Ottos Konzeption der Kontrastharmonie setzt anders an. Seine kategorialen Beschreibungen bewegen sich in reichhaltiger Ausprägung entlang einer Intensitätsskala: «Das Gefühl davon kann mit milder Flut das Gemüt durchziehen in der Form schwebender ruhender Stimmung versunkender Andacht [...]. Es kann auch mit Stößen und Zuckungen plötzlich aus der Seele hervorbrechen.»[96] Ottos begriffliche Grundbestimmungen sind hermeneutisch konzipiert: Sie ermöglichen eine strukturierte Wahrnehmung vielfältiger religionsgeschichtlicher Phänomene. Die religiösen Grunderfahrungen lassen sich bezüglich ihrer religionsgeschichtlichen Entwicklungsstufe hierarchisieren[97], genauso wie sie sich bezüglich ihrer Reinheit und Deutlichkeit in der Ausübung des Vermögens der Divination miteinander vergleichen lassen.[98]

4. Fazit

1. Nachdem Rudolf Otto sich in seiner theologischen Dissertation ausführlich mit Luther beschäftigt hat, folgt eine lange Zeit überwiegend apologetisch angelegter Studien, in denen die Berufung auf Luther ein nicht häufig aber beständig eingesetztes Mittel ist, die eigene Position innerhalb der christlichen Theologiegeschichte zu verorten. In «Das Heilige» tritt die Beschäftigung mit Luther wieder ins Zentrum der theologischen Aufmerksamkeit. Luthers Theologie wird dabei insofern rezipiert, als sie sich als Ausdruck eines massgeblichen religiösen Erlebens begreifen lässt. Diese materiale Rückkehr zu Luther lässt sich als Kontinuitätsmerkmal wie als Vertiefung des eigenen Denkweges begreifen.

2. Die vielfach beobachtete gegenständliche Wende Rudolf Ottos in «Das Heilige» markiert keinen theologischen Bruch oder einen inhalt-

---

96 DH[17], S. 13-14.

97 «Es hat seine rohen und barbarischen Vorstufen» DH[17], S. 14. Vgl. auch DH[17]. S. 35.

98 Vgl. DH[17], S. 173.

lichen Neuansatz, sondern bringt Gesichtspunkte ausdrücklich vertiefend zur Geltung, die im vorhergehenden Werk ansatzweise immer schon mitgedacht worden sind. Auffällig ist vor allem die Erweiterung des Themenspektrums um solche Momente, die Otto einem unglücklichen Sprachgebrauch der Zeit folgend als «irrational» bezeichnete: die Inkommensurabilität Gottes (Geheimnis), die aller reflexiven Verarbeitung vorgängige Erlebnisstruktur religiöser Gestimmtheit, die Bedeutung von negativen Widerfahrnissen für die Religion (Zorn Gottes etc.). Solche Erfahrungen bzw. Deutungsangebote des religiösen Feldes werden durch den Bezug auf Luther in aktueller christlich-theologischer Reflexion rezipierbar gemacht. Insgesamt kann man dabei von einer produktiven Verarbeitung der polaren Logik lutherischer Theologie reden. Otto verdankt Luther in systematischer Perspektive die Einsicht in eine Doppelcodierung religiöser Erfahrung: Religion wird erlebt in einer Polarität von 1. Alterität und Präsenz und 2. als Machterfahrung von positiver und negativer Kraft (Anziehung bzw. Abstossung). In den «Momenten des Numinosen» gelingt Otto eine einprägsame Verschränkung dieser beiden Kontrastformationen. Die deutungstheoretische Anlage seines Konzeptes religiöser Erfahrung ermöglicht zugleich den Anschluss seiner Kategorien an heutige kulturwissenschaftliche Debatten.

3. Dass Otto sich erneut Luther zuwendet, ist auch in theologiegeschichtlicher Hinsicht zu würdigen, konkret in Ottos Zuordnung zur Lutherrenaissance nach dem Ersten Weltkrieg. Vor allem im Blick auf den jeweils negativen Pol des religiösen Erlebens (Ferne/Verborgenheit bzw. Zorn/Abstoßung) sichert der Bezug auf Luther eine theologische Legitimität solcher Momente innerhalb der protestantischen Tradition. «Es ist ganz zweifellos dass auch das Christentum ‹vom Zorne Gottes› zu lehren habe, trotz Schleiermacher und Ritschl.»[99] Theologiegeschichtlich gelingt Otto hier eine Wiederanknüpfung an Topoi der konfessionellen Theologie bzw. der Erweckungstheologie,[100] ohne in deren Verweigerung gegenüber dem modernen Problemniveau (Historismus-Debatte, Religionsgeschichte etc.) zurückzufallen. Die Rede vom Geheimnis bzw. Zorn Gottes zielt nicht auf eine Repristination über-

---

99 DH[17], S. 21.

100 Hat Rudolf Ottos Dissertation bei einer Problemstellung Adolf von Harnacks ihren Ausgangspunkt genommen, so setzen sich nun eine Reihe von Themenbeständen durch, die eher für den Vater Theodosius Harnack als typisch gelten konnten: Die nachdrückliche Betonung des Zornes Gottes, der Majestät Gottes, auch die besondere Wertschätzung von «De servo arbitrio». Vgl. Harnack, Luthers Theologie, S. 135ff.; 205ff.; 221ff.

kommener dogmatischer Geltungsansprüche. Der Gewinn liegt vielmehr in einer heuristischen Erschließungskraft im Blick auf die Weite religiösen Erlebens. Die aktuelle religionswissenschaftliche Debatte mit ihren vielfältigen Wahrnehmungen liess sich positiv aufgreifen. Neben der Bekräftigung der apologetischen Dimension seiner Theologie (Unableitbarkeit der Religion durch transzendentale Grundlegung), sind vor allem die heuristische Erschließung des religiösen Feldes und die theologische Adaption spannungsvoller Grundgegebenheiten die Punkte, an dem der Rückgriff auf Luther produktiv wurde. Vor allem nach dem Ersten Weltkrieg hatten solche Ansätze Konjunktur, mit denen das allgemeine Krisenbewusstsein der Zeit in religiöse Deutungen eingeholt werden konnte. Anders noch als in der deutsch-nationalen bzw. konfessionalistischen Lutherverehrung des 19. Jahrhunderts wird Luther nun vor allem als religiöses Leitbild der Krisenkompetenz in Anspruch genommen. Innerhalb dieser zugleich forschungsgeschichtlichen wie theologiegeschichtlichen Aufbruchsphase sollte Ottos Beitrag als eigenständige Stimme im Zusammenhang verstärkter Hinwendung zu Luther künftig deutlicher als bisher wahrgenommen werden. Die Modernisierungsfähigkeit des lutherischen Erbes wird bei Otto erstmals auch im Kontext der Weltreligionen eindrücklich unter Beweis gestellt. Die Bedeutung dieser Horizonteröffnung wird man im Rückblick nicht hoch genug einschätzen können.

Literaturverzeichnis

Alles, Gregory D.: Toward a Genealogy of the Holy: Rudolf Otto and the Apologetics of Religion. In: Journal of the Americam Academy of Religion 69 (2001), S. 323–341.

Barth, Roderich: Das Psychologische in Rudolf Ottos Religionstheorie, in: Protestantismus zwischen Aufklärung und Moderne. Festschrift für Ulrich Barth, hg. von Roderich Barth, Claus Osthövener und Arnulf von Scheliha, Frankfurt 2005, S. 370–388.

Barth, Ulrich: Theoriedimensionen des Religionsbegriffs. Die Binnenrelevanz der sogenannten Außenperspektive, in: ders.: Religion in der Moderne, Tübingen 2003, S. 29–87.

Beutel, Albrecht: Theologie als Unterscheidungslehre, in: ders. (Hg.): Luther Handbuch, Tübingen 2005, S. 450–454.

Bousset, Wilhelm: Das Wesen der Religion. Dargestellt an ihrer Geschichte, Volksausgabe, 3. Aufl., Tübingen 1906.

Dietz, Thorsten: Emotions between Body and Mind. Philosophy of Emotions and Schleiermacher's Concept of Feeling, in: Interpreting

Religion. The Significance of Friedrich Schleiermacher's *Reden über die Religion* for Religious Studies and Theology. Hg. von Korsch, Dietrich und Griffioen, Amber L., [RPT 57] Tübingen 2011, S. 19-36.
Ebeling, Gerhard: Luther. Eine Einführung in sein Denken, 5. Aufl., Tübingen 2006.
Freud; Sigmund: Totem und Tabu. Einige Übereinstimmungen im Seelenleben der Wilden und Neurotiker, Frankfurt/Main 1991.
Graf, Friedrich Wilhelm: Protestantische Theologie in der Gesellschaft des Kaiserreichs, in: Profile des neuzeitlichen Protestantismus, hg. von F. W. Graf. Band 2/1, Gütersloh 1992, S. 12–117.
Hamm, Berndt: Von der Gottesliebe des Mittelalters zum Glauben Luthers, LuJ 65 (1998) S. 19–44.
Harnack, Adolf: Lehrbuch der Dogmengeschichte III. 3. Aufl., Tübingen 1897. 5. Aufl. (Nachdruck 4. Aufl.) Tübingen 1932.
Harnack, Theodosius: Luthers Theologie mit besonderer Beziehung auf seine Versöhnungs- und Erlösungslehre. 1. Abt. Luthers theologische Grundanschauung, [1862] NA München 1927.
Herrmann, Wilhelm: Der Verkehr des Christen mit Gott. Im Anschluss an Luther dargestellt, 3. Aufl., Stuttgart 1896.
Hofmann, Frank: Albrecht Ritschls Lutherrezeption, Gütersloh 1998.
Kaftan, Julius: Dogmatik, 5. u. 6. Aufl., Tübingen 1909.
Korsch, Dietrich: Luther. Eine Einführung. 2. Aufl. Tübingen 2007 [UTB 2956].
James, William: Die Vielfalt religiöser Erfahrung. Eine Studie über die menschliche Natur, Frankfurt a. M. 1997.
Lehmkühler, Karsten: Kultus und Theologie. Dogmatik und Exegese in der religionsgeschichtlichen Schule, Göttingen 1996 [FSÖTh 76].
Lotz, David W.: Ritschl & Luther. A fresh Perspective on Albrecht Ritschl's Theology in the Light of His Luther Study, Nashville/New York 1974.
Machon, Henryk: Religiöse Erfahrung zwischen Emotion und Kognition. William James', Karl Girgensohns, Rudolf Ottos und Carl Gustav Jungs Psychologie des religiösen Erlebens, München 2005.
Marett, Robert R.: The Treshold of Religion. Reprint of the 2. Ed. London 1914, New York 1979.
Otto, Rudolf: Die Anschauung vom Heiligen Geiste bei Luther. Eine historisch-dogmatische Untersuchung, Göttingen 1898.
– Das Wirken Jesu in historisch-kritischer Sicht, Göttingen 1902.
– Naturalistische und religiöse Weltansicht, Tübingen 1904.
– Kantisch-Fries'sche Religionsphilosophie und ihre Anwendung auf die Theologie. Zur Einleitung in die Glaubenslehre für Studenten der Theologie, Tübingen 1909.

– Über die Religion. Reden an die Gebildeten unter ihren Verächtern. Von Friedrich Schleiermacher. In ihrer ursprünglichen Gestalt mit fortlaufender Übersicht des Gedankengangs neu herausgegeben von Rudolf Otto. 4. durchges. Aufl., Göttingen 1920. S. III–XIII (Zur Einführung) und S. XVII–XLIV (Rückblick).
– Sünde und Urschuld, München 1932.
– Das Gefühl des Überweltlichen (Sensus Numinis), 5. u. 6. verm. Aufl. von «Aufsätze das Numinose betreffend, Teil I», München 1932.
– Der Sensus Numinis als geschichtlicher Ursprung der Religion. Eine Auseinandersetzung mit Wilhelm Wundts «Mythus und Religion», in: Otto, Rudolf: Das Gefühl des Überweltlichen (Sensus Numinis), 5. u. 6. verm. Aufl. von «Aufsätze das Numinose betreffend, Teil I», München 1932, S. 11–57.
– Religionskundliche und theologische Aussagen, in: Otto, Rudolf: Das Gefühl des Überweltlichen (Sensus Numinis), 5. u. 6. verm. Aufl. von «Aufsätze das Numinose betreffend, Teil I», München 1932, S. 58–63

Pfleiderer, Georg: Theologie als Wirklichkeitswissenschaft. Studien zum Religionsbegriff bei Georg Wobbermin, Rudolf Otto, Heinrich Scholz und Max Scheler, Tübingen 1992 [BHTh 82].

Prenter, Regin: Spiritus Creator. Studien zu Luthers Theologie, München 1954.

Seeberg, Reinhold: Besprechung von Rudolf Otto, Die Anschauung vom heiligen Geist bei Luther, ThR 3 (1900), S. 470.

Slenczka, Reinhard: Die Erkenntnis des Geistes, die Lehre vom Geist und die Unterscheidung der Geister, in: Der Heilige Geist im Verständnis Luthers und der lutherischen Theologie, hg. von Joachim Heubach, Erlangen 1990 [Veröffentlichung der Luther-Akademie e. V. Ratzeburg (Band 17)], S. 75–104.

Smith, W. Robertson: The Religion of the Semites. The Fundamental Institutions, [1889] New York 1956.

Stephan, Horst: Geschichte der deutschen evangelischen Theologie seit dem deutschen Idealismus. 2. neubearb. Aufl. von Martin Schmidt, Berlin 1960.

Schultz, Hermann: Grundriss der Evangelischen Dogmatik. Zum Gebrauche bei akademischen Vorlesungen, 2. erw. Aufl., Göttingen 1892.

Schultz, Hermann: Grundriss der christlichen Apologetik. Zum Gebrauch bei akademischen Vorlesungen, Göttingen 1894.

Schütte, Hans Walter: Religion und Christentum in der Theologie Rudolf Ottos, Berlin 1969 [TBT 15].

Wundt, Wilhelm: Völkerpsychologie. Eine Untersuchung der Entwicklungsgeschichte von Sprache, Mythus und Sitte. 2. Bd. Mythus und Religion Teil II, Leipzig 1906.

Harald Matern

Rudolf Ottos religionsphilosophischer Gefühlsbegriff

Einleitung

In «Das Heilige» (1917) präsentiert Otto die reife Version seiner Religionstheorie, für die der Gefühlsbegriff eine fundamentale Rolle spielt. «Gefühl» bezeichnet hier den Ort subjektiver Religiosität im Unterschied zu deren begrifflicher Erfassung in Philosophie und Theologie einerseits, zum künstlerischen Ausdruck derselben in Poesie und Musik andererseits. «Subjektive Religiosität» meint nicht einfach einen Zustand des Bewusstseins, sondern eine komplexe Aktivität desselben, wie sich im Folgenden zeigt.

Mit der zentralen Stellung des Gefühlsbegriffs ist, darüber hinaus, eine spezifische Spannung angesprochen, die die Systematik von Ottos religionstheoretischem Werk in seiner reifen Form kennzeichnet. Sie hat wesentlich mit dem Realitätsstatus religiöser Objekte zu tun und umgreift, theoriehistorisch gesprochen, den Gegensatz von transzendentalphilosophisch grundierter Gegenstandskonstitution und phänomenologisch-intentionaler Gegenstandsapperzeption.

Otto bestimmt das spezifisch religiöse Gefühl als «numinös» und präzisiert, er «rede von einer eigentümlichen numinosen Deutungs- und Bewertungs-kategorie und ebenso von einer numinosen Gemüts-gestimmtheit die allemal da eintritt wo jene angewandt, das heißt da wo ein Objekt als numinoses vermeint worden ist.»[1] Genauer ist mit dem Numinösen «das Heilige *minus* seines sittlichen Momentes und, wie wir nun gleich hinzufügen, minus seines rationalen Momentes überhaupt»[2] gemeint. Das numinöse Gefühl bezieht sich nach Otto «*zuerst* und *unmittelbar* auf ein *Objekt außer mir*», es ist aber zugleich Resultat «einer Anwendung der Kategorie des Numinosen auf ein wirkliches oder vermeintliches Objekt»[3]. Dieses Objekt ist «etwas schlechterdings Positives. Sein Positives wird erlebt rein in Gefühlen.»[4]

---

1 Otto, Das Heilige ([17]1931), (i.F. DH[17]), S. 7.
2 DH[17], S. 6.
3 DH[17], S. 11.

Es dürfte anhand der angeführten Zitate deutlich werden, dass Otto in seiner Konzeption des religiösen Gefühls zweierlei zu verbinden versucht: Zum einen die unmittelbare Appräsentation eines Objekts im subjektiven Bewusstsein; zum zweiten die *Beurteilung* von Bewusstseinsinhalten *als* religiös und damit die Konstitution religiöser Objekte. Beide Theorieformate stehen nahezu unverbunden nebeneinander.[5]

Der vorliegende Beitrag versucht, die beschriebene systematische Spannung durch die Rekonstruktion ihrer Genese zu verdeutlichen. Wesentlich dafür sind Ottos Kant- und Schleiermacherrezeption.[6] Während die Auseinandersetzung mit Kant wesentlich für die «transzendentalphilosophische» Komponente religiöser Urteilsbildung in Ottos Theorieentwurf steht, führt die Untersuchung seiner Rezeption Schleiermachers in die Richtung des «phänomenologischen» oder intuitionistischen Theorieanteils. Die Verbindung beider Elemente versucht Otto, wie im Folgenden deutlich wird, auf Theorieebene durch den von Fr. J. Fries übernommenen Terminus der «Ahndung» zu leisten.[7]

---

4 DH[17], S. 14.

5 Zusammenfassende Bemerkungen zu Ottos Gefühlsbegriff in Bezug auf Schleiermacher, Kant und Fries finden sich bei Barth, Theoriedimensionen des Religionsbegriffs, S. 40–50. Die Frage nach der Bedeutung der «Reflexion» (S. 45), welche Barth allein an der begrifflichen Fixierung einzelner Aspekte des religiösen Bewusstseins beteiligt sieht, wird in vorliegendem Beitrag einer terminologisch anderen, sachlich aber ähnlichen Deutung zugeführt (vgl. u. Kap. 2.1). Dabei sind die spezifische Fassung des Reflexionsbegriffs sowie die Frage nach den Konnotationen des Deutungsbegriffs entscheidend. Zudem muss gefragt werden, was, wenn, wie Barth ausführt, gilt, dass Ottos Gefühlsbegriff «immer beides zugleich bezeichnet, Erlebnis und Deutung» (a.a.O., S. 46), dann die Bedeutung des «zugleich» und des «und» ist.

6 Ottos Theorieansatz gehört theologiehistorisch in den Kontext der um die Wende zum 20. Jahrhundert einsetzenden «Schleiermacher-Renaissance» (Wendland, Neure Literatur über Schleiermacher, S. 133), die durch seine Herausgabe der Erstauflage der «Reden» wesentlich mit angekurbelt wurde – und steht damit zugleich im Zusammenhang der Auseinandersetzung mit dem Neukantianismus.

7 Die damit aufgeworfene Frage nach Rudolf Ottos «Psychologie» wurde von Roderich Barth, Das Psychologische, einer theoriehistorischen und systematischen Untersuchung zugeführt.

Relevanz des Gefühlsbegriffs

Der Begriff «Gefühl» spielt bekanntlich nicht erst seit Rudolf Otto eine bedeutende Rolle für die Religionsphilosophie. Spätestens seit Schleiermacher entfaltete er eine bedeutsame religions- wie auch moraltheoretische Wirksamkeit.[8] Er steht nicht nur für die theologisch-philosophische Wende zum Subjekt, bzw. besser: zum Individuum, sondern an seinem systematischen Ort wurden auch die Frage nach der bewusstseinstheoretischen Eigenständigkeit der Religion, die Frage nach dem Einheitsprinzip des Bewusstseins[9] – und, mit letzterer verbunden, die Frage nach dem ontologischen Status dieses Prinzips verhandelt.[10] Zudem spielte das «Gefühl» eine wesentliche Rolle im Zusammenhang der Fragestellung nach dem Verhältnis von Religion und Moralität.[11] Dabei ist bedeut-

---

8 Damit ist selbstredend nicht behauptet, dass «Gefühl» vor der Operationalisierung durch Schleiermacher im Rahmen der Religionstheorie der «Reden» von 1799 philosophisch keine Relevanz gehabt habe. Vgl. zur Genese des Gefühlsbegriffs der «Reden» im schleiermacherschen Frühwerk nur Grove, Deutungen des Subjekts, v. a. S. 44–52 (zum sittlichen Gefühl); S. 84–115 (zur selbstbewusstseinstheoretischen Funktion des Gefühlsbegriffs).

9 So Natorp, Religion in den Grenzen der Humanität, vgl. zum Gefühlsbegriff v. a. S. 37–59. Das Gefühl wird von Natorp als Medium des religiösen Bewusstseins und zugleich als Medium des Gewahrwerdens der Einheit des Bewusstseins angesprochen. Zugleich erhält es eine moralische, motivationale Funktion. Vgl. kritisch dazu dann Hermann Cohen in der Auseinandersetzung mit Wilhelm Herrmann: Cohen weist dem Gefühl insofern eine individualitätskonstitutive und religionstheoretische Bedeutung zu, als ein spezifisches Gefühl, nämlich dasjenige des Mitleids mit dem anderen Menschen, der individuelle bzw. empirische Entdeckungszusammenhang des letztlich religiösen Bewusstseins sei, vgl. Cohen, Begriff der Religion, S. 76,. 94 u. ö.; Hermann Cohen und Wilhelm Herrmann vereint dabei die Kritik an der mangelnden Spezifizität des Inhalts des Natorp'schen Gefühlsbegriffs, vgl. Herrmann, Die Auffassung der Religion, hier v. a.: S. 225, 229; Cohen, Begriff der Religion, S. 17f., 39–42, 119f. u. ö. Diese letztere Stoßrichtung der Kritik kehrt bei Rudolf Otto – gemünzt auf Schleiermacher – wieder.

10 Vgl. zu dieser Diskussion Barth, Schleiermachers «Reden»; zu Begriff und Ontologie des «unmittelbaren Selbstbewusstseins» Barth, Bewußtsein schlechthinniger Abhängigkeit; kritisch: Grove, Deutungen des Subjekts, S. 529f; 554 mit Anm. 104; 574 u. ö.

11 Vgl. dazu schon Schleiermachers Erwägungen zum sittlichen Gefühl in seinem Vortrag «Über die Wissenschaftliche Behandlung des Tugendbegriffs» in der Auseinandersetzung mit Kant – sowie in den Überlegungen zur Entwicklung eines «disjunctiven» Imperativs, der erlauben solle, das Indivi-

sam, dass mit «Gefühl» stets der Anspruch verbunden war, individuelle Gewissheit und (nachträgliche) rationale Vereinbarkeit von Erfahrung und Erkenntnis, Interesse und Moral zu verbinden. Nicht zuletzt steht der Begriff demnach für die Frage nach der Vereinbarkeit von individueller religiöser Lebensdeutung oder -beschreibung, Kritik an institutionalisierter Religion sowie rationaler Beschreibung von Religion und religiös grundierter ästhetischer wie moralischer Praxis.[12]

---

duelle als sittlich qualifiziert zu denken; vgl. auch «Über den Unterschied zwischen Naturgesetz und Sittengesetz», S. 442f., 445. Überlegungen die zur Parallelisierung von Religion und Moral auf der Grundlage des Gefühlskonzepts führen, finden sich in Schleiermachers Vorlesungen über die «Christliche Sitte». Dabei kommt dem «Gefühl» eine motivationale Funktion zu, vgl. den expliziten Verweis (in der Vorlesung von 1809) auf Kants Gefühlsbegriff A 8, § 21, 2: «Es hat bewußte und unbewußte Bestrebungen gegeben, eine Moral auf das Gefühl in seiner Allgemeinheit zu bauen. Bewußte von Seiten der Theologen, welche gern alles an der Offenbarung hangende aus der Moral bannen wollten (Parallele mit der natürlichen Religion); unbewußte die der Philosophen, denn die meisten neueren Vernunftmoralen sind von der Art, daß das lezte, worauf sie sich berufen, Gefühl ist. Sympathie, Achtung fürs Gesez (ist bei Kant einziges Princip der realen Moral).» Dabei steht, wie auch in den Akademievorträgen, stets die Frage nach der Realisierung des Moralischen im Fokus des Interesses Schleiermachers, ähnlich wie bei Otto nicht allein die Frage nach den Möglichkeitsbedingungen sondern zugleich auch der realen Entfaltung des religiösen Bewusstseins eine Schlüsselstellung einnimmt.

Vergleichbar argumentierte später Wilhelm Herrmann für eine zugleich motivationale wie auch Handlungsvollzug und Konstitution des Handlungszwecks integrierende Funktion des Gefühls für die Moral, vgl. ders., Ethik. Hier beschreibt Herrmann die Religion als «Rettung aus dieser inneren Not» (S. 91), dem «Schuldgefühl» (S. 90), in welche die Unfähigkeit, aus eigener Kraft das Sittlich-Gute zu vollbringen, den Menschen treibe. Das Christentum verwandle die vordem durch das Schuldgefühl Geplagten in «kraftvolle und freudige Wesen» (S. 95) vermittelst der «Herrschaft Gottes» «vor allem in ihnen selbst» (S. 102) – welcher ein «Erlebnis der Offenbarung Gottes an ihn selbst» (S: 111) vorangeht, begleitet von «Ergriffenheit» (S. 111), «Ehrfurcht» und «Vertrauen» (S. 109) und dem Bewußtsein der Einheit der eigenen Existenz. Hier sind es demnach empirische Gefühle, welche letztlich dennoch auf ein transzendentes Prinzip, nämlich den «Grund seiner eigenen Lebendigkeit» (S. 93) bzw. für «ein Leben in Wahrheit» (S. 94) verweist.

12 Nicht von ungefähr sind es daher gerade im weitesten Sinne kantianisch inspirierte religionstheoretische Ansätze wie diejenigen von Georg Wobber-

Mit dem Gefühlsbegriff ist schließlich auch das Interesse verbunden, ein solches Prinzip der Religionsgeschichtsschreibung zu entwickeln, das die genannte Integrationsleistung kulturhistorisch zu operationalisieren erlaubt.

Hinsichtlich des theoriehistorischen Kontexts Ottos ist dabei zu beachten, dass an der individuellen Spezifizität und zugleich rationalen Verallgemeinerung des Bewusstseins orientierte Religionstheorien gegen Ende des 19. Jhs. sich mit der zunehmend empirischen Ausrichtung der Psychologie[13] auseinanderzusetzen hatten. Damit einher geht in der Religionsphilosophie die quasi-realistische Wendung transzendentalphilosophischer Figuren, wie sie sich etwa im Personalismus findet[14] oder in der theoretischen (sich gegenwärtig fortpflanzenden) Konjunktur des Begriffs «Erfahrung».

Nicht von ungefähr (und auch terminologisch eindeutig) darf daher für einen Teil der protestantischen Theologie zu Beginn des 20. Jahrhunderts die Formulierung vertreten werden, hier werde «Theologie *als* Religionswissenschaft» theoretisch konzipiert.[15]

Ich werde im Folgenden Rudolf Ottos Rezeption von Schleiermachers «Reden» anhand seiner Einleitung und seines Schlusswortes der ersten (1899) wie der zweiten (1906) Auflage seiner Neuausgabe der «Reden» untersuchen.[16] Zudem versah Otto den Text Schleiermachers,

---

min, Wilhelm Herrmann, Paul Natorp oder Hermann Cohen, die ein wesentliches Interesse am «Gefühl» entwickeln.

13 Diese wurde durch den Versuch Herbarts eingeleitet, mathematische Prinzipien auf die Psychologie anzuwenden (vgl. Herbart, Psychologie als Wissenschaft), und von Wundt in «empirische» bzw. «experimentelle» Forschung überführt, wie sie im weiteren Sinn noch für heutige psychologische Theoriebildung die Grundlage bildet (vgl. Wundt, Grundriß der Psychologie).

14 Personalistische Ansätze externalisieren die aus Fichtes Sittenlehre oder Schleiermachers Psychologie bekannten intersubjektiven Konstitutionsprinzipien individueller Subjektivität bzw. sie invertieren das Verhältnis von Konstitutions- und Vollzugslogik.

15 Pfleiderer, Theologie als Wirklichkeitswissenschaft, S. 106.

16 Ottos Neuausgabe der Reden hatte bahnbrechenden Einfluss auf ihre Rezeptionsgeschichte, insofern im 20. Jh. im Fokus der Rezeption vornehmlich die Erstausgabe stand, vgl. Meckenstock, Einleitung des Bandherausgebers, S. LXIIf. Otto kann damit zu Recht, wie bereits oben angedeutet, als wesentlicher Mitinitiator der «Schleiermacher-Renaissance» gelten. Bezüge auf die «Reden» werden im Folgenden mit der Sigle R als Verweis auf die ursprüngliche Paginierung der Erstauflage gekennzeichnet.

den er seiner Form nach als im Bereich des «Vorläufigen»[17] angesiedelt betrachtete, mit einer Kommentierung, die als «Leitfaden des Zusammenhangs» nach Ottos Anspruch dazu dienen sollte, die historischen und «mechanischen Schwierigkeiten»[18] bei der Lektüre des Textes zu überwinden. Dieser Leitfaden ist von besonderem Interesse, da er Ottos Auffassung des argumentativen Zusammenhangs sowie des begrifflichen Gehalts des schleiermacherschen Textes widerspiegelt. Er darf als Versuch rationaler Rekonstruktion gelten und ist demgemäß ebenso sehr von seinem Verfasser geprägt wie der kommentierte Text. (1)

Daraufhin werde ich den Fokus auf Ottos Rezeption der kantischen Religionsphilosophie lenken. (2) In einem dritten Schritt wird die in «Das Heilige» von 1917 dargebotene Religionstheorie anhand des von Otto entwickelten Gefühlsbegriffs auf die genannten Theoriegrundlagen zusammenfassend bezogen. (3)

1. Rudolf Ottos Schleiermacherrezeption

a) Allgemeines

Ottos Frühwerk kann als Auseinandersetzung mit den Beständen der Liberalen Theologie und in diesem Sinne auch als «Religionsphilosophie» verstanden werden.[19] Deren Format, wie es sich Otto präsentierte, wurde im Wesentlichen durch die Rezeption der religionstheoretischen Entwürfe Kants und Schleiermachers bestimmt. Otto hat vor allem die Reden Schleiermachers «Über die Religion» sowie die sogenannte Glaubenslehre rezipiert, jeweils im Zusammenhang mit dem Versuch, gerade individuelle Religiosität oder auch religiöse Erfahrung einer theoretischen Formulierung zuzuführen.[20] Seine Rezeption der «Reden» wird

---

17 Reden 1899, S. IX

18 Reden 1899, S. XI.

19 Vgl. Alles, Rebirth of Cultural Colonialism, S. 30f. (S. 51f. in diesem Band).

20 Otto hielt seine Probevorlesung 1898 über «Kants Religionsbegriff» (zu biographischen Details i.A. vgl. Schinzer, Rudolf Otto; Kraatz, Otto, Karl Louis Rudolph). Im Jahr darauf gab er die Erstauflage der «Reden» Schleiermachers neu heraus. Dort findet sich bereits die Konzentration auf die «Glaubenslehre» als zweitem Pol des schleiermacherschen Werks (vgl. dazu weiter unten). Vgl. zur frühen Schleiermacherrezeption Ottos auch die Bemerkungen in Naturalistische und religiöse Weltansicht, 30; vgl. zu Ottos späterer Verhältnisbestimmung von «Reden» und «Glaubenslehre» Rudolf

dabei im Wesentlichen von seiner Lektüre der Glaubenslehre her gesteuert. Dabei ist bedeutsam, dass Otto Schleiermachers Reden selbst als «Anschauung Schleiermachers»[21] und «Schleiermacherianismus»[22] bezeichnet, was darauf hinweist, dass er die «Reden» nicht v.a. als theoretischen Text, sondern durchaus auch als religionshistorisches Dokument in dem Sinne versteht, dass darin auch dessen eigene Religiosität, Schleiermachers «persönliche Eigenart und Lebenserfahrung»[23] zum Ausdruck komme.

Otto sah in Schleiermachers Gefühlsbegriff, wenngleich er ihn als Grundbegriff der Religionstheorie übernommen hat, spezifische Mängel: Zum einen die unzureichende materiale Charakterisierung des religiösen Gefühls und damit verbunden dessen mangelnde Abgrenzung von «anderen» Gefühlen[24], zum zweiten dessen – aus Ottos Sicht –

Otto: West-östliche Mystik, 1929, 324–341. Für das spätere Werk Ottos gewinnt die Konzentration auf religiöse Erfahrung zunehmend an Gewicht. Diese Tendenz steht sicherlich im Zusammenhang mit seinen persönlichen Erfahrungen im Rahmen seiner ‹Weltreise› von 1911/12 (vgl. Alles, Rebirth of Cultural Colonialism), sollte aber nicht darauf reduziert werden, denn die theoretischen Grundlagen für eine solche Ausrichtung waren schon im Frühwerk gelegt.

Unter der von Otto rezipierten Sekundärliteratur sticht besonders das diltheysche «Leben Schleiermachers» von 1870 hervor. Dilthey sind auch die Auflagen der otto'schen Ausgabe der «Reden» von 1899 und 1906 gewidmet. Otto folgt in seiner gleichzeitigen Bezugnahme auf Kant und Schleiermacher vermutlich auch Diltheys Vorstellungen vom «Kantianismus» Schleiermachers (Vgl. dazu Wilhelm Dilthey: Leben Schleiermachers, GS XIII/1, zusammenfassend v. a. S. 156–165. Diesen erst in der zweiten Auflage von 1922 edierten Zusatz aus dem Nachlass dürfte Otto nicht gekannt haben; sein wesentlicher Gehalt findet sich aber auch in Diltheys Einzeluntersuchungen zu Schleiermachers Frühschriften, vgl. a.a.O., S. 133–155 u. ö.). Zugleich wird die Intention der Abgrenzung gegenüber Albrecht Ritschl in Ottos Bewertung von Ritschls Schleiermacher-Studie von 1874 (vgl. Ritschl, Schleiermachers Reden) deutlich. Hier würden nicht Schleiermachers sondern vielmehr «die originalen und bedeutsamen Gedanken – Ritschls» ansichtig. Vgl. Reden 1899, XII.

21 Reden 1899, S. 174.

22 Reden 1899, S. 176.

23 Reden 1899, S. 171.

24 Wobei Otto Schleiermachers Unterscheidung von «Empfindung» als durch eine identifizierbare und damit endliche Ursache ausgelöster Emotion und «Gefühl» als einer formalen Beschreibung eines Selbstinneseins des Bewusstseins des Subjekts in einer für seinen geisteshistorischen Kontext charakteris-

unbefriedigende erkenntnistheoretische Aufschlüsselung und Funktion. Diese Kritik ist selbst wiederum nicht neu.

Ähnlich wie Hegels Kritik am Gedanken der Verquickung von Gefühl und unmittelbarem Selbstbewusstsein sowie der minderen Stellung des Vermittlungsgedankens in Schleiermachers Glaubenslehre[25] ist das Anliegen Ottos hier ein zweifaches: Das Gefühl müsse, erstens, exakt beschreibbar sein. Dafür aber muss es (a) propositional sein, und (b) das Wissen um eine Zuständlichkeit des Selbst umfassen. Es soll aber (c) zugleich nicht einfach ein «Denken» sein, das ein Wissen um sich selbst im Sinne einer Selbstvergegenständlichung in allgemeiner Form aussagt. Daher bedarf es für Otto eines eigenen Erkenntnisvermögens, das, zweitens, dazu dient die Zirkularität der Selbstkonstitution oder aber den infiniten Regress einer reflexionslogischen Selbstbewusstseinstheorie zu überwinden indem es selbst auf eine Weise Erkenntnis ist, welche, weil selber «diffus» (im leibnizschen Sinne) eine analytische Differenz von Subjekt und Objekt zu unterlaufen sucht. Dieses Vermögen findet Otto in J.F. Fries' «Ahndung»[26].

Drittens, und das ist ein die ganze Zeit mitlaufendes Theorieproblem, müsste für Otto dieser Gefühlsbegriff, sofern er religionstheoretisch relevant sein soll, zugleich als Prinzip der Geschichtsdeutung dienen können[27] – jedoch so, dass dabei die «empirischen Religionen» als

---

tischen Weise unterläuft: Er setzt beide gleich und wendet damit den schleiermacherschen Gefühlsbegriff ‹realistisch›.

25 Vgl. Hegel, Vorwort, v. a. S. IX zum Gefühlsbegriff und dessen Verhältnis zur Reflexion; S. XVIff. zur Formalität des Gefühlsbegriffs und dessen mangelndem Objektbezug sowie das explizit gegen Schleiermacher gewendete Diktum: «Gründet sich die Religion im Menschen nur auf ein Gefühl, so hat solches richtig keine weitere Bestimmung, als das Gefühl seiner Abhängigkeit zu seyn, und so wäre der Hund der beste Christ, denn er trägt dies am stärksten in sich und lebt vornehmlich in diesem Gefühle. Auch Erlösungsgefühle hat der Hund, wenn seinem Hunger durch einen Knochen Befriedigung wird.», a.a.O., S. XVIIIf.

26 Die «Ahndung» taucht, außer in den «Reden», auch in Schleiermachers «Ethik» auf (vgl. Güterlehre. Letzte Bearbeitung (1816/17), in ders., Entwürfe, S. 598.) und wird dort auch einer systematischen Einbettung zugeführt. Mit «Ahndung» wird die spezifisch ästhetische Erkenntnisweise beschrieben.

27 Otto bemängelt die unzureichende systematische Ausrichtung der schleiermacherschen Religionstheorie der «Reden», hebt aber deren phänomenologischen Wert hervor: «So wenig Schleiermacher mit seinen Aufstellungen richtige Schlüssel gegeben haben mag zum Verständnis der Geschichte der

«Glieder einer historischen Werde-Kette, einer Entwickelungsreihe»[28] in den Blick kommen.

Die angezeigte Problematik, die etwa noch das Werk «Naturalistische und religiöse Weltansicht» von 1904[29] bestimmt, versuchte Otto, unter Rekurs auf die kantische dritte Kritik zu lösen. Dieser Import von Theoriesegmenten wird durch Jakob Friedrich Fries' Aneignung der kantischen Ästhetik und Religionsphilosophie vermittelt.[30] Otto hat seine Ausführungen zur «Kantisch-Fries'schen Religionsphilosophie» 1909 veröffentlicht.[31]

Die Gedanken Kants und Schleiermachers sowie deren Weiterentwicklung durch Fries stellen demnach diejenigen theoretischen Positionen dar, auf deren Grundlage Rudolf Otto seine eigene Religionstheorie entwickelt hat.[32] Daher scheint es angebracht die in «Das Heilige» (1917)

Religion, so sehr hat er es zum Verständnis dessen, was wir heute an ihr haben sollen.» (Reden 1899, S. 174). Die Kritik mündet geradezu in den Vorwurf, die fünfte Rede unterlaufe den von ihr selbst gestellten Anspruch, den positiven Religionen gegenüber einem Konzept von natürlicher Religion mehr Gewicht zu verleihen dadurch, dass sie «zunächst einen Allgemeinbegriff des ‹Wesen› der Religion» aufstelle um sodann «auf ein *principium individuationis* sich zu besinnen, und daraus die *species*, die individuellen Ausprägungen jenes gemeinschaftlichen Wesens zu konstruieren» (a.a.O., S. 177, Hervorhebungen im Original).

28 Reden 1899, S. 177.

29 Vgl. zur Bedeutung einer Ordnungskonzeption des Universums bereits Otto, Reden 1899, 173, die jedoch unzureichend, weil zu wenig historisch ausgerichtet sei; Otto, Naturalistische und religiöse Weltansicht, S. 8 (zur Wahrheitsfähigkeit religiöser »Stimmungen», «Vorstellungen» und «Weltansichten»; S. 29 wird Frommsein als «Gefühl und tiefstes demutsvolles Innesein vollendeter Abhängigkeit und Bedingtheit des eigenen Seins und alles Seins überhaupt» dargestellt; zur Funktion «teleologischer Geschichtsdeutung» für «Religion» vgl. S. 30f., 59–64 – d. h., hier wird Frömmigkeit als Grundlage und Prinzip der Geschichtsdeutung eingeführt).

30 Bereits 1899 und auch 1904 stellt Otto Gefühl und «Ahnung» als religionstheoretische Grundbegriffe nebeneinander (vgl. Naturalistische und religiöse Weltansicht, S. 27, 57f.) Die theoretische Fundierung des Ahnungsbegriffs ist allerdings erst in Otto, Kantisch-Fries'sche Religionsphilosophie (im Folgenden: KFR) gegeben.

31 Bereits der Titel zeigt, dass Otto dies Werk als Prolegomena im liberalen Sinne versteht, als wissenschaftssystematische, erkenntnistheoretische und religionsphilosophische Grundlegung der Theologie.

32 Vgl. auch a.a.O., S. VIII: «Im Folgenden soll nun eine Einführung und Skizze dieser Religionsphilosophie im engeren Sinne versucht werden. [...]

dargestellte Religionstheorie und damit auch den dort präsentierten Gefühlsbegriff von Ottos Rezeption der genannten Theoretiker her zu lesen.

Dabei wird sich zeigen, dass das Programm Rudolf Ottos, eine «dauernde Basis religionswissenschaftlicher Arbeit»[33] zu legen, zum einen als im theologiehistorischen Kontext typisches Programm verstanden werden kann,[34] und dass, zweitens, dieses Typische darin besteht, dass ursprünglich transzendentalphilosophische Gehalte ins Realistische gewendet werden.[35] Gerade dadurch wird die eingangs angezeigte Spannung innerhalb des religionstheoretischen Ansatzes Ottos zugleich als Spannung zwischen begrifflich-allgemeiner und historisch-empirischer Ausrichtung seines Ansatzes verständlich.

b) Ottos Lektüre der «Reden»

Otto situiert die «Reden» Schleiermachers theoriehistorisch im Rahmen der Frühromantik[36] und verweist darüber hinaus vor allem auf die fundamentale Bedeutung der Abgrenzung und Auseinandersetzung mit Kant für die Religionstheorie der «Reden».[37] Zugleich führt er aber aus, dass in den «Reden», zumal in ihrer Erstauflage «die originalen Kon-

---

Daß dieses nur auf kantischer Grundlage geschehen kann, scheint uns nicht erst der Rechtfertigung zu bedürfen. Friesisch muss sie zugleich sein, weil durch Fries das von Kant begonnene Werk der Vernunftkritik hinsichtlich unseres Gegenstandes erst vollends durchgeführt und zugleich von Fehlern und Einseitigkeiten befreit worden ist […] Die Beziehung auf Schleiermacher stellt sich dabei von selbst ein.»

33 KFR, S. VIII.

34 Vgl. dazu auch: Pfleiderer, Theologie, S. 16ff., 35.

35 Dass diese Form der Theorieentwicklung einerseits als Traditionsfortschreibung gedeutet, andererseits auf ihre Geltungsbedingungen hin reflektiert wurde, mag wiederum als Spezifikum modern-protestantischer Theologie gelten. Diese Reflexivität theologischer Theoriebildung mag ihren Sachgrund in der Verpflichtung von Religionstheorie und Gotteslehre auf die kritische Wende der Aufklärung, d. h. auf die grundlegenden Einsichten Immanuel Kants, zumindest seit Schleiermacher, haben. Nicht umsonst wurde Kant lange Zeit als «der Philosoph des Protestantismus» gehandelt (Paulsen, Kant der Philosoph des Protestantismus). Vgl. zur Bedeutung Kants für die protestantische Theologie auch Heit, Versöhnte Vernunft, S. 21–26.

36 Reden 1906, S. Vf.

37 Vgl. Reden 1899, S. VII–IX.

zeptionen»[38] der späteren Hauptwerke zwar angelegt seien; ihrer Komplexität und ihrer methodischen Durchführung nach seien sie dennoch «nicht zu vergleichen mit seinen nachfolgenden Hauptwerken, am wenigsten mit seiner zweiundzwanzig Jahre später erscheinenden ‹Glaubenslehre›»[39]. Für die Bedeutung der Rezeption der «Glaubenslehre» für Ottos Deutung der «Reden» spricht auch, dass er Schleiermachers Gefühlsbegriff in den «Reden» als «demüthiges Abhängigkeitsgefühl»[40] deutet – und an anderer Stelle fortfährt: «[S]eine ‹Glaubenslehre› hängt in der Luft ohne die ‹Reden›»[41]. Das heißt, dass Otto in den «Reden» die wesentlichen Elemente der späteren Religionstheorie Schleiermachers in nuce angelegt sieht, daher den «Reden» eine immense *religionsphilosophische* Bedeutung zumisst, jedoch nur in Abhängigkeit von der oder als Vorgeschichte zur «Glaubenslehre».

Das vornehmliche Interesse an den «Reden» müsse, so Otto, ein «religionsphilosophische[s]»[42] sein. D. h., Otto nimmt an, wie die heutige Forschung zumeist auch, dass hinter den «Reden» ein rational rekonstruierbares religionsphilosophisches Programm stehe.[43] Diese Annahme steht durchaus nicht im Widerspruch zu seiner in der Ausgabe von 1899 geäußerten Ansicht, es gehe hier um die persönliche «Stimmung und Überzeugung»[44] Schleiermachers; sie spiegelt vielmehr die durchgängige psychagogische oder erweckerische Tendenz der Texte Ottos, die als theoretische Rekonstruktion zugleich Erbauung leisten wollen.

Jenes religionsphilosophische Programm nun sei vor allem auf die Überwindung eines zeitgenössischen «*Stimmungsgegensatzes*»[45] gerichtet, der am deutlichsten im Vergleich zum Werk Fichtes anschaulich

---

38 Reden 1906, S. IX.

39 Reden 1906, S. IX. Vgl. dazu auch die «Erläuterung» einer Stelle der «Reden» durch den Verweis auf die Angelologie der «Glaubenslehre», Reden 1899, S. 59, Anm., sowie den Hinweis darauf, Schleiermachers theologietheoretische Konzeption der Glaubenslehre deute «sich hier [cf. R115f] nur erst an», Reden 1899, S. 65, Anm.

40 Reden 1899, S. 174.

41 Reden 1899, S. 179. Vgl. Reden 1906, S. IX: «Die Glaubenslehre ist an eigentlichem Grundkapital ärmer als die ‹Reden›».

42 Reden 1899, S. 174.

43 Vgl. Barth, Schleiermachers «Reden»; Grove, Deutungen des Subjekts. Vgl. zur Ottos Lektüre der «Reden» auch Gooch, Numinous and Modernity, 35ff.

44 Reden 1899, S. 174.

45 Reden 1906, S. XII.

werde[46]: Während dieses von Hochmut und Selbstherrlichkeit des «heroisch-pathetischen ‹Ich›»[47] geprägt sei, halte Schleiermacher diesem eine «stille Demut und Ergebenheit»[48] entgegen. Dieser Stimmungsgegensatz komme allerdings erst in der späten «Glaubenslehre», nämlich in der Bestimmung des Wesens der Frömmigkeit als ein «‹Gefühl der schlechthinnigen Abhängigkeit›»[49] gänzlich zur Entfaltung.

Mit dem Gefühlsbegriff sei zugleich die Abgrenzung der Religion von Metaphysik und Moral als ein Hauptanliegen der «Reden» verbunden im Unterschied zur zeitgenössischen Religionsphilosophie, die des Bezugs auf «[d]as eigentlich religiöse Gemütsleben selber, in Gefühl und Stimmung, in Andacht, Ahnung, Hingabe, im Erleben des Ewigen und in der Beziehung darauf»[50] ermangele. Der Ansatz der Reden schieße jedoch bisweilen über das Ziel hinaus und biete Anlass zu dem Missverständnis, dass die Religion als völlig unabhängig von Erkenntnis und Handeln hingestellt werden solle. Vielmehr sei es Schleiermachers Anliegen zu zeigen, dass die religiöse Dimension «erst dem Wissen und dem sittlichen Handeln Sinn, Halt, Tiefe, wahren Wert»[51] verleihe. Das Wesen der Religion, wie in der zweiten Rede dargestellt, sei «ein andächtiges Erleben – als solches ein notwendiges, adliges Teil des Menschentums»[52].

c) «Gefühl»: Subjektive Vermittlung eines ursprünglich-intentionalen Erlebnisses

Ottos Kommentierung der «Reden»[53] bietet Aufschluss über seine Interpretation gerade des schleiermacherschen Gefühlsbegriffs.[54] Religion sei

---

46 Mit dieser Einordnung steht Otto für die «klassische» Schleiermacherrezeption der vordialektischen Theologie. Später hat etwa Emanuel Hirsch nachdrücklich auf die Nähe zwischen Fichte und Schleiermacher verwiesen (vgl. Hirsch, Geschichte der neuern evangelischen Theologie, Bd. IV, S. 500–511; 559–565; Bd. V, S. 281–299, v.a 287, 297f.).

47 Reden 1906, S. XII.

48 Reden 1906, S. XII.

49 Reden 1906, S. XII.

50 Reden 1906, S. XIII. Vgl. Reden 1899, S. IX.

51 Reden 1906, S. XIV.

52 Reden 1906, S. XVII.

53 In dieser Hinsicht bestehen nur äußerst unwesentliche Unterschiede zwischen der ersten (1899) und zweiten (1906) Auflage; größere Differenzen bestehen hinsichtlich Einleitung und Nachwort.

nach Schleiermacher als «Erleben des Ewigen»[55] zu verstehen, als «unmittelbare[s] Innewerden des Ewigen»[56], welches aber nicht in «ekstatischen Entzückungen»[57], trotzdem «gewaltig und ergreifend»[58] sich dem individuellen Bewusstsein vermittle. Religion sei «Ergriffensein von der im endlichen wahrgenommenen ewigen Welt» und zugleich «ein rein leidentlicher Zustand, kein Motiv für das Handeln»[59]. Gefühl im Allgemeinen sei, analog der Wahrnehmung, als «Erregung unsers inneren Befindens» zu begreifen.[60] An dessen Ursprung stehe «ein unmittelbares Ergriffensein unserer Receptivität (‹Sinn›) durch den beeinflussenden Gegenstand».[61] Die Beschreibung von Religion in der von Schleiermacher geleisteten Weise setze allerdings eine «genuin mystische Veranlagung» aller voraus.[62]

Während Otto den phänomenologischen Theorieaspekten zustimmt, lehnt er den letztgenannten Punkt ab. Es sei, wie Otto in seinem Nachwort formuliert, ein «Mißverständnis», anzunehmen, alle Menschen seien in gleicher Weise religiösen Empfindungen zugänglich.[63] Diese Haltung wird Otto auch noch in «Das Heilige» vertreten.[64]

—

54 Ottos Kommentierung wird hier unter Ausklammerung der Frage nach ihrer historischen oder sachlichen Adäquanz widergegeben. Vorliegende Darstellung stellt allein auf Ottos Schleiermacher-*Rezeption* ab. Ich beschränke mich auf Ottos Kommentierungen zur zweiten der «Reden», welche für ihn, gemeinsam mit der fünften Rede, den «eigentliche[n] Körper des Werkes» darstellt (Reden 1899, S. XII).

55 Reden 1899, S. 43, Anm.

56 Reden 1899, S. 42, b.

57 Reden 1899, S. 43, Anm.

58 Reden 1899, S. 43, Anm.

59 Reden 1899, S. 38, B II, b.

60 Reden 1899, S. 41, B/C a.

61 Reden 1899, S. 41, B/C a.

62 Reden 1899, S. 43, Anm.

63 Reden 1899, S. 173.

64 Vgl. DH[17], S. 8. Es ist möglich, eine Verbindung zwischen Ottos theoretischem ‹Elitarimus› und seiner kolonialistischen Einstellung herzustellen. So Alles, Rebirth of Cultural Colonialism. Vgl. auch Murphy, Religionswissenschaft. Allerdings ist nicht leicht einsehbar, wieso Rudolf Otto ausgerechnet vor dem Hintergrund Hegels gelesen werden sollte, zumal sich für eine ausführliche Hegelrezeption Ottos, wie auch Murphy zugibt, kaum Belege finden lassen.

Es wäre zudem ein Fehler, wie auch Alles ausführt, von Ottos (kultur-)politischer Haltung ein einseitiges Kausalverhältnis zu seiner Religionstheorie zu unterstellen. Dieser ‹historisch-materialistische Fehlschluss› bringt

Es kommt deutlich zum Ausdruck, dass Otto für den Gefühlsbegriff von Schleiermachers «Reden» eine direkte Objekt-Intentionalität («Ergriffenheit») unterstellt, welche sich im subjektiven Bewusstsein in doppelter Weise vermittelt darstellt, als «Vorstellung» wie auch als «Gefühl», das hier wesentlich als «Erregung» gefasst wird.[65] Im religiösen Gefühl «umfaßt er [der religiöse Mensch, HM] das Universum und reagiert gegen dasselbe»[66]. Im religiösen Gefühl selbst, d. h. in der Vermittlung des ursprünglichen Inneseins, spiegelt sich also bereits ein aktives Moment des Bewusstseins. Diese subjektive Vermittlungsleistung darf als systematischer Ansatzpunkt für die später in der KFR entwickelte und für die Religionstheorie des «Heiligen» fundamentale Urteilsstruktur gelten.

Zugleich seien die religiösen Gefühle als «Offenbarung»[67] und «Gnadenwirkungen»[68] zu verstehen. Dabei ist von besonderem Interesse, dass Otto das Gefühl zum einen unter die «nachträgliche[n] Reflexe»[69] des ursprünglichen Ergriffenseins rechnet, zum anderen aber mit dem «unmittelbaren Erleben»[70] logisch auf eine Stufe stellt. Das heißt, die eingangs beschriebene Spannung zwischen transzendentalphilosophischer Gegenstandskonstitution und phänomenologischer Objekt-Apperzeption, die für das «Heilige» kennzeichnend ist, findet sich in dieser früheren Phase des Werks als Spannung zwischen unmittelbarer Objektapperzeption und ihrer reflexiven Deutung formuliert. Das bedeutet, dass es sich um eine systematische Spannung handelt, welche auch mit Schleiermachers eigener Verwendung des Gefühlsbegriffs in Verbindung steht. Nämliche Ambivalenz kennzeichnet auch noch Kontroversen in der gegenwärtigen Schleiermacher-Literatur, die sich vor allem am Gefühlsbegriff der «Glaubenslehre» entzünden (welcher durchaus auch für Ottos Rezeption der «Reden» bestimmend ist).[71]

Dies erhellt auch, weshalb Otto bereits den Gefühlsbegriff der «Reden» im Sinne des Gefühls der schlechthinnigen Abhängigkeit deuten

---

selbst geschichtsphilosophische Unterstellungen mit sich, die im Fall Murphys dem Material eher unterlegt denn an diesem überprüft werden.

65 NB: Otto bezieht sich in diesem Kommentar auf Schleiermachers Formel vom «Bilde des Universums» (R74).

66 Reden 1899, S. 63, d.

67 Reden 1899, S. 66, d.

68 Reden 1899, S. 67, g.

69 Reden 1899, S. 42, b.

70 Reden 1899, S. 43, Anm.

71 Vgl. für Literaturbeispiele u. S. 130, Anm. 92.

kann. Er interpretiert die Formel vom «Bild des Universums» nicht als ästhetische, sondern als ontologische Formel und bezieht sie in dieser Hinsicht auf die Relation von Einzelnem und Ganzheit. Diese Relation wird sich in «Das Heilige» als «Kreaturgefühl» als eines der «Momente des Numinosen» wiederfinden.

Von großem Interesse ist für die vorliegende Darstellung Ottos Interpretation von den Seiten R108–112 als «Ausführung der grundlegenden Definition an konkreten Beispielen in Bezug auf die religiösen Gefühle»[72] – denn hier findet sich das Muster für die in «Das Heilige» entwickelte Differenzierung der einzelnen «Momente des Numinosen». Otto unterscheidet in seiner Kommentierung zwischen «[u]nmittelbare[n] religiöse[n] Gefühle[n]», nämlich «Ehrfurcht und Demut»[73] und «[v]ermitteltere[n]», nämliche «Liebe – Dankbarkeit – Mitleid – Reue»[74]. Diese seien «bleibende Erscheinungen und Kennzeichen der Religion, ohne welche diese nur Imitation und Autoritätsdienst wäre».[75]

d) Anschauung als Deutungsprinzip der Religionsgeschichte

Analog der Anordnung der Ausführungen zu Gefühl im Allgemeinen und einzelnen religiösen Gefühlen deutet Otto die schleiermacherschen Formulierungen auf den Seiten R78–108 als Konkretisierung der Äußerungen Schleiermachers zum Anschauungsbegriff anhand der Beispiele einzelner «*Anschauungen* des Unendlichen»[76]. Die schleiermachersche «Anschauung» versteht Otto wesentlich als «Bewegung unserer Vorstellungskraft, mit einer Vorstellung»[77]. Dabei kommt den Anschauungen ebenso wie den Gefühlen ein aktives Moment zu, sie sind gegenüber der religiösen Ursprungssituation sekundär, deren «nachträglicher Reflex»[78].

Anschauungen sind in diesem Zusammenhang die Betrachtungen von etwas als etwas, d. h. Urteile. Und zwar zum einen Selbstbeurtei-

---

72 Reden 1899, S. 61, C, II.
73 Reden 1899, S. 61, a.
74 Reden 1899, S. 62, b.
75 Reden 1899, S. 67, h.
76 Reden 1899, S. 45, C, I.
77 Reden 1899, S. 41, B/C, a.
78 Reden 1899, S. 42, b.

lungen, zum anderen Urteile über den Zusammenhang der «äußeren Natur»[79].

Dabei gelangt die religiöse Selbstbeurteilung zu der Position, «das eigene Ich [...] als ein Kompendium der Menschheit»[80] zu betrachten – und die letztere als «herrlicher Kosmos unendlich mannigfaltiger Stufen, Formen und Individualitäten menschlicher Art und Wesens»[81].

Neben diese «horizontale» Sinnhaftigkeit oder Zweckmäßigkeit tritt der gesetzmäßige Zusammenhang der Welt»[82] in doppelt teleologischer Perspektive, einmal als zweckvolle Einrichtung der Welt, «die Anordnung des Nochnichtlebendigen als Stoffes und reichen Vorrates für das Lebendige»[83], zum anderen als «Geschichte der Menschheit»[84]; «das ewige, zielvolle Walten in der Geschichte»[85] als die «Leitung einer ewigen Liebe»[86].

In Ottos eigener Konzeption des Gefühls in «Das Heilige» werden die Aspekte subjektiv-emotiver Vermittlung (Gefühl) und sinntheoretische Geschichtsstrukturierung (Anschauung) zusammengezogen (wie Schleiermacher selbst dies in der «Glaubenslehre» tut) und zugleich ‹positiviert›. «Positivierung» meint in diesem Zusammenhang, dass Otto die einzelnen Momente des numinosen Gefühls auf mit ihnen korrespondierende Momente oder Aspekte des sie verursachenden Objekts bezieht. Die einzelnen Momente des numinosen Gefühls können demnach als subjektiv-emotive Appräsentationen der Aspekte eines «Objekts außer mir» verstanden werden. Der Gefühlsbegriff in «Das Heilige» ist, folgt man dieser Lektüreweise, durch eine Korrespondenztheorie der Wahrheit grundiert.

Zugleich, und das wäre der zweite Aspekt der «Positivierung», handelt es sich bei den in «Das Heilige» beschriebenen Gefühlen um Bewusstseinszustände empirischer Subjekte und nicht um theoretische Abstraktionen. Dies gilt auch dann, wenn man der deutungstheoretischen Lektürerichtung folgt.

---

79 Reden 1899, S. C, I, 45
80 Reden 1899, S. 56, h
81 Reden 1899, S. 52, c.
82 Reden 1899, S. 47, c.
83 Reden 1899, S. 48, e.
84 Reden 1899, S. 56, i.
85 Reden 1899, S. 60, c
86 Reden 1899, S. 58, m.

Die von Otto herausgestellten Anliegen Schleiermachers: (1) die Formulierung eines religionsphilosophischen Programms, (2) die Erarbeitung eines in einem ursprünglichen Erlebnis reiner Rezeptivität gründenden intentionalen Gefühlsbegriffs, der als ein notwendiges Wesensmerkmal des Menschen dargestellt werde, (3) dessen erkenntnistheoretische Grundlegung und (4) damit verbunden eine sinntheoretisch zu formulierende teleologische Welt- und Geschichtsbetrachtung kommen hier als Ergebnis der ottoschen Relektüre des schleiermacherschen Frühwerks in den Blick. Sie gewinnen für die weitere Ausarbeitung der ottoschen Religionstheorie fundamentale Bedeutung.

Bereits Ottos Werk «Naturalistische und religiöse Weltansicht» von 1904 gibt darauf einen Hinweis. Dort wird die «fromme Weltansicht» (1) als wesentlich durch drei Aspekte charakterisiert dargestellt. Zunächst durch einen als «Geheimnis» verstandenen Gottesbezug aller Welterkenntnis, dann (2 und 3) durch das «‹Gefühl der Abhängigkeit schlechthin›» alles endlichen Daseins wie (4) durch das Bedürfnis nach «teleologischer Erklärung der Welt gegenüber der rein kausalen der Naturwissenschaft».[87] Diese als wesentlich für eine religionstheoretische Deutung menschlichen Daseins bezeichneten Punkte, welche zugleich deren Konfliktpunkt mit einer naturalistischen Weltbetrachtung darstellten, lassen sich als gleichermaßen der Rezeption Schleiermachers wie Kants geschuldet darstellen.[88]

e) Religionsphilosophie und Gefühl schlechthinniger Abhängigkeit: Aspekte des Spätwerks Schleiermachers

Rudolf Ottos Schleiermacherrezeption ist v.a. durch den Bezug auf Schleiermachers Spätwerk gekennzeichnet. Dass Otto dessen theoreti-

---

87 Otto, Weltansicht, S. 31f. u. ö. Die teleologische Weltdeutung stellt Otto in seiner Kommentierung der «Reden» als Aspekt der «Anschauung» dar, vgl. Reden 1899, S. 55–58, g–m.

88 Die im Folgenden vorgenommene Aufteilung in «kantische» wie «schleiermachersche» Aspekte der Theoriebildung Ottos ist heuristischer Natur. Sie dient vor allem der historisch-genetischen Aufklärung des Theoriehintergrunds der in «Das Heilige» um das «Gefühl» herum entwickelten Religionstheorie – soll aber keinesfalls etwa den komplexen Tatbestand der Kantrezeption Schleiermachers verhüllen oder Otto als Eklektiker mit Bricolage-Techniken darstellen. So könnte die Frage nach der «Teleologie» sehr wohl auch in Bezug auf Schleiermacher verhandelt werden – was sich jedoch aus werkgenetischen Gründen mit Blick auf Otto nicht nahelegt, wie sich im Folgenden zeigen wird.

sche Begründungen als mangelhaft empfand, prägt auch die Aneignung und Kommentierung der «Reden» in seiner Neuausgabe. Diese bereits eingangs formulierte These soll durch eine resümierende Darstellung einiger wesentlicher Punkte aus Schleiermachers Spätwerk erhärtet werden. Dabei stehen vor allem die Konzeption der «Religionsphilosophie» und der Gefühlsbegriff im Mittelpunkt meiner Darstellung.

Bereits in der Erstauflage seiner «Kurzen Darstellung des theologischen Studiums» von 1811 bestimmt Schleiermacher die «philosophische Theologie» als «die Wurzel der gesammten Theologie»[89]. Der erste Teil der enzyklopädischen Darstellung des theologischen Fächerkanons wird mithin durch diese bestimmt und setzt in den §§ 1-9 ein mit Ausführungen zur Wesensbestimmung des Christentums.[90]

Dieses Programm löst dann die «Glaubenslehre» insofern ein, als ihre Einleitung im ersten Kapitel (§2-19) ein religionsphilosophisches Grundprogramm entfaltet, das neben einer Bestimmung der Aufgaben der Theologie und einer Theorie frommer Gemeinschaften im Allgemeinen auch eine Definition des Wesens der Frömmigkeit als Gefühl enthält (§ 3), dessen nähere Bestimmung als Gefühl schlechthinniger Abhängigkeit (§ 4) sowie die Darstellung seines Zusammenhangs mit den anderen Seelenvermögen (§ 5), und zwar in der von Otto beschriebenen Weise: Nämlich so, dass einerseits ein religiöses Moment in allen anderen Bewusstseinsvollzügen ausgemacht wird (§ 4), welches zugleich deren Einheit (vgl. § 3^3) dadurch garantiert, dass es ihre Beziehung auf etwas ihnen Vorgeordnetes hin vermittelt («schlechthinnige Abhängigkeit», vgl. v.a. §§ 4^3 und 4^4). Deutlicher wird dies Bild noch, wenn man die entsprechenden Abschnitte aus der Dialektik in Parallellektüre zu Rate zieht.[91]

---

89 Schleiermacher, Kurze Darstellung, Einleitung §26, S. 67 (Paginierung vorliegender Ausgabe).

90 Vgl. auch die §§ 23.24 der Einleitung der 2. Auflage von 1830, a.a.O., S. 148f., sowie die §§ 32–42 des 1. Teils der 2. Auflage, a.a.O., S. 152–156.

91 Dieser Gedanke wird auch dann durch eine Parallellektüre der entsprechenden Stellen der Schleiermacherschen «Dialektik» verstärkt, wenn man, wie Falk Wagner (Schleiermachers Dialektik, S. 180ff.) die Differenz der Ansätze von Dialektik und Glaubenslehre herausstellt. Vgl. zum Verständnis des Begriffs der Unmittelbarkeit in der «Dialektik» sowie zum Folgenden auch Arndt, Unmittelbarkeit als Reflexion, v. a. S. 475f; zum Programm der Glaubenslehre Wagner, Theologie im Banne des religiös-frommen Bewusstseins v. a. S. 935-937 (zum Begriff der Unmittelbarkeit); Rohls, Frömmigkeit als Gefühl schlechthinniger Abhängigkeit, S. 221-252; Albrecht, Schleierma-

Führen wir uns vor diesem Hintergrund Ottos oben skizzierten Fokus auf Schleiermacher vor Augen, wird deutlich, das dasjenige Programm, welches er in seiner Kommentierung der «Reden» als wesentliches Anliegen Schleiermachers bezeichnete, auf die «Glaubenslehre zurückzuführen ist. Das Wesen der Frömmigkeit wird von Schleiermacher in der «Glaubenslehre» zunächst situiert im Gefühl als unmittelbarem Selbstbewusstsein, dieses dann näher bestimmt als Gefühl schlechthinniger Abhängigkeit – und zwar im Rahmen einer religionsphilosophischen Grundlagenreflexion.

Damit ist auch ein wesentlicher Unterschied zur Erstauflage der «Reden» bezeichnet. Wurde dort das Wesen der Religion mithilfe der Termini «Anschauung»[92] und «Gefühl» umschrieben, so schlägt Schleiermacher in seinem späteren Werk die Anschauung ganz der wissenschaftlichen Erkenntnis zu, während das Gefühl die Doppelfunktion übernimmt, das Subjekt mit sich selbst, die verschiedenen Bewusstseinsvermögen miteinander wie auch, als Gefühl «schlechthinniger Abhängigkeit», das Subjekt mit seinem «Grund», der zugleich Grund der Welt ist, zu vermitteln. Das Gefühl erfüllt demnach hier die Funktion, kantisch gesprochen, transzendentales und empirisches Subjekt miteinander so zu verbinden, dass das Einheitsprinzip des Subjekts zugleich als in dessen empirischem Dasein angesiedelt und diesem selbst unmittelbar bewusst verstanden wird.[93] Damit würde die Diastase zwischen transzendentaler Synthesis der Apperzeption und erfahrungsmäßiger Erkenntnis des empirischen Subjekts theoretisch unterlaufen.

Dies hat seinen Grund darin, dass Schleiermacher in der «Glaubenslehre» deutlicher als im Frühwerk betont, dass der Ausgangspunkt seiner Religionstheorie beim realen Selbstbewusstsein liegt, also nicht eine transzendentalphilosophische Abstraktion darstellen soll.[94] Mithin sind

---

chers Theorie der Frömmigkeit, S. 166–193 (Reden); 284–300 (Glaubenslehre); 311–318.

92 Vgl. zum Begriff «Anschauung» Barth, Schleiermachers «Reden»; Ellsiepen, Anschauung des Universums, v. a. S. 369–380; zur Genese des Anschauungsbegriffs im Frühwerk Schleiermachers S. 228–270; Grove, Deutungen des Subjekts, S. 290–306.

93 Die Bedeutung der Reflexion für die Konzeption des unmittelbaren Selbstbewusstseins wird kontrovers diskutiert zwischen Konrad Cramer, Die subjektivitätstheoretischen Prämissen, und Ulrich Barth, Bewußtsein schlechthinniger Abhängigkeit. Diese Frage erstreckt sich auch und vor allem auf das Problem der Identität des Subjekts durch die Zeit.

94 Vgl. Axt-Piscalar, Ohnmächtige Freiheit, S. 178 u. ö. Anders deutet Otto noch später (West-östliche Mystik, S. 338) den Gefühlsbegriff der «Glau-

diejenigen polaren Aspekte des menschlichen Bewusstseins, die Schleiermacher mit der kantischen Tradition als Rezeptivität und Spontaneität bezeichnet und in der Erstauflage der «Reden» den genannten Termini zuordnet, in diesem realen Selbstbewusstsein immer beide vertreten. Das Gefühl «schlechthinniger Abhängigkeit» tritt mithin als solches niemals rein auf, sondern immer als vermischt mit «spontanen» Aspekten.[95]

Das «unmittelbare Selbstbewusstsein» wird von Schleiermacher, sofern es als «Gefühl» bestimmt ist, als ein solches bestimmt, in dem eine Vermittlung angelegt ist, nämlich eine solche auf ein «Woher» des Daseins dieses Bewusstseins.[96]

Neben dieser Vermittlung ist für Schleiermachers Spätwerk kennzeichnend, dass das wirkliche religiöse Bewusstsein sich als Gottesbewusstsein auszeichnet, dass also zur beschriebenen Vermittlung im unmittelbaren Selbstbewusstsein noch eine «Vorstellung» hinzutritt. Dem entspricht in etwa der Gedanke der Erstauflage der «Reden», dass die ursprüngliche Einheit von Anschauung und Gefühl durch eine «nothwendige Reflexion»[97] aufgelöst werde, nur mit dem Unterschied, dass die religionstheoretische Anschauungskonzeption im Spätwerk gänzlich im Gefühlsbegriff aufgegangen ist und sich systematisch als Vermittlung des unmittelbaren Selbstbewusstseins auf dessen «transzendenten Grund»[98] hin darstellt.

Die gerade verdeutlichten Differenzierungen haben eine bestimmte

---

benslehre», den er «nach Kantischen Sprachgebrauche eine ‹transzendentale Apperzeption› nennen müßte, ein tiefstes a priori als Urbestimmung des Geistes selber, ein Selbst-bewußtsein und Gottesbewußtsein, das allem empirischen Einzel- und konkreten Bewußtsein vorhergeht». Allerdings meint Otto, hier zwischen Text und Gehalt des Textes unterscheiden zu müssen: «Zweifellos ist für Schleiermacher in seiner inneren wahren Meinung nach dieses Abhängigkeitsgefühl zugleich ein Gottleiden- und Erfahren selber, und unmittelbar. – Diese Meinung verschleiert sich allerdings, wenn man ihn streng beim Worte seiner Aussagen nimmt.» (a.a.O., 334).

95 Vgl. Schleiermacher, Glaubenslehre, § 5, v. a. 5^1 und 5^4. Vgl. auch Schleiermacher, DialJ, § 215.2.

96 Vgl. Schleiermacher, Glaubenslehre, § 4^4. Bereits Rudolf Otto weist darauf hin, dass die «Unmittelbarkeit» des frommen Selbstbewusstseins zu bezweifeln ist, vgl. Reden 1899, S. 175.

97 R 41.

98 Vgl. dazu kritisch Wagner, Theologie im Banne des religiös frommen Bewusstseins, S. 942: «Der göttliche Grund, aus dem das fromme Selbstbewußtsein das Bewußtsein seiner absoluten Abhängigkeit bezieht, ist nicht der grundlose Grund, sondern bedingt und von Gnaden des Begründeten.»

Pointe. Rudolf Ottos Gefühlsbegriff, wie er sich in «Das Heilige» darstellt, ist im Wesentlichen aus zwei unterschiedlichen Komponenten aufgebaut. Die erste besteht darin, im Gefühl einen ‹phänomenologischen› Zugang zu religiösen Objekten zu haben, was im vorliegenden Fall bedeutet, dass das Gefühl ein intentionales Vermögen ist, durch welches sich die unmittelbare Appräsentation der Gehalte eines Objekts im subjektiven Bewusstsein vollzieht. Die zweite Komponente des ottoschen Gefühlsbegriffs ist transzendentalphilosophisch in dem Sinne, dass sie die Bedingung der Möglichkeit jener Appräsentation auf einen Urteilsvorgang zurückführt, der auf Grund einer in der Struktur des menschlichen Bewusstseins ursprünglich angelegten Kategorie vollzogen wird. Die erste Komponente ist bedingt durch Ottos Schleiermacher-Rezeption, die zweite durch seine Aufnahme von Aspekten der Philosophie Immanuel Kants.

Es besteht damit auf bewusstseinstheoretischer Ebene eine Spannung zwischen quasi-konstruktivistischer Objektkonstitution und unmittelbarer Objektappräsentation. Diese Spannung hängt unmittelbar mit der Frage nach dem Realitätsstatus des religiösen Objekts zusammen.[99] Otto versucht, diese Spannung unter Zuhilfenahme des Schleiermacher'sch-Fries'schen Konzepts der «Ahndung» aufzulösen. Zudem verweist das transzendentalphilosophische Moment des «Gefühls» auf einen von Otto für wesentlich erklärten Aspekt der frommen Weltansicht: Die teleologische Deutung der Welt. Damit ist auf die kantische Engführung von Geschichtsphilosophie und Ästhetik, wie sie in der «Kritik der Urteilskraft» entwickelt wird, angespielt. Darauf wird zurückzukommen sein.

2. Die «Kantisch-Fries'sche Religionsphilosophie»

Otto geht einen weiteren entscheidenden Schritt in Richtung auf die reife Gestalt seines religionsphilosophischen Programms mit der Ausarbeitung der «Kantisch-Fries'schen Religionsphilosophie». Hier versucht er die theoretische Grundlegung des in der Auseinandersetzung mit Schleiermacher gewonnenen Gefühlsbegriffs zu leisten. Dabei greift Otto ausführlich auf Kants «Kritik der Urteilskraft» sowie die Philosophie Friedrich Jakob Fries' zurück.

Das Ziel der «Kantisch-Fries'schen Religionsphilosophie» besteht

—

99 Auf diese Spannung verweist in anderem Zusammenhang auch Pfleiderer, Theologie, S. 123 mit Anm. 82.

demnach in der Grundlegung eines religionsphilosophischen Programms im Hinblick auf dessen Applikabilität im Bereich der Theologie. Sie soll eine «Einleitung in die Glaubenslehre» darstellen. Otto selbst bezeichnet seine Methode unter dem Titel «Religionsphilosophie» als Kombination von «Religionspsychologie» und «Religionsgeschichte». Die Religionspsychologie diene dazu, durch den Ansatz beim empirischen Bewusstsein einen paradigmatischen Religionsbegriff zu erarbeiten, welcher dann durch Applikation auf die Religionsgeschichte erweitert und gegebenenfalls korrigiert werden könne.[100] Als zweite Aufgabe der Religionsphilosophie gibt Otto an, den solchermaßen erarbeiteten Religionsbegriff zugleich auf die Frage nach den «metaphysischen Anfangsgründen der Religionslehre» auszuweiten. Von dem in dieser Weise begründeten Religionsbegriff aus solle dann eine prinzipiengeleitete Religionshistorie sowie eine ebensolche Theorie individueller Religiosität entwickelt werden.[101]

2.1 Gefühl als reflexive und intentionale Urteilskraft

Rudolf Ottos Neukonzeption der Religionstheorie zielt inhaltlich vor allem, wie schon dargelegt, auf die Spezifizierung der materialen Charakteristika des religiösen Gefühls wie auch deren erkenntnistheoretische Aufschlüsselung. Wissenschaftssystematisch ist damit das Anliegen der Entwicklung eines tragfähigen religionsphilosophischen Programms verbunden, das auch erkenntniskritischen Anfragen standhalten können soll. So stellt Otto selbst seine Arbeit in die Tradition der kantischen «Kritik der reinen Vernunft».[102]

Die dafür notwendige erkenntnistheoretische Grundlegung des mit dem «Gefühl» angestrebten phänomenologischen Programms erarbeitet sich Otto in Auseinandersetzung mit Kants Ästhetik und Religionsphilosophie sowie mit der Religionsphilosophie Jakob Friedrich Fries'. Dabei geht es für die vorliegende Fragestellung v. a. um die Fragen, einerseits, wie das spezifisch religiöse Gefühl zum Bewusstsein kommt – und zweitens, wie es sich als solches von anderen Gefühlen unterscheiden lassen kann. Das zielt drittens wiederum auf die Frage nach den spezifischen Erkenntnisbedingungen religiöser Objekte.

Dabei steht außer Zweifel, dass Otto mit J. F. Fries das Vermögen der «Ahnung» als eine spezifische Transformation der Kant'schen «Ur-

—

100 Vgl. KFR, S. Vf.
101 Vgl. KFR, S. VIIf.
102 Vgl. KFR, S. VIf.

teilskraft» einführt. Das ist (historisch betrachtet) bereits deshalb nicht erstaunlich, weil Fries selbst seine Konzeption der «Ahndung» direkt an die kantischen Konzeptionen «der Schönheit und Erhabenheit» anschließt.[103] Diese wiederum stellt er in direkte Verbindung zur «Teleologie der Natur» einerseits, zu den kantischen *noumena* Gott, Freiheit, Unsterblichkeit der Seele andererseits.[104]

Zunächst zum Gefühlsbegriff im engeren Sinn. «Gefühl ist nicht Sinn, sondern ein eigentümliches *Urteilen* über ein sinnlich Gegebenes. Gefühl ist Urteilskraft.»[105] Damit geht Otto auch über seine Kommentierung zu Schleiermachers «Reden» dahingehend hinaus, dass er Empfindung von Gefühl sondert. Mit «Gefühl» ist demnach die spontane «*Antwort* auf die Empfindung»[106] gemeint. Und zwar ist diese Antwort «wertende»[107] Antwort, sofern sie einem Sinneseindruck mit Lust oder Unlust begegnet. Das Gefühl als Urteilskraft bezieht sich daher auf die Relation des Subjekts zu einem (sinnlich gegebenen) Objekt. Bereits im «sinnlichen Lust- und Unlustgefühl» spiegelt sich aufgrund der Spontaneität des Urteils demnach «die Erkenntnis der Vernunft von dem Werte ihrer selbst und ihres lebendigen Daseins».[108] Neben der ‹sinnlichen› und der ‹reflexiven› Komponente weist das Gefühl aber, drittens, auch ein solches intentionales Moment auf, das auf nicht sinnenfällige Gegenstände zielt. «[I]n den höheren Arten des Wohlgefallens [...] setze ich einen objektiven Wert außer mir und ganz abgesehen von mir und erkenne nicht über ein bloßes Verhältnis zu mir, sondern über das Ding selber.»[109] Dabei handelt es sich «um eine Erkenntnis durch Gefühl allein, ohne *Begriff* [...]. Um Gefühl, das heißt, um unausgewickelte Begriffe und unauswickelbare, um dunkle, in der Klarheit des Begriffes nicht aussprechliche Erkenntnis handelt es sich. Zugleich aber um *Er-*

—

103 Vgl. Fries, Wissen, Glaube und Ahndung, S. 217ff.

104 Fries, Wissen, Glaube und Ahndung, S. 181–234 (Teleologie der Natur und Ästhetik); Unsterblichkeit der Seele (S. 258–281); Freiheit (S. 282–308); Gott (S. 309–327). Roderich Barth spricht von einer kritischen «Umformung der kantschen Ideenlehre [...], der zufolge die metaphysischen Ideen nicht schlußlogisch gewonnene Abschlußgedanken ohne Anspruch auf objektive Gültigkeit sind, sondern vielmehr intuitive Erkenntnisse», die ihrerseits das im Gefühl vordiskursiv bewusste in begriffliche Explikation überführen, Barth, Das Psychologische, 385.

105 KFR, S. 90.

106 KFR, S. 90.

107 KFR, S. 90.

108 KFR, S. 92.

109 KFR, S. 91.

kenntnis, der an Zuverlässigkeit und Allgemeingültigkeit nichts gebricht, und um Erkenntnis unabhängig von Erfahrung.»[110] Es wird deutlich, dass Otto hier diejenige Konzeption religiöser Erkenntnis grundzulegen trachtet, die er in «Das Heilige» nach ihrer emotiven Seite hin entfaltet. Und ebenso wird erkennbar, dass es Otto hier um die Erkenntnis von Objekten bzw. «Werten» zu tun ist, denen er objektives «Dasein»[111] *extra me* zuspricht.

Dem spezifisch religiösen Gefühl kommt nun eine weitere Reflexionsstufe zu. Otto nimmt die von Fries entworfene Theorie, der Religion sei es «um das Geheimnis als Geheimnis»[112] zu tun, begeistert auf.[113] Das religiöse Urteil ist demnach ein solches, dem es um das präreflexive, «dunkle» Erkennen selbst zu tun ist. Damit steht das religiöse Urteil in unmittelbarer Nähe zur kantischen Konzeption der Ästhetik.

Das religiöse Geheimnis ist «ein ἄῤῥητον [sic], ein ineffabile schlechthin» doch zugleich «ein solches, dessen Ort sich sicher bestimmen, dessen Unvermeidlichkeit und Giltigkeit für alle menschliche Vernunft sich nachweisen, dessen verschiedene Seiten sich aufweisen lassen, und – dessen Lösung im Gefühl auf unaussprechliche Weise sich uns andeutet.»[114] Die Positivität des solchermaßen im Gefühl «erlebten» Geheimnisses könne «nur ahnend erfaßt werden».[115]

Es zeigt sich, dass hier bereits das in «Das Heilige» entfaltete Programm (hier vor allem das Aufweisen der «verschiedene[n] Seiten» des religiösen Gefühls) formuliert wird – und das in Wendungen, die teilweise wörtlich dort wiederaufgenommen werden.[116] Auch einzelne Aspekte des in «Das Heilige» entfalteten Spektrums religiöser Gefühle, so das bereits erwähnte Geheimnis, aber auch die «Majestät», die «Andacht»,[117] liegen in der KFR bereits zumindest grundlegend konzipiert vor.[118]

—

110 KFR, S. 94f.

111 KFR, S. 96.

112 KFR, S. 105.

113 Vgl. KFR, S. 105f.: «Diese Lehre vom notwendigen Geheimnisse in der Religion scheint mir das Feinste und Zarteste in Fries' gesamter Philosophie.»

114 KFR, S. 105.

115 KFR, 106.

116 Vgl. DH[1], 5; dort auch den Verweis auf die KFR.

117 Vgl. KFR, S. 112.

118 Allerdings nennt Otto in der KFR als die «obersten Arten der religiösen Gefühle» «Begeisterung, Ergebung, Andacht», KFR, S. 116. Damit ist ein gattungspoetisches Anliegen verbunden. Dies wird dann deutlich, wenn Otto

Neben die Lehre vom Gefühl als Urteilskraft tritt demgemäß in Bezug auf das religiöse Gefühl die Lehre vom Ahnungsvermögen, welche, wie gesehen, dazu dient, das ‹intentionale› Moment des religiösen Gefühls, seinen Objektbezug, und damit auch die Positivität und Objektivität des Gegenstandes dieses Gefühls selber abzusichern – um dem strukturell ästhetischen, da reflexiven religiösen Urteil dennoch einen Objektbezug zu verleihen.

Die Pointe der Inanspruchnahme des Ahnungsvermögens für die Religionstheorie Ottos liegt darin, die in Verbindung mit dem Gefühlsbegriff formulierte intentionale Struktur als ein Entsprechungsverhältnis von Intention und intentionalem Gehalt auszuweisen – d. h., sicherzustellen, dass die im Gefühl appräsentierten nicht-begrifflichen Gehalte, obschon sie nicht rational-erkenntnisförmig sind, dennoch als wahrheitsfähig ausweisbar seien. «Was ist die Wahrheit der Religion?»[119] lautet nach der Einleitung in die KFR eines der begründungstheoretischen Hauptanliegen der Schrift.[120]

2.2 Ahnungsvermögen: Ästhetische Erkenntnis

Otto verbindet im in der «Kantisch-Fries'schen Religionsphilosophie» präsentierten Gefühlsbegriff zwei Momente, welche bereits Schleiermacher für das Gefühl reklamiert hatte: zum einen, der Modus eines Bewusstseins der Wahrheit zu sein,[121] zum anderen, dass in diesem Bewusstsein die Relation des Subjekts zum Grund der Wahrheit sich selbst zum Bewusstsein kommt, d. h. reflexiv wird. Vor dem Hintergrund der

---

den genannten Gefühlsarten die «gängige Einteilung und Unterscheidung des epischen, dramatischen und lyrischen ästhetischen Eindruckes» zuordnet, KFR, S. 121. Dieses Dreiteilung wird sich in «Das Heilige» auflösen, obschon das prinzipielle Interesse an ästhetischen Ausdrucksformen beibehalten und sogar intensiviert wird, z. B. durch Integration ästhetischer Dokumente in den Haupttext nach der ersten Auflage.

119 KFR, S. VI, im Original gesperrt.

120 Roderich Barth hat darauf hingewiesen, dass die «Verschränkung von *Wesens-* und *Wahrheitsfrage*» in der Religionstheorie sich in zeitlicher Nähe auch bei Adolf von Harnack und Julius Kaftan findet, Barth, Das Psychologische, S. 384 mit Anm. 46.

121 Schleiermacher nennt dies in der «Dialektik» «Gewissheit» (vgl. nur DialJ, § 214) und verbindet diesen Aspekt des Gefühlsbegriffs in seinen Vorlesungen über die Psychologie auch mit dem religiösen Gefühl welches ein Bewußtsein der «Wahrheit, [...] die in unserem eigenen Sein liegt» vermittle, Schleiermacher, Psychologie, S. 212.

obigen Ausführungen zum Gefühl als reflexiver und intentionaler Urteilskraft wird verständlich, dass die Frage nach der «Wahrheit» beide Aspekte verbindet und, der reflexiven Aufstufung des spezifisch religiösen Gefühls gemäß, Intentionalität und Reflexivität des Gefühls selbst zum Gegenstand macht. Im religiösen Wahrheitsgefühl kommt demnach Ottos Anspruch nach die Positivität des «Geheimnisses» als «Wahrheit» nichtbegrifflich zum Ausdruck.[122]

Ein solcher Theorieaufwand ist dann nötig, wenn vermieden werden soll, die nichttheistische Pointe der schleiermacherschen Theologie zu unterlaufen und den Gottesgedanken nach der Form eines endlichen Gegenstandes zu fassen.[123]

Diesen Anspruch verfolgt nun auch Otto. Er geht allerdings noch einen Schritt weiter als Schleiermacher. Das religiöse Gefühl soll erstens als phänomenologisch beschreibbares *spezifisches* Gefühl sui generis ausgewiesen werden. Dies soll, zum zweiten, so geschehen, dass die als problematisch, weil als nicht wahrheitstheoretisch (d. h. hier: korrespondenztheoretisch) relevant, empfundene Nähe zur kantischen Konzeption der Ästhetik umgangen wird.[124]

Dafür führt Otto mit J. F. Fries eine neue *Erkenntnis*weise ein, die «Ahnung». Damit wird die aus der KrV bekannte Trias von «Meinen, Wissen und Glauben»[125] durch den fries'schen Dreischritt «Wissen, Glauben und Ahndung» ersetzt. Das Ahnungsvermögen stellt sich dabei als eine in der Nähe zur intellektuellen Anschauung angesiedelte Steigerungsform des Wissens dar – welche in der Otto'schen Lesart zugleich eine empirische Konnotation erhält, sofern sie als Vermögen des empirischen Subjekts ausgewiesen werden soll.

Otto nimmt mit Fries an, dass es eine Affektion des Gemüts bzw. der Seele durch Ideen gebe. Diese grundsätzlich kantische Konzeption lässt in Variante Ottos Religion als subjektiv-empirische Seite einer objektiven Wert- oder Ideenwelt ansichtig werden. «Der transzendentale Idealismus [...] wird als Wahrheit erlebt im Gefühl.»[126]

---

122 Der spätere Hinweis Ottos, die KFR habe es allein mit der «rationalen» Seite der Religionstheorie zu tun ist daher zumindest irreführend, vgl. DH[1], S. 5, Anm. 1.

123 Vgl. KFR, S. 74ff.

124 Es muss m.E. betont werden, dass Ottos Wahrheitsbegriff sowohl auf die psychische Realität des Individuums wie zugleich auf das Dasein eines mit dieser korrespondierenden Objekts zielt.

125 KrV, A, S. 820–830, B, S. 848–859.

126 KFR, S. 111.

Die Grundannahmen seiner Gefühlstheorie ergänzt Otto mit dem Fries'schen Konzept eines «praktischen Schematismus» der Ideen.[127] Dabei bewegt er sich auf der Grundlage des schleiermacherschen Gedankens, dass das Gefühl die genuine Sphäre der Religion sei, und es zumal unmittelbar praktische Bedeutung habe, präzisiert diesen Gedanken aber mit Kant und Fries näher, um zeigen zu können, wie es immer und überall *bestimmte* Ideen und Zwecke seien, mit denen es Religion zu tun habe. Es seien nämlich solche, die sich mit solcher Unmittelbarkeit einfänden, dass sie nahezu als *ideae innatae* zu gelten hätten.[128]

Zugleich werden die durch Ideen hervorgerufenen Gefühlszustände unmittelbar praktisch und erwecken «Sehnsucht» und «Ahnung»[129] der mit den jeweiligen Ideen verbundenen Zwecke. Es sind nun gerade diejenigen Ideen, die keiner reinen Vernunfterkenntnis zugänglich sind, welche religiös-praktisch werden, d. h. etwa die aus der KrV bekannten «Freiheit», «Seele», «Gott», die bei Kant nur im Rahmen der Postulatenlehre der KpV praktische Relevanz erhielten.[130] Auch bei Kant sind die mit diesen Ideen verbundenen Zweckideen nicht solche, die aus Begriffen angestrebt werden könnten, sondern nur im Modus der «Hoffnung».[131]

---

127 Vgl. KFR, S. 76.

128 Vgl. KFR, S. 77f. Damit geht bei Otto eine gewisse *praktische* Restituierung der Gottesbeweise einher. So nämlich, dass das religiöse Bewusstsein in einer Selbstvergewisserungsbewegung die Möglichkeit der Vernunftgemäßheit der ihm eigenen, unmittelbar gegebenen, Ideen aufsucht.

129 KFR, S. 74.

130 Obgleich bestimmte Gedanken die reine Vernunft nach Kant in Widersprüche verwickeln, gehören sie dennoch in einen «Kanon derselben [...], [welcher] nicht den spekulativen, sondern den praktischen Vernunftgebrauch» betreffe (KrV, B, S. 825; A, S. 797). Es sind Gedanken, die mit den Mitteln der reinen Vernunft nicht abschließend bestimmbar sind (sie «haben gar keinen immanenten, d.i. für Gegenstände der Erfahrung zulässigen [...] Gebrauch», KrV, B, S. 827; A, S. 799), aber aus Gründen, die aus der zweiten Hinsicht des Vernunftgebrauchs, nämlich der praktischen, stammen (theoretische, praktische Vernunft und Urteilskraft), als denknotwendig angenommen werden müssen (sie sind «gleichwohl durch unsere Vernunft dringend empfohlen [...]: so wird ihre Wichtigkeit wohl eigentlich nur das Praktische angehen müssen», KrV, B, S. 827f.; A, S. 799f.). Zu diesen Gedanken gehören «die Freiheit des Willens, die Unsterblichkeit der Seele, und das Dasein Gottes» (KrV, B, S. 826; A, S. 798).

131 Kant entfaltet in der KpV etwa eine gerechtigkeitstheoretische Konzeption, die die Notwendigkeit des Postulats eines Gottesgedankens aus praktischen

Otto bezieht nun die Konzeption der «Ahnung» auf die (oben skizzierte) Urteilstheorie. Als «Ahnung» müsse derjenige Vorgang aufgefasst werden, welcher durch die Affektion des Subjekts durch eine Idee a priori mittels einer «Schematisierung» in diesem ein bestimmtes Gefühl errege[132] und so zu bestimmten «Erlebnissen»[133] führe. Möglich wird dies durch die Repristination der «Bild»-Formel aus den «Reden», die nun auf den «vernünftige[n] Geist» als «*Bild* des Wahren»[134] bezogen wird. Dabei wird deutlich, dass der hier zum Tragen kommende Wahrheitsbegriff nicht allein eine korrespondenztheoretische Pointe hat, sondern auch und gleichzeitig die Qualität einer Idee bezeichnen soll. Die «Ahnung» dient, neben ihrer wahrheitstheoretischen Funktion, vor allem dazu, die später von Otto so genannte «Gefühlsgesellung»[135] und damit die analogische Erkenntnis des religiösen Objekts im Endlichen bzw. «des Ewigen im Zeitlichen»[136] zu sichern. Die spezifisch religiösen Gefühle «schließen an konkrete Einzelgegenstände, Tatsachen, Geschehnisse an».[137]

Die «Ahnung» ist also gerade kein direkt-intentionales Vermögen sondern ein *hermeneutisches*, dass eine symbolische oder metaphorische Erkenntnis vermittelt und zwar aufgrund eines Analogieschlusses vom Subjekt der Intention auf deren Gehalt. Im Hintergrund steht hier die Vorstellung einer wesensmäßigen Teilhabe des religiösen Subjekts am

—

Gründen aufzeigt: Garant für die Möglichkeit der Glückseligkeit in Verbindung mit Moralität ist nach Kant (neben dem Postulat der Untsterblichkeit) der Gottesgedanke. Glückseligkeit als notwendig mit sittlichem Handeln verbunden bedürfte für ihre Wirklichkeit der Existenz einer Welt, deren Strukturen diese Verbindung nicht unterlaufen, der «besten Welt» (KpV, A, S. 226). Eine solche beste Welt, wäre mithin eine *gerechte* Welt. Dieser Gedanke führt, in Verbindung mit dem Gottesgedanken zur Idee eines «Reichs Gottes» (KpV, A, S. 232, im Original gesperrt). Als Grund eines solchen wird die Gottheit im Sinne der christlichen Tradition als «der heilige Gesetzgeber (und Schöpfer), der gütige Regierer (und Erhalter) und der gerechte Richter» (KpV, A, S. 236, Anm., im Original z. T. gesperrt) vorgestellt Dies ist selbstverständlich kein Gedanke, der eine Erkenntnis zum Inhalt hätte, sondern vielmehr Gegenstand einer Hoffnung sein müsste (vgl. KpV, A, S. 235).

132 KFR, S. 75.

133 Ebd.

134 KFR, S. 114.

135 DH[1], S. 45.

136 KFR, S. 111.

137 KFR, S. 112.

Wesen der religiösen Idee. Die Teilhabe wiederum ist als ein Verhältnis der symbolischen Repräsentation gedacht. Daher wird der platonische Einschlag der Tiefendimension der Ästhetik erklärlich:

> «In den Erlebnissen des Schönen und Erhabenen ahnen wir dunkel die ewige wahre Welt des Geistes und der Freiheit auch im Leben der Natur. [...] Es ist platonische *anamnesis* der Idee im wahrsten Sinne und nur durch sie [...] ist der Zauber des Geheimnisses begreiflich, der dieses Erleben umwittert. Hier spielt das ‹Geheimnis› der Religion. Religion ist selber Erleben des Geheimnisses schlechthin».[138]

Otto spricht im Zusammenhang mit der religiösen Urteilskraft selbst noch davon, dass das religiöse Gefühl ein «*ästhetisches* Urteil»[139] fälle.[140] Damit tritt Religion als die Tiefendimension der Ästhetik auf den Plan, sofern, qua Intentionalität desselben Gefühls und Ahnung als Vermögen der Konstitution eines religiösen Objekts, der Bezug auf ein ideales Objekt als wahrheitsfähig gesichert ist. Und zwar auf genau das ideale Objekt als das in «dunklen Vorstellungen von etwas ‹ganz Anderem›»[141] appräsentierte, das «als Analogie auf den transzendentalen Idealismus»[142], d. h. die von Otto angenommene Ideenwelt, bezogen wird.

Die Wahrheitsgeltung der im religiösen Gefühl appräsentierten Ideen bezieht sich demnach zwar in erster Linie auf ihre praktische Relevanz für die Selbst- und Weltdeutung des Individuums. Nichtsdestotrotz ist zu betonen, dass Otto durchaus auf eine präreflexive Realität dieser Ideen rekurriert, die nicht allererst durch den Deutungsprozess konstituiert wird, sondern vor diesem bereits eine praktische Realität im religiösen Vollzug konstituiert.[143]

Zugleich integriert Otto in das Ahnungsvermögen einen weiteren Aspekt der kantischen Urteilskraft (und damit zugleich ein Moment, das er

---

138 KFR, S. 75, Hervorhebung im Original.

139 KFR, S. 112.

140 Die besondere Nähe von Religion und Ästhetik wird nochmals betont in KFR, S. 117f.: «Das deutlichste Gebiet solchen Ahnens durch eigenartiges Wohlgefallen ist das des Schönen und Erhabenen.» Vgl. a.a.O., 119f.: «Ich erkenne in der ahnenden ästhetischen Erkenntnis auf dunkle, unaussprechliche Weise in der anschaulichen Welt der Erscheinung selber wieder das ideale Wesen überhaupt, unbestimmt nach welcher Seite im Einzelnen.»

141 KFR, S. 113.

142 KFR, S. 114.

143 Vgl. ähnlich Gooch, Numinous and Modernity, 63.

in seiner Neuausgabe mit der schleiermacherschen «Anschauung» der Erstauflage der «Reden» assoziiert hatte[144]): Das ahnend erfasste Objekt wird als höchster Zweck aufgefasst, der eine teleologische Deutung der Welt ermöglicht.[145] Das Ahnungsvermögen ist damit als in doppelter Hinsicht vermittelte Erkenntnisform aufzufassen. Erstens ist sie, als symbolische Erkenntnis, angewiesen auf ein ästhetisches Urteil, das das Erkenntnissubjekt sowie das Objekt der Erkenntnis (und des ästhetischen Ausdrucks; dies wäre eine dritte Vermittlungsstufe) durch einen Analogieschluss miteinander verbindet. Zweitens wird das ästhetisch erkannte Objekt nachgerade als praktisches Einheitsprinzip in physikotheologischer Manier zur Deutung der Mannigfaltigkeit der Welt im Allgemeinen herangezogen. Diese allerdings bedürfe der «Divination»[146]. Auch dieser Aspekt kehrt in «Das Heilige» wieder.

3. Der Gefühlsbegriff in «Das Heilige»

3.1 Zum Programm

In «Das Heilige» unternimmt Otto die Entfaltung der phänomenologischen Seite des in der KFR grundgelegten religionstheoretischen Programms. Zugleich werden die in der KFR durch den Wert- und den Urteilsbegriff zusammengefassten Momente praktischer, ästhetischer und religiöser Urteilsbildung hier auf das «Heilige» als deren apriorisches Einheitsprinzip im Sinne einer wesensmäßigen «*Anlage*» des Menschen hingeordnet.[147] Das Heilige ist aber nicht nur «Anlage» des Menschen, es soll nach Ottos Aussage zugleich «ein wirkendes, Waltendes, wirkend in Erscheinung Tretendes»[148] sein. Bereits eingangs wurde die Ottos Werk kennzeichnende spezifische Spannung erwähnt, die zwischen unmittelbarer subjektiver Appräsentation eines Objekts *extra me* im religiösen Gefühl und zugleich der urteilstheoretisch formulierten Konstitution desselben allererst *als* eines religiösen Objekts besteht. Diese Spannung spiegelt sich hier in der Rede vom «Heiligen» sowohl als einer «Anlage» im menschlichen Bewusstsein wie auch als einem realen und «objektiven» geschichtsmächtigen idealen Wesen. Dabei kommt der

---

144 So auch Otto selbst, vgl. KFR, S. 121, Anm.1.
145 Vgl. KFR, S. 120.
146 KFR, S. 122.
147 Vgl. DH^1, S. 124
148 DH^1, S. 146.

Frage, ob die Realität des Heiligen allein in dessen «gewahr werden und vernehmen», d. h. als Realität einer Weltdeutung, besteht, oder ob diesem eine eigene Realität außerhalb subjektiver Deutung eigne, ein nicht unerhebliches Gewicht zu.

Diese Spannung kann sowohl nach ihrer subjektiven wie auch nach ihrer objektiven Seite hin aufgelöst werden.[149] Die Beurteilung dieses Sachverhalts richtet sich nach der Gewichtung die den jeweiligen Theorieelementen Ottos zugemessen wird. Dennoch scheint mir außer Frage zu stehen, dass sowohl auf der Textebene wie auch auf der Ebene rationaler Rekonstruktion keine eindeutigen Belege für die erste Lesart bestehen. Zumal in diesem Fall der von Otto intendierte Erkenntnis- und Wahrheitsbegriff – und damit auch sein Realitätsbegriff – sich allein auf psychische Akte, nicht aber die Korrespondenz ihres Gehalts mit einem Gegenstand der diesem logisch vorausliegt, beziehen würde.

Es wird an vorliegender Stelle nicht der Versuch unternommen, die Spannung in eine der beiden Richtungen aufzulösen, sondern durch die Darstellung seiner werkhistorischen Genese die unterschiedlichen Lektüreoptionen deutlicher konturiert zur Darstellung zu bringen, als bisher geschehen. Dennoch erlaube ich mir anzudeuten, dass m. E. der Realitätsbegriff Ottos sich nicht allein auf dessen hermeneutisches Substrat reduzieren lässt, sondern dass zumindest von einem Ideenrealismus Ottos die Rede sein muss, gerade um die wahrheitstheoretische Pointe seines Gefühlsbegriffs nicht proportional nicht unterbewertet zu lassen.

In «Das Heilige» versucht Otto, die nicht begriffsmäßig auflösbaren «irrationalen» Gehalte des spezifisch religiösen Gefühls zu entfalten. Damit verbunden ist gegenüber der KFR eine Schwerpunktverlagerung von der Begründungs- zur Beschreibungslogik. Das «Irrationale» wird im «Heiligen» näher bestimmt als *«das Numinöse»*[150], was heissen soll «das Heilige *minus* seines sittlichen Momentes und, wie wir nun gleich hinzufügen, minus seines rationalen Momentes überhaupt»[151].

Noch einige zusammenfassende Gedanken zur Theoriekonstruktion vorweg: Von der Bestimmtheit des religiösen Gefühls schliesst Otto auf die innere Bestimmtheit der Idee des Heiligen zurück. Dafür wendet er den kantischen Gedanken eines «Schematismus der Idee» in eine in

---

149 Für einen Ansatz, der in die erstgenannte Richtung zielt, vgl. Barth, Theoriedimensionen, S. 40–50.

150 DH[17], S. 6, Hervorhebung i.O.

151 DH[17], S. 6, Hervorhebung i.O. Vgl. auch die Präzisierung auf den Seiten 74–78.

Schleiermachers Spätwerk vorgezeichneten Richtung. Daraufhin führt er das Fries'sche Ahnungstheorem einer hermeneutischen Transformation zu, was ihm erlaubt, anhand der Untersuchung textlicher Zeugnisse der Religionsgeschichte die Allgemeinheit des von ihm beschriebenen psychologisch-paradigmatischen Religionstheorems historisch aufzuweisen. Grundlage dafür ist wiederum Schleiermachers Gedanke der strukturellen Verknüpfung von Religion und Produktionsästhetik: Es «verhält sich Kunst zur Religion wie Sprache zum Wissen»[152]. Damit verlässt Otto deutlich den Bereich des von ihm in der KFR als «Religionspsychologie» ausgewiesenen Verfahrens und «Das Heilige» muss als Durchführung einer transformierten Form des in der Einleitung der KFR beschriebenen religionsphilosophischen Programms verstanden werden. Dem steht nicht entgegen, dass Otto methodisch in «Das Heilige» durchaus introspektive Elemente bemüht (aus welchem Grund er bekanntlich den zweifelhaften Ruf des Psychagogen erhielt). Vielmehr ist allein von einer Schwerpunktverlagerung die Rede, nicht von einem vollständigen Neuansatz.

3.2 «Momente des Numinosen»

Otto beschreibt in «Das Heilige» unterschiedliche «Momente des Numinosen». Diese können insgesamt gelesen werden als phänomenologische Aneignung klassischer Prädikate des Gottesgedankens. In der Erstauflage von 1917 werden als Momente des Numinosen genannt das «Kreaturgefühl», das Doppelmoment des «mysterium tremendum», das «Fascinosum» wie das «Sanctum». Bis zur siebzehnten Auflage von 1931 sind zwei Unterbestimmungen des «mysterium tremendum», nämlich die «majestas» sowie das «Moment des Energischen» hinzugekommen, das Fascinosum wurde zum «Fascinans» transformiert; neu ist auch das «Ungeheuer» sowie das «Augustum» als Unterbestimmung des «Sanctum». Es soll kein Vergleich der unterschiedlichen Auflagen in dieser Hinsicht vorgenommen werden.[153] Wichtig für die hier vorgeschlagene Lesart von «Das Heilige» ist, dass Otto in den Jahren nach

---

152 Vgl. nur Schleiermacher, Ethik 1812/13, § 228, S. 314. Vgl dazu Moxter, Zur Eigenart ästhetischer Erfahrung, v. a. 60–64; Lehnerer, Selbstmanifestation ist Kunst.

153 Dies kann bereits aus Raumgründen an vorliegendem Ort nicht erfolgen. Für die weitere Beschäftigung mit Otto wäre – auch für Studienzwecke – eine historisch-kritische Ausgabe von «Das Heilige» ein hinsichtlich seines wissenschaftlichen Wertes nur schwer zu überschätzendes Unterfangen.

1917 offenbar beständig bemüht ist, die interne Differenzierung des numinosen Gefühls weiterzutreiben, um größtmögliche Exaktheit in der Beschreibung (oder, wenn man so will: größtmögliche Applikabilität auf möglichst viele Materialien) zu erzielen. Der Skopus dieser Erweiterungen darf also durchaus auch, neben dem «psychologischen», im wachsenden religionshistorischen Interesse Ottos gesehen werden.

Ich zeige an zwei Beispielen die strukturelle Beschaffenheit des Begriffs des numinosen Gefühls in «Das Heilige». Besonders gut eignen sich dafür das «Kreaturgefühl» wie auch das «mysterium als das ganz andere».

3.2.1 Kreaturgefühl

Das «Kreaturgefühl» darf als Variation des schleiermacherschen Gefühls «schlechthinniger Abhängigkeit» gelten – mit der bereits erwähnten positivierenden Tendenz.

Otto kritisiert an Schleiermachers Theorem, dass einerseits keine qualitative Differenz zu anderen Abhängigkeitsgefühlen zu erkennen sei, zum zweiten der Gottesgedanke diesem als Ursache erst durch eine Reflexion beigegeben werden müsse.[154] Otto versucht dies zu überbieten, indem er das subjektive Gefühl qualitativ als *sui generis* beschreibt (Kreatürlichkeit) und ihm dessen Ursache, das «objektiv, außer mir gefühlte»[155] Numinose, logisch vorschaltet.[156] Das Gefühl beschreibt zum einen ein Relationsgefüge, zum zweiten wird sein wahrheitstheoretisches intentionales Moment beansprucht. Drittens aber kommt es zu einem Urteilsvorgang: «[E]rst infolge einer faktischen Anwendung der Kategorie des Numinosen kann als sein Begleitgefühl das Kreaturgefühl und seine Abhängigkeit im Gemüt entstehen.»[157] Durch diesen reflexiven Vorgang wird das intentionale Moment des numinosen Gefühls, wel-

---

154 Vgl. DH[17], S. 9–11.

155 DH[1], S. 12.

156 «Das ‹Kreaturgefühl› ist vielmehr selber erst subjektives Begleitmoment und Wirkung eines anderen Gefühls-Momentes, welches selber zweifellos als erstes und unmittelbar auf ein Objekt außer mir geht. Das aber ist eben das *Numinose*.» (DH[1], S. 11). In der siebzehnten Auflage formuliert Otto, das Kreaturgefühl sei «gleichsam der Schatten eines anderen Gefühlsmomentes (nämlich der ‹Scheu›), welches selber zweifellos *zuerst* und *unmittelbar* auf ein *Objekt außer mir* geht.», DH[17], S. 11. Mit dieser Reformulierung versucht Otto die Uneindeutigkeit in der Unterscheidung von Akt und Gehalt des religiösen Gefühls zu überwinden, die noch die erste Auflage von «Das Heilige» kennzeichnet. Vgl. zur Präzisierung die Ausführungen a.a.O., S. 23.

157 DH[1], S. 12.

ches «zweifellos als erstes und unmittelbar auf ein Objekt außer mir geht», im ästhetisch-religiösen Urteil aufgehoben. Unklar bleibt an dieser Stelle, ob das Urteil der Objektintentionalität des Gefühls logisch vorhergeht oder ihm nachfolgt – und das Kreaturgefühl damit zu einem quasi-reflexiven Gefühl, einem Gefühl des Gefühls machte. Dafür spräche die oben im Zusammenhang mit der Theorie des religiösen Gefühls in der KFR entwickelte These von der «reflexiven Aufstufung» und doppelten Vermittlung des religiösen Gefühls.

Ein weiteres Beispiel soll meine Darstellung präzisieren.

3.2.2 Das «mysterium»

Das von Otto so genannte «Moment des Mysteriösen» soll einen Aspekt des numinosen Gefühls vorstellen. Das «mysterium» äußert sich als «das absolute *Befremden*»[158] durch das «*Ganz andere*»[159], «das durch Art und Wesen meinem Wesen inkommensurabel ist, und vor dem ich deshalb in erstarrendem Staunen zurückpralle»[160]. Absolute Differenz, Inkommensurabilität des Wesens: Hier kehrt, in anderer Weise, die Formel aus der KFR wieder, der gemäß es im religiösen Urteil bzw. Gefühl um «das Geheimnis als Geheimnis» gehe. Die «reflexive Aufstufung» des ästhetischen Urteils, die im «Kreaturgefühl» nach der subjektiven Seite ausgerichtet wurde, wird hier auf das Objekt bezogen. In beiden Fällen verharrt die unabschließbare Reflexion in der Differenz zwischen Kreatur und «ganz Anderem». Gerade dies soll sie nach Otto als spezifisch religiöse gegenüber der ästhetischen ausweisen.[161]

3.3 Analogien/Entsprechungen

Otto führt zur Präzisierung seiner phänomenologischen Methode in «Das Heilige», Abgrenzungen durch. Ich beziehe mich hier ausschließlich auf die die Ästhetik bzw. die Urteilskraft berührenden Theoriesegmente.

Otto entfaltet seine Phänomenologie des religiösen Gefühls in Auseinandersetzung mit der kantischen Ästhetik. In der ersten Auflage von 1917 ist von «Gefühlsanalogien zwischen dem Erhabenen und dem

---

158 DH[1], S. 27.
159 DH[1], S. 27.
160 DH[1], S. 29.
161 Wobei die bleibende Nähe zu Kants Theorie des «Erhabenen» zu verzeichnen ist.

Numinosen» die Rede; allerdings gilt zugleich: «religiöse Gefühle sind nicht ästhetische»[162]. Die Intention der Abgrenzung Ottos zielt auf Kants in der KU entwickelte Ästhetik.[163]

Kant hat in seiner dritten Kritik der «Analytik des Erhabenen» ein eigenes «Buch» gewidmet.[164] Er unterscheidet zwischen mathematisch- und dynamisch-Erhabenem. Das erstere stelle eine Relation von Gemütsbewegung und Erkenntnisvermögen, das zweite zwischen Gemütsbewegung und Begehrungsvermögen dar, beide Male vermittelt durch die Einbildungskraft.[165] Das subjektive Wohlgefallen ist beim Erhabenen nicht mit dem Objekt verknüpft, sondern allein mit der «Erweiterung der Einbildungskraft an sich selbst»[166], nämlich einem solchen «Vermögen des Gemüts [...], das jeden Maßstab der Sinne übertrifft.»[167] Ein solches Objekt zu denken führt zwar dazu, dass sich «das Gemüt [...] in seiner eigene Beurteilung gehoben»[168] fühlt, zugleich aber wird durch die Unendlichkeit des Objekts auch die «Unangemessenheit der Einbildungskraft»[169] zur Veranschaulichung notwendiger Vernunftideen offenbar, was wiederum ein «Gefühl der Unlust»[170] hervorruft.

---

162 DH^1, S. 44. Das Kapitel «Analogien» wird in der Ausgabe von 1963 «Entsprechungen» heißen. Zudem fügt Otto dem einleitenden Teil den Untertitel der «Kontrast-harmonie» bei. Vgl. DH^{17}, S. 56.

Die Rede von «Entsprechungen» Anstelle von «Analogien» hat offenkundig den Sinn, den kategorialen Unterschied zwischen Ästhetik und Religion deutlicher zu betonen. Dies liegt durchaus auf der Linie der Schleiermacherkritik Ottos, der diesem eine ungenügende oder «graduelle» Differenzierung des religiösen Gefühls gegenüber anderen Gefühlen vorwarf. Der Ausdruck der «Kontrastharmonie» betont darüber hinaus die wesentliche Einheit des religiösen Gefühls in seiner inneren Differenziertheit stärker, als dies in der Erstausgabe von 1917 der Fall ist. Ungeachtet weiterer Differenzen zwischen den einzelnen Auflagen von «Das Heilige» darf es damit als ein Anliegen Ottos gelten, durch Überarbeitungen den hier präsentierten Gefühlsbegriff weiter zu präzisieren.

163 Eine solche Abgrenzung (aufgrund der strukturellen Analogie oder Nähe des «Erhabenen» zum religiösen Gefühl) hat auch Schleiermacher in seiner Psychologievorlesung vorgenommen, vgl. Schleiermacher, Psychologie, 199f.

164 Vgl. KU, B, §§ 23–29.

165 Vgl. KU, B, § 24.

166 KU, B, S. 83.

167 KU, B, S. 85, im Original gesperrt.

168 KU, B, S. 95.

169 KU, B, S. 97.

170 Ebd.

Im Unterschied zum mathematisch-Erhabenen, das auf der «ästhetische[n] Größenschätzung»[171] beruht, beschreibt das dynamisch-Erhabene im ästhetischen Urteil die Natur «als Macht, die über uns keine Gewalt hat»[172].

Otto differenziert in seiner Auseinandersetzung mit Kant in «Das Heilige» durchaus zwischen beiden Formen des Erhabenen, allerdings nicht explizit. Es lässt sich aber unter Rekurs auf die KFR rückschließen, dass Otto, wenn er das numinose Moment der «majestas» etwa als die induktive Steigerung des Gedankens einer Macht der Natur zu einem einer absoluten Macht von «schlechthinniger Übergewalt» beschreibt, das dynamisch Erhabene im Blick haben muss.[173]

Bereits in der KFR hatte Otto auf die besondere Nähe von religiösem Gefühl und Gefühl des Erhabenen hingewiesen und beide nahezu gleichgesetzt.[174] Otto präzisiert nun, dass zwar das Erhabene dem numinosen Gefühl darin ähnlich sei, dass es «etwas Geheimnisvolles an sich» habe und zugleich ebenfalls «jenes eigentümliche Doppelmoment eines zunächst abdrängenden und gleichzeitig doch wieder ungemein anziehenden Eindruckes auf das Gemüt»[175] mit sich führe. Jedoch könne Ersteres zwar so verstanden werden, dass es geeignet sei, das numinose Gefühl «‹anzuregen› wie auch von ihm angeregt zu werden, in es ‹überzugehen› wie auch es in sich übergehen zu lassen»[176], dennoch könnten beide keinesfalls gleichgesetzt werden. Den Unterschied unterstreicht Otto weiter, indem er den Übergang von einem Gefühl zum anderen explizit als Wechsel der Zuständlichkeit des Subjekts, nicht aber als

---

171 KU, B, S. 93.

172 KU, B, S. 102.

173 Vgl. DH[1], S. 20; in der Ausgabe von 1931 ist dieses Unterkapitel sogar überschrieben mit «Das Moment des Übermächtigen», vgl. DH[17], S. 22. Es ist, aufgrund der ausführlicheren Auseinandersetzung in der KFR, anzunehmen, dass Otto im «Heiligen» ebenfalls auf das Dynamisch-Erhabene fokussiert. Es besteht zudem eine terminologische Übereinstimmung. In der KFR beschreibt Otto das Dynamisch-Erhabene als «alles Uebergewaltige in der Natur», KFR, S. 121.

174 Vgl. KFR, S. 75.

175 DH[1], S. 45. Der Text der Ausgabe von 1931 ist hier identisch, vgl. DH[17], S. 57.

176 Ebd. Dies mag, nebenbei gesagt, als eine Transformation und Überbietung des kantischen Gedankens gelten, dass Schönheit ein Symbol der Sittlichkeit sei. Vgl. KU, B, § 59, v. a. B, S. 256f. Dieser Gedanke hatte bereits der Fries'schen Konzeption eines praktischen Schematismus zugrunde gelegen.

materiale Transformation des Gefühls fasst, was eine Überlappung der Objekte des Gefühls implizierte.[177]

3.4 Ausdrucksmittel des Numinosen

Einige abschließende Gedanken zum Verhältnis von Religion und Ästhetik sollen hier vorgebracht werden. Diese haben mit der Frage nach den «Ausdrucksmittel[n] des Numinosen»[178] zu tun. Bereits Schleiermacher ging davon aus, dass das fromme Bewusstsein nicht für sich selbst begrifflich fassbar sei. Mithin würden seine Äußerungen nicht primär im Medium der Sprache stattfinden, sondern als «Ton und Geberde»[179], als bildende Kunst im Allgemeinen und schließlich, im Medium der Sprache, zunächst als Poesie, dann aber als religiöse Rede und letztlich als Theologie.[180] Auch die nachträgliche begriffliche Reflexion gilt Schleiermacher mithin als Teil des darstellenden Handelns.[181]

3.4.1 Schematisierung

Otto hat sich an wenigen Stellen seiner Theoriebildung so eng an Schleiermacher angelehnt, wie in diesem Fall.

Bereits das Kapitel über «Schematisierung» zeigt eine Anverwandlung des schleiermacherschen Gedankens aus der «Glaubenslehre»: dass positive Religion dann, wenn sie Theologie ausbildet, die ursprüngliche Bestimmtheit des frommen Bewusstseins nachträglich mit geschichtlich vermittelten «bildlichen» Ausdrücken fülle.[182] In der KFR war, wie oben gesehen, Otto noch mit der Fries'schen Variation des Kantischen «Schematismus»-Gedankens der KU davon ausgegangen, dass es bestimmte «Ideen» seien, die eine jeweilige Bestimmtheit des Gefühls mittels einer ihnen unterlegten sinnlichen Anschauung auslösten. In Kap. 8.3 von

---

177 DH^{17}, S. 58.

178 Vgl. DH^{17}, S. 79ff.

179 Vgl. Schleiermacher, Ethik 1812/13, § 212.

180 Vgl. Schleiermacher, Glaubenslehre, § 15 und 16.

181 Nach Schleiermacher ist jede Handlung immer auch «Ausdruck» und damit «Darstellung». Vgl. Schleiermacher, Ethik 1812/13, §§ 176, 179 (Sprache als Ausdruck); § 217 (alles Handeln ist Ausdruck); Schleiermacher, Glaubenslehre, § 16.1.

182 Wie auch Vgl. Ottos Kommentar in Reden 1899, S. 65, C, a und Anm. Nach Schleiermacher gewinnt die dogmatische Sprache an wissenschaftlichem Wert, je stärker diese bildlichen Ausdrücke die Form des Begriffs annehmen, vgl. Schleiermacher, Glaubenslehre, § 17.2.

«Das Heilige» modifiziert Otto dieses Theorem so, dass er das Verhältnis von Begriff und Gefühl umkehrt. «Das Irrational-Numinose, schematisiert durch unsere oben angegebenen rationalen Begriffe, ergibt uns die satte und volle Komplex-Kategorie des Heiligen selbst im Vollsinne.»[183] Hier ist also nicht mehr eine Anschauung Schema einer Kategorie oder, wie in der Fries'schen Anverwandlung der KU, eine Anschauung praktisches Schema einer Idee, sondern ein Begriff Schema eines Gefühls. Zum zweiten aber beschreibt Otto das Verhältnis noch einmal in der anderen Richtung, nämlich so, «dass auch das Erhabene ein echtes ‹Schema› des Heiligen selber ist»[184].

Schematisierung beschreibt demnach für Otto in «Das Heilige» nurmehr eine zwar wesensmäßige Verbindung, diese muss jedoch nicht notwendig vom Begriff zur Anschauung verlaufen, oder vom Gefühl zum Begriff, sondern ein Gefühl kann auch zum Schema eines anderen Gefühls werden.

3.4.2 Äusserungen des numinosen Gefühls

Im elften Kapitel von «Das Heilige» zeigt sich nun Ottos Anlehnung an Schleiermacher hinsichtlich der strukturellen Nähe von religiöser Äußerung und Produktionsästhetik. Als «direkte» Ausdrucksmittel des Numinosen, d. h. ursprüngliche religiöse Kommunikation, versteht Otto wie Schleiermacher auch die «feierliche[ ] Haltung, Gebärde, Ton der Stimme und Miene»[185]. «Indirekte» Ausdrucksformen seien solche Äusserungsformen, die religionsähnliche Gefühle beschreiben.[186] Zugleich legt Otto besonderes Gewicht auf die «Ausdrucks-mittel für das Numinose in der Kunst»[187], zu der Otto die poetische Sprache, die Malerei und die Musik zählt.

3.5 Divination

Diese kommunikationstheoretische Pointe der Theorie des numinosen Gefühls erlaubt es Otto, wie oben beschrieben, das Fries'sche Ahnungstheorem hermeneutisch zu wenden und als Erkenntnisvermögen auch auf

—

183 DH[17], S. 61.
184 DH[17], S. 61.
185 DH[1], S. 62; vgl. DH[17], S. 79 mit geänderter Interpunktion.
186 Vgl. DH[17], S. 81–85, man beachte noch einmal Ottos Hinweis auf die strukturelle Analogie zwischen numinosem Gefühl und dem Erhabenen, a.a.O., S. 82.
187 Vgl. DH[17], S. 85–91.

die Deutung des Materials der Religionsgeschichte zu beziehen. Hermeneutisch gewendet heisst dies Vermögen in «Das Heilige» «Divination».[188]

Das in der KFR als «Ahnung» bezeichnete Vermögen wird folglich seinem Gehalt nach in «Das Vermögen der Divination»[189] mit hineingenommen. Die bereits in der KFR grundgelegte hermeneutische Wendung wird durch die explizit semiologische Ausrichtung dieses Vermögens in «Das Heilige» unterstrichen. Die Divination, so Otto, beziehe sich auf die «Bedeutung [eines Phänomens, HM], ein ‹Zeichen› des Heiligen zu sein»[190]. Die Divination ist damit ein semiologisch-hermeneutisches Vermögen, das die Unterscheidbarkeit des Religiösen auf bewusstseinstheoretischer Ebene vor allem gegenüber der Ästhetik sichern soll. Otto verbindet nun die auf Kant aufbauende Theorie des religiösen Urteils mit der aus seiner Schleiermacher-Rezeption stammendenden Vorstellung, zur Religiosität gehöre eine besondere Begabung. Zwar wird diese Begabung bei Otto in eine allgemein-menschliche «Anlage» transformiert; diese aber wiederum so dargestellt, dass ihre Aktualisierung der «Erweckung» oder «Erregung» bedürfe. «[W]as allgemein-menschlich ist, wird keineswegs allgemein und von jedem Menschen *in actu* besessen.» Die berühmt-berüchtigte Eingangspassage des dritten Kapitels des «Heiligen»

> «1. Wir fordern auf, sich auf einen Moment starker und möglichst einseitiger Erregtheit zu besinnen. Wer das nicht kann oder wer solche Momente überhaupt nicht hat, ist gebeten, nicht weiter zu lesen. Denn wer sich zwar auf seine Pubertäts-gefühle Verdauungs-stockungen oder auch Sozial-gefühle besinnen kann, auf eigentümlich religiöse Gefühle aber nicht, mit dem ist es schwierig Religionskunde zu treiben.»

verweist in sehr viel geringerem Maße darauf, als die von Otto aufgeworfene Frage, ob Schleiermacher, auf den er sich hier bezieht, überhaupt «selber eine eigentlich divinatorische Natur gewesen ist»[191].

---

188 Vgl. DH[17], S. 173ff.

189 DH[1], S. 149.

190 DH[1], S. 150. Otto selbst verweist in diesem Zusammenhang auf die in der KFR entwickelte Theorie der «Ahndung», a.a.O., S. 151.

191 DH[1], S. 155f. Auf die Frage nach Schleiermachers divinatorischer Befähigung folgt ein längerer Passus über Goethe, den Otto in Sachen religiöser Musikalität für Schleiermacher überlegen hält. Die Bedeutung Goethes für Ottos Werk darf nicht unterschätzt werden; es finden sich zahlreiche Referenzen nicht nur in «Das Heilige» sondern auch in den früheren Werken.

Der Ausweis eines solchen Vermögens soll zugleich die Grundlage dafür liefern, das Religiöse trennscharf von nichtreligiösen künstlerischen Äusserungen unterscheiden zu können. Otto selbst stellt explizit den Bezug zu Schleiermacher und Kant her.[192]

Seiner Anverwandlung ihrer Theoriegrundlagen gibt er allerdings eine spezifische Pointe, indem er den Gedanken der Divination einerseits aus dem allgemein-Menschlichen, andererseits aus dem Bereich der Ästhetik herauslöst. Damit gewinnt Otto zwar ein Vermögen zur Erkenntnis wahrer Religion, muss aber zugleich behaupten, dass dieses «sehr häufig nur in Form vorzüglicher Begabung und Ausstattung Einzelner Begnadeter zutage»[193] trete.

D. h., bei der hermeneutischen Wendung des Gefühlsbegriffs führt Otto diejenige Irrationalität in seine Religionstheorie wieder ein, die er mit deren transzendentalphilosophischer Grundlegung nebst deren Erprobung an der Religionsgeschichte hatte gewinnen wollen. Dies könnte, neben allen Vorzügen, eine gewisse Anschlussschwierigkeit seiner Theorie an gegenwärtige Debatten mit sich bringen.

4. Schluss

Mein Beitrag war der Rekonstruktion der Theoriegrundlagen der von Rudolf Otto in «Das Heilige» präsentierten Religionstheorie gewidmet. Dabei konnte gezeigt werden, wie Otto vermittels der Auseinandersetzung mit Kants Ästhetik und Religionsphilosophie über seine Aneignung der Gedanken F. J. Fries' bestimmte theoretische Mängel zu beheben trachtet, die er in der Auseinandersetzung mit dem Werk Schleiermachers schon früh in seinen Ausführungen im Zusammenhang der Neuausgabe der Erstauflage der «Reden» formuliert hatte. Dabei stand die Frage nach dem Gefühlsbegriff im Vordergrund. Anders als Schleiermacher hat Otto für die Religionstheorie in «Das Heilige» bestimmte Gefühle im Blick. Diese sind solcherart, dass sie einen Rückschluss auf ihre Ursache erlauben, insofern sie diese qualitativ abbilden. Zugleich lassen sie Äußerungen des selbstbewussten Subjekts über sich zu. Sie sind also keineswegs einfach «unmittelbar» sondern vielmehr

---

Allerdings harrt eine genauere Untersuchung der Bedeutung Goethes für die Theoriebildung Ottos noch ihrer Aufhellung in einer eigenen Studie.

192 Vgl. etwa DH[17], S. 177.

193 DH[17], S. 178.

«vermittelt» und propositional. Das Gefühl ist nicht einfach irgendeine Emotion, sondern eine, die das Bewusstsein ihrer Spezifizität immer bereits mit sich führen muss, also vermittelt durch eine nicht-begriffliche Reflexion.

Neben der näheren Spezifizierung des religiösen Gefühls führt Otto zugleich hermeneutische Parameter zu dessen Erkenntnis ein, was ihm erlauben soll, eine Theorie der Religionsgeschichte an seine zunächst subjektivitätstheoretisch gehaltene Religionstheorie anzuschließen. Was im Bereich der Phänomenologie gelingt, bringt für die Hermeneutik dort Schwierigkeiten mit sich, wo diejenige Rationalität, die durch die erkenntnistheoretische Aufschlüsselung, transzendentalphilosophische Grundlegung und die Rückbindung an die geschichtliche Wirklichkeit gewonnen wurde, in ein quasi-genialisches besonderes Vermögen zurückgenommen wird.

Die damit verbundene Spannung auf Theorieebene wurde nicht aufgelöst, wohl aber durch ihre werkgenetische Einordnung klarer konturiert und der ihr zugrundeliegenden Intention nach verdeutlicht. Dies zeigt, dass sowohl eine rein deutungstheoretische Lektüre wie auch eine essentialistische oder gar vorkritisch-metaphysische Interpretation von Ottos Werk Anhalt am Text finden können. Diesen Ambivalenzen zum Trotz bietet Rudolf Ottos Religionsphilosophie genügend Anlass zur Reflexion darüber, ob es nicht gerade solche Ambivalenzen sind, die «Religion» als Gegenstand der Theoriebildung wie auch «Religiosität» als Beschreibung eines individuellen Bewusstseins auszeichnen. Gerade in dieser Hinsicht sollte Ottos Werk eine bleibende Anfrage an Kohärenz und Multiperspektivität religionstheoretischer Forschung bleiben.

Literatur

Albrecht, Christian: Schleiermachers Theorie der Frömmigkeit. Ihr wissenschaftlicher Ort und ihr systematischer Gehalt in den Reden, in der Glaubenslehre und in der Dialektik [Schleiermacher-Archiv, Bd. 15], Berlin; New York, 1994.

Alles, Gregory D.: The Rebirth of Cultural Colonialism, in: Temenos 43 (2007), 1, S. 29–51.

Arndt, Andreas: Unmittelbarkeit als Reflexion. Voraussetzungen der Dialektik Friedrich Schleiermachers, in: Kurt-Victor Selge (Hg.): Internationaler Schleiermacher-Kongreß Berlin 1984, Teilband 1 [Schleiermacher-Archiv, Bd. 1, Teilbd. 1], Berlin; New York 1985, S. 469–484.

Axt-Piscalar, Christine: Ohnmächtige Freiheit. Studien zum Verhältnis von Subjektivität und Sünde bei August Tholuck, Julius Müller, Sören Kierkegaard und Friedrich Schleiermacher, Tübingen 1996.

Barth, Roderich: Das Psychologische in der Religionstheorie Rudolf Ottos, in: ders. u. a. (Hg.): Protestantismus zwischen Aufklärung und Moderne. Festschrift für Ulrich Barth, Frankfurt 2005, S. 371–388.

Barth, Ulrich: Schleiermachers »Reden« als religionstheoretisches Modernisierungsprogramm. in: Silvio Vietta; Dirk Kemper (Hg.): Ästhetische Moderne in Europa. Grundzüge und Problemzusammenhänge seit der Romantik. München 1998, S. 441–474.

– Bewußtsein schlechthinniger Abhängigkeit. Anmerkungen zu Konrad Cramers Schleiermacher-Interpretation in: Jürgen Stolzenberg (Hg.): Subjekt und Metaphysik. Konrad Cramer zu Ehren aus Anlaß seines 65. Geburtstages. Göttingen 2001, S. 41–59.

– Theoriedimensionen des Religionsbegriffs. Die Binnenrelevanz der sogenannten Außenperspektiven, in: ders.: Religion in der Moderne, S. 29–87.

Cohen, Hermann: Der Begriff der Religion im System der Philosophie, Gießen 1915.

Cramer, Konrad: Die subjektivitätstheoretischen Prämissen von Schleiermachers Bestimmung des religiösen Bewußtseins, in: Friedrich Schleiermacher. Theologe – Philosoph – Pädagoge, hg. von Dietz Lange, Göttingen 1984, S. 129–162.

Dilthey, Wilhelm: Leben Schleiermachers. Erster Band. Aufgrund des Textes der 1. Auflage von 1870 und der Zusätze aus dem Nachlaß hg. von Martin Redeker, Erster Halbband (1768–1802) [GS XIII/1], Göttingen 1970.

Ellsiepen, Christof: Anschauung des Universums und scientia intuitiva. Die spinozistischen Grundlagen von Schleiermachers früher Religionstheorie; Berlin u. a. 2006.

Fries, Jakob Friedrich: Wissen, Glaube und Ahndung, Jena 1805.

Gooch, Todd A.: The Numinous and Modernity. An Interpretation of Rudolf Otto's Philosophy of Religion [Beihefte zur Zeitschrift für die alttestamentliche Wissenschaft, Bd. 293], Berlin u. a. 2000.

Grove, Peter: Deutungen des Subjekts. Schleiermachers Philosophie der Religion, Berlin u. a. 2006.

Hegel, G. W. F.: Vorwort, in: Hermann Friedrich Wilhelm Hinrichs: Die Religion im inneren Verhältnisse zur Wissenschaft, Heidelberg 1822, S. I–XXVIII.

Heit, Alexander: Versöhnte Vernunft. Eine Studie zur systematischen Bedeutung des Rechtfertigungsgedankens für Kants Religionsphilosophie [FSÖTh 115], Göttingen 2006.

Herbart, Friedrich: Psychologie als Wissenschaft, neu gegründet auf Erfahrung, Metaphysik und Mathematik. Königsberg 1824.

Herms, Eilert: Theologie - eine Erfahrungswissenschaft, Göttingen 1978.

Herrmann, Wilhelm: Die Auffassung der Religion in Cohens und N-atorps Ethik (1909), in: Peter Fischer Appelt (Hg.): Wilhelm Herrmann. Schriften zur Grundlegung der Theologie, Teil 1, München 1966, S. 206–232.

– Ethik, [Grundriss der Theologischen Wissenschaften 5.2] Tübingen [5]1913.

Hirsch, Emanuel: Geschichte der neuern evangelischen Theologie im Zusammenhang mit den allgemeinen Bewegungen des europäischen Denkens, Bd. IV Gütersloh 1952; Bd. V Gütersloh 1954.

Kant, Immanuel: Kritik der reinen Vernunft [Immanuel Kant, Werke in 12 Bänden, Bde. III u. IV], Frankfurt 1968. [KrV]

– Kritik der praktischen Vernunft. Mit einer Einleitung, Sachanmerkungen und einer Bibliographie von Heiner F. Klemme hg. von Horst D. Brandt und Heiner f. Klemme [PhB 506], Hamburg 2003[KpV].

– Kritik der Urteilskraft. Beilage: erste Einleitung in die Kritik der Urteilskraft. Mit Einleitungen und Bibliographie hg. von Heiner F. Klemme. Mit Sachanmerkungen von Piero Giordanetti [PhB 507], Hamburg 2006. [KU]

Kraatz, Martin, Otto, Karl Louis Rudolph, Neue Deutsche Bibliographie, Bd. XIX, hg. Von der Bayerischen Akademie der Wissenschaften, Berlin: Deuncker und Humblot 1999, 709–11.

Lehnerer, Thomas: Selbstmanifestation ist Kunst. Überlegungen zu den systematischen Grundlagen der Kunsttheorie Schleiermachers, in: Kurt-Victor Selge (Hg.): Internationaler Schleiermacher-Kongreß Berlin 1984, Teilband 1 [Schleiermacher-Archiv, Bd. 1, Teilbd. 1], Berlin; New York 1985, S. 409–422.

Meckenstock, Günter: Einleitung des Bandherausgebers, in: Friedrich Daniel Ernst Schleiermacher: Über die Religion (2.–)4. Auflage. Monologen 2.(–4.) Auflage, hg. von Günter Meckenstock, Berlin u. a. 1995 [KGA, 1. Abt., Bd. 12], S. XI–LXXXI.

Moxter, Michael: Zur Eigenart ästhetischer Erfahrung, in: MJbTh XXII: Ästhetik, hg. von Elisabeth Gräb-Schmidt und Reiner Preul, Leipzig 2010, S. 53–78

Tim Murphy: Religionswissenschaft as Colonialist Discourse. The Case of Rudolf Otto, in: Temenos 43 (2007), 1, S. 7–27.

Natorp, Paul: Religion in den Grenzen der Humanität. Ein Kapitel zur Grundlegung der Sozialpädagogik, Freiburg. i. Br.; Leipzig 1894.

Otto, Rudolf: Naturalistische und religiöse Weltansicht, Tübingen 1904.

– Kantisch-Fries'sche Religionsphilosophie und ihre Anwendung auf die Theologie. Zur Einleitung in die Glaubenslehre für Studenten der Theologie, Tübingen 1909 [KFR].

– West-östliche Mystik. Vergleich und Unterscheidung zur Wesensdeutung, Gotha ^{2}1929.

– Das Heilige. Über das Irrationale in der Idee des Göttlichen und sein Verhältnis zum Rationalen (^{17}1931), München 2004 [DH^{17}].

Paulsen, Friedrich: Kant der Philosoph des Protestantismus, in: Kant-Studien 4 (1900), H. 1–3, S. 1–31.

Pfleiderer, Georg: Theologie als Wirklichkeitswissenschaft. Studien zum Religionsbegriff bei Georg Wobbermin, Rudolf Otto, Heinrich Scholz und Max Scheler, Tübingen 1992 [BHTh 82]

Ritschl, Albrecht: Schleiermachers Reden über die Religion und ihre Nachwirkungen auf die evangelische Kirche Deutschlands, Bonn 1874

Jan Rohls: Frömmigkeit als Gefühl Schlechthinniger Abhängigkeit. Zu Schleiermachers Religionstheorie in der «Glaubenslehre», in Kurt-Victor Selge (Hg.): Internationaler Schleiermacher-Kongreß Berlin 1984, Teilband 1 [Schleiermacher-Archiv, Bd. 1, Teilbd. 1], Berlin; New York 1985, S. 221–252.

Schinzer, Reinhard: Rudolf Otto – Entwurf einer Biographie, in: Benz, E.: Rudolf Ottos Bedeutung für die Religionswissenschaft und die Theologie heute, Leiden 1971, S. 1–29.

Scholz, Heinrich: Religionsphilosophie, 1921.

Schleiermacher, Friedrich D. E.: Über die Religion. Reden an die Gebildeten unter ihren Verächtern. Zum Hundertjahr-Gedächtnis ihres ersten Erscheinens in ihrer ursprünglichen Gestalt neu herausgegeben und mit Übersichten und Vor- und Nachwort versehen von Rudolf Otto. Göttingen 1899. [Reden 1899]

– Über die Religion. Reden an die Gebildeten unter ihren Verächtern. Zum Hundertjahr-Gedächtnis ihres ersten Erscheinens in ihrer ursprünglichen Gestalt neu herausgegeben im Jahre 1899, in zweiter Auflage 1906 mit neuer Einleitung versehen von Rudolf Otto. Göttingen 1906. [Reden 1906]

– Kurze Darstellung des theologischen Studiums zum behuf einleitender Vorlesungen (1811/1830). Hg. von Dirk Schmid, Berlin; New York 2002.
– Entwürfe zu einem System der Sittenlehre / nach den Handschriften Schleiermachers neu herausgegeben und eingeleitet von Otto Braun [F.D.E. Schleiermacher, Werke, Auswahl in vier Bänden, Zweiter Band], Leipzig 1913.
– Die christliche Sitte nach den Grundsätzen der evangelischen Kirche im Zusammenhange dargestellt. Aus Schleiermacher's handschriftlichem Nachlasse und nachgeschriebenen Vorlesungen herausgegeben von L. Jonas [Friedrich Schleiermacher's sämmtliche Werke. Erste Abtheilung. Zur Theologie. Zwölfter Band. Friedrich Schleiermacher's literarischer Nachlaß. Zur Theologie. Siebenter Band], Berlin 1843.
– Psychologie (Aus Schleiermacher's handschriftlichem Nachlasse und nachgeschriebenen Vorlesungen herausgegeben von Ludwig George, in: Friedrich Schleiermachers sämmtliche Werke. Dritte Abtheilung. Zur Philosophie. Sechster Band. Friedrich Schleiermachers literarischer Nachlaß. Zur Philosophie. Vierter Band. Berlin 1862)
– Über die Wissenschaftliche Behandlung des Tugendbegriffs (vorgetragen am 4. März 1819). (Abhandlungen der philosophischen Klasse der Königlich-Preußischen Akademie der Wissenschaften aus den Jahren 1818–1819, Berlin 1820, S. 3–24) [Schleiermacher, Friedrich: Kritische Gesamtausgabe, Abt. 1, Bd. 11: Akademievorträge, hg. v. Martin Rößler], Berlin u. a. S. 313–335.
– Über den Unterschied zwischen Naturgesetz und Sittengesetz (vorgetragen am 6. Januar 1825). (Abhandlungen der philosophischen Klasse der Königlichen Akademie der Wissenschaften zu Berlin. Aus dem Jahre 1825, Berlin 1828, S. 15–31) [Schleiermacher, Friedrich: Kritische Gesamtausgabe, Abt. 1, Bd. 11: Akademievorträge, hg. v. Martin Rößler], Berlin u. a. 2002, S. 429–451.
Wagner, Falk: Schleiermachers Dialektik. Eine kritische Interpretation, Gütersloh 1974.
– Theologie im Banne des religiös-frommen Bewusstseins, in: Kurt-Victor Selge (Hg.): Internationaler Schleiermacher-Kongreß Berlin 1984, Teilband 2 [Schleiermacher-Archiv, Bd. 1, Teilbd. 2], Berlin; New York 1985, S. 923–942.
Wendland, Johannes: Neure Literatur über Schleiermacher, in: ThR 17 [1914], S. 133–143.
Wundt, Wilhelm: Grundriß der Psychologie. Engelmann, Leipzig 1896.

Stephanie Gripentrog

Rudolf Otto im Kontext der Entstehungsgeschichte der Religionspsychologie

Die Studien zu Rudolf Ottos Bedeutung für Theologie und Religionswissenschaft, und hier insbesondere im Kontext der Religionsphänomenologie, sind zahlreich. Dem gegenüber steht eine verhältnismäßig geringe Zahl an Untersuchungen[1] zu Ottos Einfluss auf die zu Beginn des 20. Jahrhunderts sich entfaltende Disziplin der Religionspsychologie. Dasselbe gilt umgekehrt auch für die Frage danach, wie Ottos Denken selbst durch Vertreter eben dieser geprägt worden ist. Um aber eine Religionstheorie wie die Rudolf Ottos, die so explizit das Individuum ins Zentrum ihres Interesses stellt, in ihrer tatsächlichen Reichweite sinnvoll erfassen zu können, scheint das Fragen nach deren religionspsychologischen Bezügen nicht nur hilfreich, sondern auch geboten: Denn mit seinem Anspruch, eine Theorie des Bewusstseins zu entwickeln, steht er in unmittelbarer Nähe zu jener religionspsychologischen Forschung, die sich – wie er selbst – das religiöse Individuum zum hauptsächlichen Gegenstand ihrer Überlegungen gemacht hatte.

Es ist daher Ziel der folgenden Ausführungen, auf dieses bislang wenig beachtete Verhältnis einige Schlaglichter zu werfen:

Nach einigen einführenden Bemerkungen zur Situation der Religionspsychologie zu Beginn des 20. Jahrhunderts soll die Bedeutung dieser Disziplin für Ottos Werk dann beispielhaft anhand der Auseinandersetzung mit zwei ihrer meistdiskutieren und -rezipierten Autoren gezeigt werden: Wilhelm Wundt und William James. Mit beiden hat sich Otto explizit im Rahmen seiner religionstheoretischen Überlegungen insbesondere in seinem Hauptwerk *Das Heilige* befasst, und so soll – neben einer kurzen Charakterisierung ihrer für seine Theorie relevanten Ansätze – diese Auseinandersetzung im Zentrum des Interesses stehen. Darauf folgen einige allgemeinere Bemerkungen zum Verhältnis von Theologie und Religionspsychologie um 1900 mit besonderer Berück-

---

1 Zu nennen wäre an dieser Stelle vor allem die jüngst erschienene Dissertation von Machon, Religiöse Erfahrung. Der Verfasser hat den Schwerpunkt seiner Betrachtungen jedoch nicht explizit auf die Rezeptionswege zwischen den genannten Autoren gelegt.

sichtigung des Ortes, den Ottos Religionstheorie darin hat. Den Abschluss bilden einige Hinweise auf die weitere Rezeptionsgeschichte des Otto'schen Ansatzes im Rahmen religionspsychologischer Forschung.

1. Religionspsychologie zu Beginn des 20. Jahrhunderts

Die Etablierung der Religionspsychologie als – sich auch in ihrer Selbstbeschreibung als solche behauptende – eigene Disziplin wird meist mit der ersten systematischen Anwendung empirischer Methoden durch Edwin Diller Starbuck (1866–1947) in seiner Studie «Psychology of Religion» aus dem Jahr 1899[2] in Verbindung gebracht. Zeitgleich arbeitete William James (1842–1910) an einem alternativen, verstehend-beschreibend ausgerichteten Ansatz, der dann in der Veröffentlichung seines bald weltbekannt gewordenen Werks «The Varieties of Religious Experience» im Jahr 1902[3] seinen wichtigsten Ausdruck fand. Von den USA ausgehend also, vor allem mit der Übersetzung des James'schen Werkes ins Deutsche durch den Theologen Georg Wobbermin im Jahr 1907, setzte dann auch die disziplinäre Etablierung einer deutschsprachigen Religionspsychologie in den ersten dreißig Jahren des 20. Jahrhunderts ein[4]. Dieser ging jedoch eine eigene, vom amerikanischen Diskurs unabhängige Vorgeschichte im 19. Jahrhundert voraus: Ähnlich dem wofür die Ansätze James' und Starbucks standen, etablierten sich auch im deutschsprachigen Raum zwei zueinander im Widerstreit stehende Grundrichtungen religionspsychologischen Fragens und Forschens, von denen die eine empirisch-experimentell, die andere verstehend-beschreibend ausgerichtet war. Ersterer sind Autoren wie Wilhelm Wundt (1832–1920) oder Gustav Theodor Fechner (1801–1887) zuzurechnen, für letztere war unter anderem die Arbeit Wilhelm Diltheys (1833–1911) richtungsweisend.

Als Otto «Das Heilige» verfasste, befand sich die Religionspsychologie unter anderem also mitten in einer Diskussion über die Frage nach

---

2 Vgl. Starbuck, Psychology of Religion.

3 James, Varieties.

4 Zur Bedeutung Wobbermins für die Konzeption einer «Religionsphilosophie als dogmatische Psychologie» siehe Pfleiderer, Theologie als Wirklichkeitswissenschaft.

ihrem Status als Natur- oder Geisteswissenschaft.[5] Umso interessanter ist daher, dass er zwei Autoren aufgegriffen hat, die sich als jeweilige Leitfiguren genau dieser beiden unterschiedlichen Lager gegenüberstanden

2. Religionspsychologische Bezugspunkte in Ottos Religionstheorie

2.1. William James

William James gilt bis heute als einer der wichtigsten Autoren der religionspsychologischen Forschung, sein Werk «The Varieties of Religious Experience», das erstmals 1902 in Amerika erschien, wurde seither vielfach neu aufgelegt und rezipiert. Dies gilt nun auch für Rudolf Otto, der sich mit James' Ansatz in «Das Heilige» explizit auseinandergesetzt und ihm einen spezifischen Platz im Rahmen seiner eigenen Religionstheorie zugewiesen hat:

2.1.1. Ottos Bezugnahme auf James

Die Bezugnahme Ottos auf James ist an einer Stelle in *Das Heilige* explizit; und da es zugleich die einzige ist, soll sie hier vollständig zitiert werden:

> «Das ‹Kreatur-gefühl› ist vielmehr selbst erst subjektives Begleitmoment und Wirkung, ist gleichsam der Schatten eines anderen Gefühlsmomentes [...], welches zweifellos *zuerst* und *unmittelbar* auf ein *Objekt außer mir* geht. Das aber ist eben das *numinose* Objekt. [...] Das ist eine so klare Erfahrungstatsache daß sie sich auch dem Psychologen bei der Zergliederung des religiösen Erlebnisses als erste aufdrängen muß. So sagt William James in seinem Buche: Die religiöse Erfahrung in ihrer Mannigfaltigkeit, als er die Entstehung der griechischen Götter-vorstellungen streift, fast naiv: ‹Auf die Frage nach dem Ursprunge der griechischen Götter haben wir hier nicht einzugehen. Aber die ganze Reihe unserer Beispiele führt uns ungefähr zu folgendem Schlusse: Es ist, als wenn im menschlichen Bewußtsein die Empfindung von *etwas Realem*, ein Gefühl von etwas wirklich Vorhandenem, eine Vorstellung von etwas objektiv Existierenden lebte die tiefer und allgemein-

---

5 Die philosophische Grundlegung dieser Unterscheidung und die Ausarbeitung einer Theorie der Geisteswissenschaft unternahm Wilhelm Dilthey in seiner «Einleitung in die Geisteswissenschaften» (Dilthey, Einleitung).

gültiger ist als irgendeine der einzelnen und besonderen Empfindungen, durch welche nach der Meinung der heutigen Psychologie die *Realität* erzeugt wird.› Da ihm von seinem empiristischen und pragmatistischen Standpunkte aus der Weg zur Anerkennung von Erkenntnisanlagen und Ideen-grundlagen im Geiste selber verbaut ist, so muß James dann zu etwas seltsamen und mysteriösen Annahmen greifen, um diese Tatsache zu erklären. Die Tatsache selber aber faßt er klar auf, und er ist Realist genug um sie nicht wegzudeuten.»[6]

An für seine Religionstheorie entscheidender Stelle greift Otto also auf James zurück; nämlich bei der Frage nach dem ontologischen Status des Gegenstandes religiöser Erfahrung. Dabei verläuft Ottos eigene Antwort auf dieses Problem im Wesentlichen auf zwei Ebenen: Die eine betrifft die Ebene der Erkenntnisgrundlagen des Religiösen im menschlichen Geist, die andere die Erscheinungen des Heiligen – Letzteres dann auch verknüpft mit der Frage nach der Fähigkeit des Menschen zur Ahnung bzw. zur Divination[7] als jener Fähigkeit, einer Erscheinung die Deutungs- und Bewertungskategorie des Heiligen dann auch im Sinne eines ‹richtigen› religiösen Urteils zuschreiben zu können.

Was die erste der beiden genannten Ebenen betrifft, vertritt Otto dabei nun einerseits und im Anschluss vor allem an die Auseinandersetzung J. F. Fries' mit der kantischen Philosophie[8] die These, das Heilige sei eine zusammengesetzte Kategorie a priori[9] und insofern im Menschen angelegt im Sinne «einer eigentümlichen numinosen Deutungs- und Bewertungs-kategorie und ebenso [...] einer numinosen Gemütsgestimmtheit die allemal da eintritt wo jene angewandt, das heißt da wo ein Objekt als numinoses vermeint worden ist.»[10] Das Numinose wird damit also als anthropologische Konstante, als im menschlichen Geist angelegt, gedacht. Doch ist es damit nach Otto zugleich nicht unabhängig von ‹externer› Einwirkung. Vielmehr bedarf es bestimmter Objekte, die dieses im Menschen liegende Potential anregen und reizen. Im Rekurs auf die kantische Philosophie stellt Otto dabei jene Objekte jedoch selbst als Erscheinungen des Bewusstseins vor; es geht also nicht um die

---

6 DH[17], S. 11.

7 Otto verwendet beide Begriffe jeweils zur Bezeichnung eines religiösen Urteilsvermögens. Auf die Frage, wie genau sie voneinander unterscheidbar sind, kann an dieser Stelle jedoch nur hingewiesen, ihr kann aber nicht weiter nachgegangen werden.

8 Vgl. KFR.

9 Vgl. DH[17], S. 137.

10 A.a.O., S. 7.

Bestimmung eines «Ding an sich», sondern um die Anwendung jener Deutungs- und Bewertungskategorie auf eben diese Erscheinungen. Dabei unterscheidet Otto nun aber, und das betrifft die zweite Ebene der Argumentation, Objekte, die wahrhafte Erscheinungen des Heiligen sind, von solchen, die diesem nur ähneln, aber dennoch das religiöse Gefühl im Menschen – dem Gesetz der Gefühlsgesellung[11] gemäß – mit anregen können. Diesem Bereich rechnet Otto dann beispielsweise die seines Erachtens unteren Entwicklungsstufen der Religionsgeschichte zu – als Formen von Religiosität, bei denen zwar schon die im Menschen angelegte numinose Deutungs- und Bewertungskategorie zur Anwendung kam, jedoch auf Gegenstände angewandt wurde, die eben doch keine tatsächlichen Erscheinungen des Heiligen waren:

> «Als Zeichen hat von der Zeit der primitiven Religion an immer alles gegolten was imstande war das religiöse Gefühl des Heiligen im Menschen zu reizen, es zu erregen und zum Ausbruch zu bringen [...] Alle diese Umstände aber, so sahen wir, waren nicht Zeichen im echten Sinne sondern nur Gelegenheits-ursachen für das religiöse Gefühl sich aus sich selbst zu regen, und das Verursachende lag in einem Momente bloßer Ähnlichkeit aller dieser Umstände zum Heiligen. Daß sie als wirkliche Erscheinungen des Heiligen selber gedeutet wurden war eine Verwechslung der Kategorie des Heiligen mit etwas ihr nur äußerlich Entsprechendem, war aber noch nicht eine echte ‹Anamnesis›, eine echte Wiedererkennung des Heiligen selber in seiner Erscheinung.»[12]

Was Otto hier beschreibt, ist also die Fähigkeit zu einer religiösen Urteilskraft:

> «Die Möglichkeit aber, die Individuation der Religion zu verstehen und das Dasein von Qualitätsunterschieden und damit auch das Dasein von Wertunterschieden und die Notwendigkeit, zwischen vollkommener und unvollkommener Religion [...] hinsichtlich des eigentümlichen Geistes einer jeden einzelnen zu unterscheiden, war gerade in den Grundlagen der Friesschen Religionsphilosophie [...] ganz unvergleichlich gut gegeben [...] durch seine Lehre vom sittlichen und religiösen Gefühl und von der in beiden ‹freien› Urteilskraft.»[13]

Das Heilige ist also gegeben in Form spezifischer Erscheinungen, die durch die Anwendung der erwähnten Urteilskraft «erkannt» und dann

—

11 DH[17], S. 57ff.
12 A.a.O., S. 172.
13 KFR, S. 124f.

auch von dem ihm nur Ähnlichen unterschieden werden können. Dass Otto dabei jedoch nicht an einem radikalen Subjektivismus gelegen ist, zeigt sich insbesondere an seiner Auseinandersetzung mit Schleiermacher: Denn das numinose «Objekt außer mir»[14] sei eben nicht erst über einen Kausalschluss aus dem zuerst empfundenen Abhängigkeitsgefühl zu rekonstruieren, sondern stattdessen vielmehr umgekehrt als das Erste, das diesem Gefühl Vorausgehende und es überhaupt erst Bedingende, insofern logisch Vorgeordnete, zu denken. Eine gewisse Unklarheit bleibt hier jedoch bestehen: Denn inwiefern geht Otto letzten Endes doch – und damit gegen Kant – von einem objektiv, vom individuellen menschlichen Bewusstsein unabhängig gegebenen Heiligen aus, das dann im Akt dieses Urteilens auch tatsächlich in seiner Substanz, oder – kantisch gesprochen – als «Ding an sich» adäquat erkannt werden kann? Welcher ontologische Status kommt dem zu, was dann im menschlichen Bewusstsein als ein Heiliges erlebt wird? Unabhängig von Ottos Antwort auf diese Frage, deren Klärung an dieser Stelle zu weit führen würde, ist dies nun jedenfalls der Punkt, an dem Otto James ins Spiel bringt:

Denn um den Realitätsstatus dieses Objektes und zugleich auch das damit assoziierte Realitätsempfinden geht es, wenn Otto in der Folge dann affirmativ auf ihn zurückgreift. Welchen Platz aber hat nun dieser Aspekt in der James'schen Religionstheorie selbst? Dem soll im folgenden Kapitel nachgegangen werden.

2.1.2. James' Religionstheorie

William James hat sich an verschiedenen Stellen in «The Varieties of Religious Experience» zur Frage nach der Realität des Gegenstandes religiöser Erfahrung geäußert. Seine diesbezügliche Position ist dabei jedoch zunächst einmal – so schreibt ja auch Otto über ihn – die des Pragmatismus[15]: «An ihren Früchten sollt ihr sie erkennen, nicht an ihren Wurzeln.»[16] Für die Frage nach dem ontologischen Status des Gegenstandes religiöser Erfahrung bedeutet dies aber: Ob und auf welche Weise er *real* ist, spielt in der James'schen Religionstheorie zunächst keine Rolle. Bereits in der ersten der zwanzig Vorlesungen, aus denen

---

14 DH[17], S. 11.

15 James gilt zusammen mit Charles S. Peirce als Begründer der philosophischen Denkrichtung des Pragmatismus in Amerika. Diese hat er vor allem in seiner Schrift: «Pragmatism: A New Name for Some Old Ways of Thinking (James, Pragmatism), niedergelegt.

16 James, Vielfalt, S. 53.

sich «The Varieties» zusammensetzt, diskutiert er die Nähe religiöser zu psychopathischen Erfahrungen. Dabei stellt er explizit fest, dass die Möglichkeit einer klaren Unterscheidbarkeit zwischen beiden nicht wirklich gegeben ist: Vielmehr, so schreibt er, weisen «religiöse Genies» häufig eine «anfällige nervliche Verfassung» auf, die man «normalerweise als pathologisch klassifiziert»; aber: «Im Verlauf ihres Lebens haben ihnen nicht selten gerade diese pathologischen Züge zu ihrer besonderen Autorität und ihrem Einfluß verholfen.»[17] Wodurch also eine solche Erfahrung ausgelöst wurde, worin sie ihren Ursprung hat – ob im Physiologischen, und dort vielleicht sogar im Krankhaften, ist für James nicht das Entscheidende; entscheidend ist vor allen Dingen, welche Früchte eine solche Erfahrung für das Leben dessen trägt, der sie gemacht hat. Wenn sie ihm «*leicht und glücklich*» machen kann, «*was ohnehin notwendig ist*»[18], hat sie ihre wichtigste Funktion für den Menschen erfüllt.

Trotz dieser Grundhaltung setzt sich James dann aber an mehreren Stellen weiter mit der Frage nach der Realität des Gegenstandes religiöser Erfahrung auseinander. Dabei stellt er fest – und an dieser Stelle hat ihn Otto aufgegriffen – dass intensive religiöse Erfahrungen eben stets mit einem spezifischen Realitätsempfinden einhergehen, das sich jeglicher Infragestellung entzieht:

> «Diese Gefühle sind für die, die sie haben, genauso überzeugend wie jede andere unmittelbare sinnliche Erfahrung, und sie sind in der Regel viel überzeugender als alle Ergebnisse, die auf dem Wege der reinen Vernunft gewonnen werden. [...] [W]enn man sie stark hat, kann man sie wahrscheinlich nur als echte Wahrheitserkenntnisse, als Offenbarungen einer Art von Realität betrachten, die kein Gegenargument entkräften kann.»[19]

Vor allem aus dieser Art von intensiven Erfahrungen erwächst dann auch die Kraft der Religion, den Menschen durch krisenhafte Erfahrungen des Lebens hindurch zu tragen, so James. Zugleich hält er jedoch auch hier und weiterhin an der These fest, dass – möge sich eine Erfahrung auch noch so real anfühlen – psychologisch nicht darüber entschieden werden kann und muss, ob es der erfahrene Gegenstand tatsächlich auch ist. Er folgt damit einer Argumentation, die vor allem seit den Studien des Schweizer Psychologen Théodore Flournoy (1854–

---

17 A.a.O., S. 42.
18 A.a.o., S. 84.
19 A.a.O., S. 105.

1921)[20] mit seiner «These vom Ausschluss der Transzendenz»[21] klassisch für die Religionspsychologie geworden ist und damit auch eine deutliche Differenz zum Ansatz Ottos markiert. Doch lässt James die Frage nach der eigentlichen Herkunft jener Erfahrungen schlussendlich nicht konsequent offen. Seine eigene Antwort darauf knüpft er im Wesentlichen an eine Theorie vom Unterbewussten bzw., präziser, vom subliminalen Selbst[22], die er jedoch erst gegen Ende seiner Untersuchungen präsentiert:

> «Ich möchte deshalb die Hypothese aufstellen, daß das ‹MEHR›, mit dem wir uns in der religiösen Erfahrung verbunden fühlen, was immer es auf der *uns abgewandten* Seite sein mag, auf der *uns zugewandten* Seite die unterbewußte Fortsetzung unseres bewußten Lebens ist. Wenn wir so von einer anerkannten psychologischen Tatsache als unserer Basis ausgehen, bleiben wir offensichtlich in einem Kontakt mit der ‹Wissenschaft›, der dem gewöhnlichen Theologen fehlt. Gleichzeitig bleibt die Ansicht des Theologen gewahrt, der religiöse Mensch werde von einer äußeren Macht bewegt, denn es gehört zu den Eigentümlichkeiten von Einbrüchen aus der unterbewußten Region, daß sie eine objektive Erscheinung annehmen und dem Betroffenen eine Einflußnahme von außen suggerieren.»[23]

Mit dieser Argumentation versucht James also zugleich auch ein Brücke zwischen den beiden Disziplinen der Psychologie und der Theologie herzustellen, indem er mit der Erwähnung «was immer es auf der *uns abgewandten* Seite sein mag» zugleich auch den Rahmen für theologische Deutung offen lässt.

---

20 Für die religionspsychologische Forschung ist Flournoy einerseits aufgrund seiner Einführung in die Prinzipien der Religionspsychologie (Flournoy, Principes) von Bedeutung, andererseits – und eigentlich noch mehr – aufgrund seiner Forschungsarbeit zum spiritistischen Medium Hélène Smith (Flournoy, Seherin).

21 Vgl. Flournoy, Principes.

22 James hat dieses Konzept von Frederic William Henry Myers (1843–1901) übernommen, der vor allem für die parapsychologische Forschung dieser Zeit von großer Bedeutung und als solcher auch einer der Gründer der weltweit ersten parapsychologischen Forschungseinrichtung, der «Society for Psychical Research», gewesen ist. Den Ansatz, auf den James zurückgriff, hat Myers zuerst 1891/92 in einem Aufsatz publiziert, Vgl. Myers, Subliminal Consciousness. Vgl. zur Übernahme dieses Konzepts von Myers durch James auch Seibert, Religion.

23 James, Vielfalt, S. 491.

Nicht zuletzt diese Offenheit und seine grundsätzlich religionsapologetische Argumentation waren es dann wohl auch, die James' Religionstheorie so attraktiv für theologische Rezeption machten:

> «Die Methode James' erhält also deshalb den Vorzug, weil sie der Selbständigkeit, der Individualität und der Unableitbarkeit der Religion im Ansatz Rechnung trägt, also alle Punkte betont, die im damaligen Wissenschaftsbetrieb strittig waren und in der theologischen Apologetik verteidigt werden mussten.»[24]

2.2. Wilhelm Wundt

Wilhelm Wundt (1832–1920) steht als Gründer des Instituts für Experimentelle Psychologie an der Universität Leipzig im Jahr 1879 vor allem für die Etablierung der Psychologie als experimentelle Wissenschaft. In seinem wichtigsten Beitrag zur religionspsychologischen Forschung jedoch – der Völkerpsychologie[25] – nahm er Abstand von diesem Zugang und wählte stattdessen eine historische Perspektive, indem er nach der Geschichte der psychologischen Entwicklung von Kollektiven fragte und dabei insbesondere auch die Entstehung und Entwicklung von Religion und Mythos in den Blick nahm. Auch auf ihn hat sich Otto in «Das Heilige» explizit bezogen:

2.2.1. Ottos Bezugnahme auf Wundt

Wie schon im Falle der Auseinandersetzung Ottos mit James soll anhand eines einleitenden Zitates aus «Das Heilige» dessen Bezugnahme auf Wundt exemplarisch gezeigt und dann weiter diskutiert werden:

> «Im Deutschen haben wir das ‹Heiligen› dem Sprachgebrauche der Bibel nur nachgebildet, aber einen eigenen selbstgewachsenen Ausdruck haben wir für die roheren und niederen Vor- und Unterstufen dieses Gefühles, nämlich unser ‹Grauen› und ‹Sich Grauen› [...]. Ich habe seinerzeit in meiner Auseinandersetzung mit Wundts Animismus für die Sache den Namen ‹die Scheu› vorgeschlagen [...]. Von dieser ‹Scheu› und ihrer ‹Roh›-Form, von diesem irgend wann einmal in erster Regung durchgebrochenen Gefühle eines ‹Unheimlichen›, das fremd und neu in den Gemütern der Urmenschheit auftauchte, ist alle religionsgeschichtliche Entwicklung ausgegangen. [...] Und ohne dasselbe als ersten, qualitativ eigentümlichen, aus anderem nicht ab-

---

24 Henning, Funktion der Religionspsychologie, S. 67.
25 Vgl. Wundt, Völkerpsychologie.

> leitbaren Grundfaktor und Grundtrieb des ganzen religionsgeschichtlichen Verlaufes anzuerkennen, sind alle animistischen, magischen und völker-psychologischen Erklärungen der Entstehung der Religion von vornherein auf Irrwegen und führen am eigentlichen Problem vorbei. Nicht aus natürlichen Früchten [...] ist Religion geboren.»[26]

Die Auseinandersetzung Ottos mit Wundt steht damit an einer zweiten zentralen Stelle seiner Religionstheorie: der Frage nach Ursprung, Entwicklung und Entfaltung der apriorischen Kategorie des Heiligen im Rahmen der Religionsgeschichte. Wesentliche Teile in «Das Heilige» sind dem gewidmet; und Otto stellt sich damit auch in den Kontext einer zu diesem Zeitpunkt intensiv geführten Diskussion über Ursprung, Verlauf und Ausgang einer jeweils als universal verstandenen Religionsgeschichte der Menschheit. Insbesondere Wundt bildet dabei nun für Otto einen herausragenden Bezugspunkt: «Auf Wundt und auf seinen Versuch, die Religion aus Animismus herzuleiten, ist in ‹Das Heilige› des Öfteren hingewiesen. Er ist der bedeutendste Versuch, der in dieser Hinsicht gemacht wurde.»[27] Wundts Ansatz ist dabei aber nun Rezeptions- und Reibungspunkt gleichermaßen; denn auch wenn Otto wichtige Aspekte seines religionsgeschichtlichen Modells übernimmt, kritisiert er ihn dennoch zugleich an entscheidender Stelle; nämlich dort wo es um die Frage einer eigenen Qualität jenes Gefühls des Unheimlichen geht, von dem die religionsgeschichtliche Entwicklung ihren Ausgang genommen haben soll.

Denn der Anfang der Religionsgeschichte ist bei Otto selbst nicht wiederum als etwas Historisches gedacht, sondern setzt an bei jenem – ahistorisch verstandenen, daher auch qualitativ eigenen –

> «Quell von Vorstellungs- und Gefühls-bildung der unabhängig von Sinneserfahrung im Gemüte selber liegt [...] eine ‹reine Vernunft› im tiefsten Sinne, die um der Überschwänglichkeit ihrer Gehalte willen auch von der reinen theoretischen und von der reinen praktischen Vernunft Kants noch als ein Höheres oder Tieferes zu unterscheiden ist.»[28]

Dieser «Quell», verortet also im menschlichen Gemüt selbst, ist nach Otto nun der Ausgangspunkt aller möglichen religionsgeschichtlichen Entwicklung. Diese denkt er sich dann als eine Aufwärtsentwicklung, an deren Beginn ein unruhiges Tasten und sehnendes Verlangen, «ein a

---

26 DH[17], S. 16f.

27 Otto, Sensus numinis, S. 257.

28 DH[17], S. 139.

priori Eingestelltsein auf etwas» steht[29], das sich langsam – durch «Reiz und ‹Veranlassung›»[30] von aussen, zunächst «durch weltliche und sinnliche Gegebenheiten und Erfahrnisse»[31], regt und sich dann «anfänglich sogleich naiv und unmittelbar einflechte und einwebe in das Weltlich-Sinnliche selber, bis es dieses in allmählicher Läuterung von sich stößt und es sich selbst schlechthin entgegensetzt».[32] Damit ist, in kurzen Worten, im Wesentlichen der Gang der religionsgeschichtlichen Entwicklung, wie Otto ihn sich denkt, umschrieben: Durch die Affizierung des im Menschen angelegten religiösen Potentials durch äußere, zunächst konkret sinnlich-weltliche Gegenstände wird die Entwicklungsgeschichte der Religion erstmals angestoßen und damit – an dieser Stelle deckt sich Ottos Ansatz mit dem Wundts – klar im Sinne einer Aszendenzgeschichte gedacht. Während dementsprechend die frühen Formen von Religion nur als erstes Tasten, Suchen und Sehnen, als ein Sich-Heften an «*innerweltliche* Gegenstände, Vorkommnisse oder Wesenheiten»[33] verstanden werden – Otto nennt sie zusammenfassend die «Vorreligionen»[34] – entwickeln sich dann Stück für Stück, und zwar «unter dem Drucke des numinosen Gefühles selber»[35] die höheren, vergeistigteren Formen von Religion. Auf der höchsten Entwicklungsstufe verortet Otto dann jene, in denen die zusammengesetzte Kategorie des Heiligen als Numinoses, Sittliches und Rationales zu seiner vollen Entfaltung gekommen ist.

Durch die Berührung dieser von Otto als rein und apriorisch angenommenen Kategorie des Heiligen mit der Welt und weltlichen Objekten also, so könnte vereinfachend gesagt werden, entsteht die religionsgeschichtliche Dynamik. Diese wird dann auch deswegen als eine aufsteigende gedacht, weil Otto das Gefühl des Numinosen selbst als ein «potenzen-reiches Geistiges» denkt, «das sein eigenes Wesen, in dem Maße als die Bedingungen von Organ- und Gehirn-entwicklung gegeben sind, immer reicher hervortut».[36]

---

29 Vgl. a.a.O., S. 240.
30 A.a.O., S. 138.
31 Ebd.
32 Ebd.
33 A.a.O., S. 161.
34 A.a.O., S. 150.
35 A.a.O., S. 161.
36 A.a.O., S. 151.

2.2.2. Wundts Religionstheorie

In vielen Punkten decken sich Ottos und Wundts Ansichten strukturell was die Konzeption des Verlaufs bzw. der einzelnen Phasen der Religionsgeschichte im Sinne einer Aufwärtsentwicklung anbelangt. Wundt geht jedoch von einem anderen Grundverständnis aus, wenn er in der Einleitung zu seiner Völkerpsychologie schreibt, die völkerpsychologischen Erscheinungen gehörten zwar in die Geschichte,

> «aber während die letztere den ganzen Umfang der physischen und geistigen Bedingungen ins Auge faßt, aus denen diese Entwicklung entspringt, um sie danach in ihrem tatsächlichen Verlaufe zu schildern, zergliedert die Völkerpsychologie dieselbe lediglich mit Rücksicht auf die in ihr hervortretenden psychologischen Zusammenhänge und Gesetze.»[37]

Aus dem historisch gegebenen Material soll also auf induktivem Weg eine zusammenhängende Gesetzmäßigkeit rekonstruiert werden, die dann Wundts Ansicht nach in der menschlichen Psyche selbst liegt, anders als bei Otto aber nicht als etwas Apriorisches gedacht wird. Der Annahme einer apriorischen Kategorie des Heiligen bei Otto steht bei Wundt also die Frage nach – hier jedoch nicht spezifisch religiös gedachten – «psychologischen Zusammenhängen und Gesetzen» als jeweiligem Ausgangspunkt religionshistorischer Entwicklung gegenüber.

Den konkreten Gang dieser Entwicklung nun beschreibt Wundt dann als Vertreter der Animismus-Theorie – und damit anders als Otto, der sich in diesem Punkt eher an Robert R. Marretts (1866–1943) Konzept vom Präanimismus hielt[38] – ausgehend vom ersten Auftauchen der Seelenvorstellungen über den Glauben an Tiere als Schutzgeister und den daraus sich entwickelnden Totemismus, den Ahnenkult, den Heroenkult und schließlich die Dämonenvorstellungen bis hin zu den Gottesvorstellungen. Den eigentlichen Schwerpunkt seiner völkerpsychologischen Untersuchungen bilden dabei vor allem jene Vorreligionen (ein Begriff, den – wie bereits erwähnt – auch Otto für diese Phänomene verwendet), deren Weiter- und Höherentwicklung schließlich und überhaupt erst in Religion im engeren Sinne mündet. Die Konstruktion ist damit insgesamt, zumindest aus Sicht Ottos, als epigenetisch zu beschreiben. Aus einfachen Motiven heraus entwickeln sich immer komplexere, aus Sinnlichem wird Übersinnliches:

---

37 Wundt, Völkerpsychologie, S. 2f.

38 «[...] [B]esonders Marrett kommt der Sache auf Haaresbreite nahe», DH[17], S. 17, FN 2.

> «Die natürliche Entwicklung der Religion hat uns von den dunklen Anfängen des vorreligiösen Kultus an in stetiger, in den wesentlichsten Zügen übereinstimmender Fortbildung der Motive bis zu jenen idealen Symbolen emporgeführt, durch die bereits deutlich die religiösen Ideen hindurchscheinen.»[39]

Diesen – zuerst nur schwach durchscheinenden, später zur vollen Entfaltung kommenden – Endpunkt der Entwicklung beschreibt Wundt dann als das

> «Gefühl der Zugehörigkeit des Menschen und der ihn umgebenden Welt zu einer übersinnlichen Welt, in der er sich die Ideale verwirklicht denkt, die ihm als höchste Ziele menschlichen Strebens erscheinen».[40]

Mit der Entstehung solcher Religion ist nach Wundt der End- und Höhepunkt religionsgeschichtlicher Entwicklung erreicht.

Unabhängig von den Differenzen und Gemeinsamkeiten in der konkreten Konzeption dieses Entwicklungsverlaufs interessiert hier nun vor allem Wundts und Ottos Ausgangspunkt der Religionsgeschichte. Denn an die Stelle einer Otto'schen Kategorie a priori setzt Wundt die sogenannte mythologische Apperzeption: So bestünde demzufolge das wesentliche Grunddatum aller Religionsgeschichte darin, dass

> «der Mythus die Gegenstände belebt, daß er die Objekte der umgebenden Welt ebenso wie den Menschen selbst, die Teile seines Leibes wie seine inneren seelischen Vorgänge in empfindende und strebende Wesen verwandelt.»[41] Diese personifizierende Eigenschaft des mythologischen Denkens nun sei allerdings «[...] lediglich ein Ausdruck für die seelischen Vorgänge überhaupt, wenn diese unter dem Gesichtspunkt der Wechselwirkung äußerer Eindrücke mit den Spuren früherer Erlebnisse und unter der besonderen Bedingung betrachtet werden, daß die aus dieser Wechselwirkung entspringenden Resultanten Gefühle und Affekte erwecken, die das wahrnehmende Subjekt in die Objekte projiziert, während es sie doch gleichzeitig als subjektive Erregungen empfindet.»[42]

Wundt beschreibt hier also den Akt der Projektion eigener, menschlicher Affekte in einen Gegenstand der Umwelt hinein, der in der Folge dann als beseelt, personifiziert wahrgenommen wird. Indem er diesen

---

39 Wundt, Völkerpsychologie, S. 746.
40 A.a.O., S. 739.
41 Wundt, Völkerpsychologie, S. 578.
42 A.a.O., S. 579.

Vollzug an den Beginn der Religionsgeschichte bzw. den Beginn der Geschichte der Vorreligionen stellt, ihn aber zugleich nur als «Ausdruck für die seelischen Vorgänge überhaupt» beschreibt, nimmt er der religiösen Erfahrung ihre Spezifik und qualitative Unterscheidbarkeit von anderen seelischen Vorgängen. Und genau an dieser Stelle bringt Otto seine Kritik an Wundt ins Spiel:

Dieser habe Religion nicht aus sich selbst («*Religion fängt mit sich selber an*»[43]), sondern fälschlicherweise «aus anderen Elementen»[44] – im Sinne einer Heterogonie – erklärt. Widersprüchlich sei auch, wie Wundt den Gang der Entwicklung beschrieben habe: «Das Vorangehende trage bereits die notwendigen Bedingungen zum Nachfolgenden in sich und doch sei dieses ein Neues, das, ohne erlebt zu sein, niemals vorauszusagen gewesen wäre.»[45] So setze Wundt den Entwicklungsgedanken nicht konsequent um, sondern beschreibe stattdessen lediglich die Geschichte einer Addition immer neuer, einander eigentlich fremder Vorstellungen – von denen unklar bleibe, worin eigentlich ihr verbindendes Prinzip liege.

Wundt selbst charakterisiert Religion – abgesehen von ihrer inhaltlichen Bestimmung als Gefühl der Zugehörigkeit zu einer übersinnlichen Welt – letztlich als ein Produkt der menschlichen Phantasie:

> «Die letzte Quelle aller Mythenbildung, aller religiösen Gefühle und Vorstellungen ist die individuelle Phantasietätigkeit; jene Gebilde selbst aber besitzen durchaus den Charakter von Phantasieschöpfungen, die sich unter den Bedingungen des Zusammenlebens entwickelt haben.»[46]

An dieser Stelle wird auch deutlich, dass die Berührungspunkte zwischen Otto und Wundt partiell und letztlich doch vor allem auf die Frage der religionsgeschichtlichen Entwicklung beschränkt bleiben, denn mit Phantasieschöpfungen würde Otto seinen Religionsbegriff keinesfalls in Verbindung gebracht haben.

2.3. Zusammenfassung

Wie gezeigt wurde, griff Otto vor allem an zwei entscheidenden Stellen seiner Religionstheorie in «Das Heilige» auf zwei der großen religionspsychologischen Klassiker, James und Wundt, zurück: einerseits beider

---

43 DH[17], S. 160.

44 A.a.O., S. 151.

45 Otto, Sensus numinis, S. 283.

46 Wundt, Völkerpsychologie, S. 3f.

Frage nach dem Gegenstand religiöser Erfahrung und dessen ontologischem Status; konkreter: die Frage nach der objektiven Gegebenheit und Realität des Gegenstandes religiöser Erfahrung; andererseits beider Frage nach der historischen Genese und qualitativen Bestimmung eben dieser Erfahrung.

James hatte, so wurde gezeigt, die ontologische Frage dabei letzten Endes offen gelassen bzw. sich auf die Beschreibung jenes intensiven Realitäts*empfindens* beschränkt, unabhängig davon, wodurch dieses, objektiv betrachtet, jeweils ausgelöst wird. Dementsprechend ging es ihm auch nur um die Erfahrungen von «Menschen in ihrer Abgeschiedenheit, die von sich selbst glauben in Beziehung zum Göttlichen zu stehen»,[47] nicht aber um die Frage, inwiefern sie diese Beziehung auch tatsächlich haben. Ottos affirmativer Rückgriff auf James bezieht sich daher vor allem auf dessen seines Erachtens treffende Beschreibung eben jenes Realitätsempfindens – ein Empfinden, das Otto selbst jedoch, und damit anders als James, durch ein reales, tatsächliches «Objekt außer mir» ausgelöst sieht. Zwar bezieht sich das numinose Gefühl in den frühen Zeiten der religionsgeschichtlichen Entwicklung zum Teil auch auf die «falschen» Objekte, jedoch nimmt Otto trotzdem ein wahrhaft Heiliges als Erscheinung in der Welt an, das erlebt und auf den höheren Stufen der Religion auch als solches unterschieden werden kann – die Fähigkeit hierzu beschreibt er als «Divination».

Wundt war davon ausgegangen, dass am Beginn der Religionsgeschichte die mythenbildende Phantasie und damit eine Beseelung von Objekten (Animismus) steht. Daraus, so die These, hätten sich später alle weiteren Geister-, Dämonen- und Gottesvorstellungen entwickelt. Otto stimmt in dieser Annahme eines religionsgeschichtlichen Aszendenzmodells, das in verschiedenen Phasen verläuft und vom weniger zum höher Komplexen, vom Sinnlichen zum Übersinnlichen, von Vorreligionen bis hin zu Religionen im engeren Sinne verläuft, mit Wundt überein. Jedoch distanziert er sich explizit von Wundts Ablehnung eines religiösen Spezifikums als dem Ausgangspunkt jener religionsgeschichtlichen Entwicklung. Stattdessen geht er von einem qualitativ eindeutig von anderen Gefühlen unterscheidbaren religiösen Gefühl aus, das a priori im Menschen angelegt ist.

Insofern wird deutlich, dass religionspsychologische Theorien für Otto Bezugs-, und Reibungspunkt gleichermaßen waren. Die fundamentale Differenz, die ihn von den hier besprochenen Autoren letzten Endes scheidet, ist dabei jedoch – vereinfachend gesagt – gerade seine Ableh-

---

47 James, Vielfalt, S. 63f.

nung einer vollkommenen Auflösung des Religiösen in rein psychologische Parameter. Dies ist wiederum insofern interessant, als man Ottos Positionierung hier im Kontext einer umfangreicheren Auseinandersetzung der deutschsprachigen Theologie mit religionspsychologischen Ansätzen sehen muss, die unter anderem genau um die Frage nach der Bedeutung der psychologischen Forschung für die Theologie kreisten.

3. Theologie und Religionspsychologie zu Beginn des 20. Jahrhunderts

In einem 1998 erschienen Aufsatz[48] hat Christian Henning versucht, zwei große Trends innerhalb der Positionierung der protestantischen Theologie gegenüber der Religionspsychologie zu skizzieren, die im Folgenden kurz zusammengefasst werden sollen und in deren Kontext dann auch der Otto'sche Ansatz – den Henning selbst erstaunlicherweise jedoch nicht erwähnt – zu verorten ist.

Als den Ausgangspunkt der Diskussionen markiert Henning die «Rationalitätskrise» der Theologie um 1900 und die dadurch angestoßene Auseinandersetzung mit der Religionspsychologie, die sich seines Erachtens «nicht nur als Indiz einer solchen Krise lesen läßt, sondern auch als Versuch gedeutet werden kann, eben dieser Krise zu entkommen».[49]

Eine der Haltungen, die sich innerhalb der theologischen Diskurse dieser Zeit gegenüber der Religionspsychologie abzeichnete, fasst Henning dementsprechend im Sinne einer Dienstbarmachung religionspsychologischer Argumentationen für religionsapologetische Zwecke zusammen: Denn durch den Erweis der individual- und sozialpsychologischen Nützlichkeit der Religion – ein zentrales Thema religionspsychologischer Forschung dieser Zeit – sowie die Beschreibung von Religion als notwendigen Bestandteil menschlichen Lebens könne die Religionspsychologie letzten Endes auch theologische Anliegen stützen und untermauern. Das Besondere und Neue daran erblickte man insbesondere im Bezug der Psychologie zur Empirie, durch den sie klassisch dogmatischen Argumentationsweisen gegenüber eindeutig im Vorteil sei bzw. diesen jedenfalls eine zusätzliche empirische Fundierung geben könne. Von der positiven Rezeption religionspsychologischer Forschung versprachen sich ihre Befürworter also auch eine Modernisierung und Ver-

---

48 Henning, Funktion der Religionspsychologie.

49 Henning, Funktion der Religionspsychologie, S. 27.

wissenschaftlichung der Theologie. Und so traten schließlich manche Theologen dieser Zeit für eine Einverleibung der Religionspsychologie in die Theologie ein; wobei dann jeweils unterschiedliche Beziehungskonstellationen bzw. Grade der Nähe zwischen beiden postuliert wurden: Von einer religionspsychologischen Vertiefung und Erweiterung der theologischen Disziplinen ist da die Rede (Rudolf Wielandt), aber sogar auch – und umfassender – von der Religionspsychologie als neuer theologischer Leitwissenschaft (Oskar Pfister, Gustav Vorbrodt), die dann auch zu einer Reformulierung der Dogmatik und zu einer Neufassung der Apologetik führen müsse.

Einer solchen positiven Grundhaltung stand andererseits die Sorge vor einer Übernahme genuin theologischer Themen in das Feld der Religionspsychologie gegenüber, wo jene dann im Sinne einer an materialistischen Paradigmen ausgerichteten Wissenschaft Opfer psychologistisch-religionskritischer Zersetzung werden könnten. Dies sei insbesondere da zu befürchten, wo die Religionspsychologie sich nicht mehr in den Dienst der Theologie stelle, sondern sich als autonome Wissenschaft von dieser abgrenze. Das disziplinäre Verhältnis wurde hier als ein Konkurrenzverhältnis bestimmt; und dies insbesondere da, wo religionspsychologische Forschung selbst normativ zu werden schien. Das war nach Wahrnehmung mancher Autoren vor allem im Hinblick auf den Religionsbegriff der Fall: Denn wo Religionspsychologie beispielsweise Religion auf der Grundlage ihrer eigenen statistisch-empirischen Datenerhebungen neu und anders zu definieren suchte, bewegte sie sich nach theologischer Auffassung eigentlich im Bereich einer Fragestellung, für die sie weder zuständig sein sollte noch konnte: Schließlich gebe es, so die These, von der Beobachtung vieler Einzelfälle kein Hinkommen zur Möglichkeit einer verallgemeinerbaren Religionstheorie, da auf diesem Wege niemals ein religiöses Spezifikum ermittelt werden könne. Dementsprechend wurde – hier wiederum als Ausgangspunkt für eine dann durchaus positiv verstandene disziplinäre Kooperation – die Einschränkung der Religionspsychologie auf deskriptive und empirische Verfahren eingefordert; unter Ausklammerung normativer Ansprüche (Otto Scheel, Ernst Troeltsch, Emil Pfenningsdorf): «Die Religionspsychologie habe keinesfalls die Wahrheits- und Wertfrage, ja auch nicht einmal die psychodiagnostische Frage der Gesundheit oder Krankheit der religiösen Phänomene zu stellen»,[50] denn «das transzendentale, das erkenntnis-

---

50 Henning, Funktion der Religionspsychologie, S. 42.

theoretische, das Gültigkeitsproblem ist ein prinzipiell anderes als das psychologie-genetische Problem».[51]

Die Diskussion rieb sich insofern also vor allem am Problem eines Religiösen *sui generis*, das die theologischen Befürworter der Religionspsychologie auch mit den neuen empirisch-psychologischen Methoden für belegbar hielten, während ihre Kritiker es genau durch jene Psychologisierung und Empirisierung in seinem *sui-generis*-Charakter bedroht und es sich dadurch auch aus der Hand genommen sahen.

An dieser Stelle lässt sich nun auch Ottos eigene Auseinandersetzung mit den hier diskutierten Autoren der Religionspsychologie einfügen; war es doch auch bei ihm letztlich vor allem der Verweis auf den *sui-generis*-Status des Religiösen, den er als deutlichsten Unterschied zu – in diesem Fall vor allem Wundt – markiert hatte. Doch wie steht Otto – abgesehen von seinem bereits beschriebenen Verhältnis zu Wundt und James – generell zur Religionspsychologie? Ihre Methode und ihren Gegenstand hat er an prominenter Stelle – im Vorwort seiner «Kantisch-Fries'schen Religionsphilosophie» von 1909 – selbst explizit definiert: Nur durch die Innenschau, die Selbstbeobachtung des religiösen Bewusstseins, sei es möglich, das zu erfahren, was sich dann als

> «das eigentümliche religiöse heraushebt aus den übrigen [...] Auf diese Weise wird zunächst ein empirischer Begriff gewonnen von Religion und ihrer allgemeinen Art und Wesen, von der Eigenart religiösen Erlebens [...] diese erste Arbeit läßt sich in etwa bezeichnen mit dem nicht ganz einwandfreien Ausdrucke von ‹Religionspsychologie›».[52]

Auf diese Weise sei ein Paradigma gewonnen, mit dessen Hilfe sich dann auch das Gebiet der historischen Entwicklung der Religionsgeschichte erschließen ließe. In gegenseitiger Läuterung und Ergänzung könnten auf diese Weise Religionsgeschichte und Religionspsychologie schließlich zu einer Annäherung an die Klärung der Frage kommen, was Religion sei.[53] Otto scheidet dieses Unternehmen dann aber von einem religions*philosophischen* im engeren Sinne, das er bestimmt als die Beantwortung der Frage «Was ist die Wahrheit der Religion?»[54] und der er dann auch seine weiteren Ausführungen vor allem im Zusammenhang mit Fries widmet. Da er am Ende beide Wege wieder miteinander

—

51 Mayer, Religionspsychologie, S. 319.

52 KFR, S. V.

53 A.a.O., S. Vf.

54 A.a.O., S. VI.

vereinigen wird,[55] betrifft die Differenz vor allem die Tatsache zweier verschiedener Ausgangspunkte: Im einen Fall ist der Ausgangspunkt ein – wie Otto selbst ihn nennt – empirischer (Innenschau und Geschichte – also Religionspsychologie und Religionsgeschichte), im anderen ein philosophischer, in Anlehnung an die Arbeit der Kritik der Vernunft.[56] Damit hat Otto der Religionspsychologie aber auch einen klaren Platz in seiner Religionstheorie zugewiesen: Sie ist nicht das erste, auch keine Leitdisziplin, sondern nur ein Teilbereich jenes Nachdenkens, an dessen Ende für ihn die Erkenntnis steht, «daß diese durch Kritik der Vernunft aufgewiesenen Geistesvermögen und dieser ‹metaphysische Gehalt› in eben dem lebendig sind, was dort empirisch-induktiv als Wesen der Religion aufgefaßt wurde.»[57]

4. Zur Rezeption Rudolf Ottos in der religionspsychologischen Forschung

Zahlreiche Autoren der Religionspsychologie haben Ottos Ansatz aufgegriffen und weitergeführt. Dies zeigt beispielsweise die Studie von Villiam Grønbaek, der 1970 vierundzwanzig religionspsychologische Untersuchungen analysiert hat; unter den in diesen Arbeiten indizierten Autoren ist – so stellt Grønbaek fest – William James der meistzitierte, doch schon an zehnter Stelle folgt Rudolf Otto.[58] Auch Ulrich Mann merkte in seiner «Einführung in die Religionspsychologie» von 1973 an, Ottos Bedeutung für diese Disziplin sei kaum zu überschätzen.[59]

So zitierte beispielsweise Wilhelm Koepp, einer der Klassiker der frühen deutschsprachigen Religionspsychologie, schon 1920 Rudolf Ottos Studie zum Heiligen als herausragendes Beispiel für den empirisch-deskriptiven Ansatz in der Religionspsychologie und hat sich in der Erarbeitung seines eigenen Schemas einer interpretativen Religionspsychologie stark an Otto orientiert.[60] 1938 setzte sich Ernst Rolffs in einer Rudolf Otto gewidmeten Untersuchung mit der Frage nach der Phantasie in der Religion auseinander.[61] Später war es beispielsweise Alfons

---

55 Vgl. A.a.O., S. 194.
56 Vgl. Ebd.
57 A.a.O., S. 195.
58 Vgl. Grønbaek, Heutige Lage.
59 Vgl. Mann, Einführung, S. 37.
60 Vgl. Koepp, Einführung.
61 Vgl. Rolffs, Phantasie.

Bolley, ein Schüler Werner Gruehns und damit in der Tradition der deskriptiv orientierten Dorpater Schule stehend, der im Rahmen seiner Studien die empirische Evidenz für Ottos Motiv der Kontrastharmonie zu belegen versuchte.[62] 1965 schließlich hat Maria Bindl in ihrer Studie zum religiösen Erleben im Spiegel der Bildgestaltung das untersuchte Material im Rahmen des Ansatzes von Rudolf Otto theoretisch zu deuten versucht.[63]

Abgesehen von den eben genannten – dem religionspsychologisch weniger Versierten wohl nicht unbedingt bekannten – Autoren war es dann aber vor allem auch Carl Gustav Jung (1875–1961), der Ottos Begriff des Numinosen aufgegriffen hat. So steht etwa in einem 1945 verfassten Brief Jungs, der später auch in seiner Biographie «Bild und Wort» abgedruckt wurde, zu lesen:

> «Sie haben ganz recht, das Hauptinteresse meiner Arbeit liegt nicht in der Behandlung von Neurosen, sondern in der Annäherung an das Numinose. Es ist jedoch so, daß der Zugang zum Numinosen die eigentliche Therapie ist, und insofern man zu den numinosen Erfahrungen gelangt, wird man vom Fluch der Krankheit erlöst. Die Krankheit selber nimmt numinosen Charakter an.»[64]

Bekannt ist außerdem, dass der Eranos-Kreis, der jährlich in Ascona auf dem Monte Verità tagte und für dessen Ausrichtung Jung eine Schlüsselfigur war, sogar seine Namensgebung Rudolf Otto zu verdanken scheint.[65]

Diese und viele weitere Bezugnahmen auf Ottos Werk lassen sich also nennen, die hier jedoch nicht weiter ausgeführt werden können. Stattdessen bleibt mit David M. Wulff, dem Autor des derzeit wichtigsten Standard-Einführungswerks zur Religionspsychologie, zusammenfassend zu sagen: «Whether or not Otto overgeneralized his analysis and thus overlooked other important forms of religion, as some of his critics say, he has clearly and profoundly affected generations of scholars.»[66]

---

62 Vgl. Bolley, Gotteserleben.

63 Vgl. Bindl, Das religiöse Erleben.

64 Jaffé, Jung, S. 123. Den Bezügen zwischen Otto und Jung weiter nachzugehen hätte den Rahmen dieser Arbeit gesprengt, daher muss es an dieser Stelle beim oben genannten Verweis bleiben.

65 Vgl. Wasserstrom, Religion after Religion, S. 36.

66 Wulff, Psychology of Religion, S. 578.

Literatur

Bindl, Maria F.: Das religiöse Erleben im Spiegel der Bildgestaltung: Eine entwicklungs-psychologische Untersuchung, Freiburg 1965.

Bolley, Alfons: Das Gotteserleben in der Betrachtung, in: Geist und Leben 22 (1949), S. 343–356.

Dilthey, Wilhelm: Einleitung in die Geisteswissenschaften. Versuch einer Grundlegung für das Studium der Gesellschaft und ihrer Geschichte [Gesammelte Schriften 1], Leipzig u. a. 1914.

Flournoy, Théodore: Les principes de la psychologie religieuse, in: Archives de Psychologie 2 (1903), S. 33–57.

– Die Seherin von Genf. Mit Geleitwort von Max Dessoir, autoris. Übersetzung, Leipzig 1914.

Grønbaek, Villiam: Die heutige Lage der Religionspsychologie, in: Theologische Literaturzeitung 95 (1970), S. 321–327.

Henning, Christian: Zur Funktion der Religionspsychologie in der Protestantischen Theologie um 1900, in: ders.; Nestler, Erich (Hgg.): Religion und Religiosität zwischen Theologie und Psychologie. Bad Boller Beiträge zur Religionspsychologie [Einblicke. Beiträge zur Religionspsychologie 1], Frankfurt u. a. 1998, S. 27–78.

Jaffé, Aniela: C. G. Jung in Bild und Wort, Olten; Freiburg 1977.

James, William: Die Vielfalt religiöser Erfahrung, Frankfurt a. M.; Leipzig 1997.

– Pragmatism: A New Name for Some Old Ways of Thinking, New York 1907.

Koepp, Wilhelm: Einführung in das Studium der Religionspsychologie, Tübingen 1920.

Machon, Henryk: Religiöse Erfahrung zwischen Emotion und Kognition: William James', Karl Girgensohns, Rudolf Ottos und Carl Gustav Jungs Psychologie des religiösen Erlebens, München 2005.

Mann, Ulrich: Einführung in die Religionspsychologie, Darmstadt 1973.

Mayer, Emil W.: Über Religionspsychologie, in: ZThK 18 (1908), S. 293–324.

Otto, Rudolf: Kantisch-Fries'sche Religionsphilosophie und ihre Anwendung auf die Theologie. Zur Einleitung in die Glaubenslehre für Studenten der Theologie, Tübingen 1909.

– Das Heilige. Über das Irrationale in der Idee des Göttlichen und sein Verhältnis zum Rationalen., ND der 17. Aufl. von 1931 [Beck'sche Reihe 328], München 2004.

– Der Sensus numinis als geschichtlicher Ursprung der Religion, in: Colpe, Carsten (Hg.): Die Diskussion um das ‹Heilige›, Darmstadt 1977, S. 257–301.

Pfleiderer, Georg: Theologie als Wirklichkeitswissenschaft. Studien zum Religionsbegriff bei Georg Wobbermin, Rudolf Otto, Heinrich Scholz und Max Scheler [BHTh 82], Tübingen 1992.

Rolffs, Ernst: Die Phantasie in der Religion, Berlin 1938.

Seibert, Christoph: Religion im Denken von William James: eine Interpretation seiner Philosophie, Tübingen 2009.

Starbuck, Edwin D.: The Psychology of Religion. An Empirical Study of the Growth of Religious Consciousness. London 1899.

Wasserstrom, Steven: Religion after Religion: Gershom Sholem, Mircea Eliade and Henry Corbin at Eranos, Princeton 1999.

Wulff, David M.: Psychology of Religion. Classic and Contemporary, 2. Aufl., Hoboken 1997.

Wundt, Wilhelm: Völkerpsychologie. Eine Untersuchung der Entwicklungsgesetze von Sprache, Mythus und Sitte, Erster Band: Die Spra che, Erster Teil, zweite, umgearbeitete Auflage, Leipzig 1904.

– Völkerpsychologie. Eine Untersuchung der Entwicklungsgesetze von Sprache, Mythus und Sitte, Zweiter Band: Mythus und Religion, Erster Teil, Leipzig 1905.

– Völkerpsychologie. Eine Untersuchung der Entwicklungsgesetze von Sprache, Mythus und Sitte, Zweiter Band: Mythus und Religion, Dritter Teil, Leipzig 1909.

Stefan S. Jäger

Das Heilige und die Religionsgeschichte – Rudolf Otto und Nathan Söderblom

1. Einführung und Fragestellung

Es ist in der Forschung, wenn auch erst relativ spät, bemerkt worden, dass neben Rudolf Otto auch Nathan Söderblom den Begriff des Heiligen zum Leitbegriff religions-phänomenologischer Forschung gemacht hat.[1] So bemerkt z. B. Fritz Stolz in seiner Einführung «Grundzüge der Religionswissenschaft» etwas unpräzise: «Zwei Forscher betonen ungefähr zur selben Zeit, daß der Unterschied zwischen heilig und profan das Wesen der Religion ausmache.»[2] Bei genauerer Betrachtung muss jedoch Söderblom in der Verwendung des Heiligkeitsbegriffs als religiöse Grundkategorie die zeitliche Priorität vor Otto eingeräumt werden, wie z. B. Betislav Horyna[3] und jüngst wieder Dietz Lange betonen.[4]

---

1 Lanczkowski, Heiligkeit I. Religionsgeschichtlich. Lanczkowski weist zwar auf die zeitliche Priorität Söderbloms hin, betont aber, dass Ottos «Das Heilige» nicht durch Söderblom angeregt worden sei. Die wissenschaftliche Diskussion um den Heiligigkeitsbegriff sei auch wesentlich von Otto angestoßen worden (a.a.O., S. 696). Als Beispiel mag die bekannte Studie von Mircea Eliade «Das Heilige und das Profane. Vom Wesen des Religiösen» gelten. Eliade nimmt seinen Ausgang explizit bei R. Otto, Söderblom allerdings erfährt keine Erwähnung, obwohl Eliade bewusst (etwas plakativ) über Otto hinausgehen und «das Heilige in seiner Totalität» beschreiben will (Eliade, Das Heilige und das Profane, S. 14).

2 Stolz, Grundzüge der Religionswissenschaft, S. 19 (1. Aufl. 1988, S. 18f.). Auch die zentrale Differenz von heilig und profan findet sich natürlich bereits bei E. Durkheim (vgl. weiter unten).

3 Horyna, Söderblom.

4 «[...] Rudolf Otto, der unabhängig von Söderblom schon auf der selben Spur war, hat darauf aufgebaut.» (Lange, Die Vermittlung des Heiligen, S. 175; ders.: Söderblom, S. 257). Die These, dass Otto auf Söderbloms Einsichten aufgebaut habe, wiederholt Lange 2011 nicht mehr explizit. Vielmehr betont er, dass man nicht dem Fehler erliegen dürfe «Otto zum bloßen Epigonen Söderbloms zu erklären.» (Lange, Söderblom, S. 257).

Während der Vorbereitung der Druckfassung dieses ursprünglich als Vortrag gehaltenen Beitrags erschien die umfassende Söderblom-Monogra-

Allerdings, so nimmt Stolz an, wurde Söderbloms Entwurf aufgrund der exponierten Bedeutung, die Rudolf Ottos Hauptwerk «Das Heilige» (1917) erlangte, kaum Beachtung geschenkt.[5] Daneben mag auch der Umstand eine Rolle gespielt haben, dass Söderblom als Religionswissenschaftler ab 1914 in den Schatten seiner eigenen Bedeutung als Erzbischof von Schweden sowie seines Engagements für die Entstehung der Ökumenischen Bewegung geriet. Ebenso dürfte das Aufkommen der Dialektischen Theologie nach dem Ersten Weltkrieg eine breitere Rezeption verhindert haben.[6]

In diesem Beitrag werfe ich zunächst ein kurzes Schlaglicht auf die Wirkungsgeschichte von Rudolf Ottos Heiligkeitsbegriff innerhalb der religions*ethnologischen* Forschung. Von da aus rückwärtsgehend, soll die Vorgeschichte der Etablierung des Heiligen als religiöse Grundkategorie in historischer Perspektive in den Kontext der zeitgenössischen Debatten über den Ursprung der Religion bzw. der Anfänge der Religionsgeschichte und der damit verbundenen verschiedenen Hypothesenbildungen eingezeichnet werden. In diesem Kontext möchte ich schließlich das Verhältnis zwischen Söderblom und Otto näher beleuchten und der Frage der Bedeutung Söderbloms für Ottos Entwurf nachgehen.

2. Rudolf Ottos Rezeption in der Religionsethnologie – ein Beispiel

In der Ethnologie bzw. Kulturanthropologie mit dem Spezialgebiet der Religionsethnologie hat sich der Begriff des Heiligen sowie die Grund-

—

phie von Dietz Lange «Nathan Söderblom und seine Zeit» (Göttingen 2011), die wohl bis auf Weiteres als Standardwerk gelten darf und die das lang bestehende Desiderat einer wissenschaftlichen Gesamtdarstellung erfüllt. Darin ist auch ein Abschnitt über den Begriff des Heiligen bei Söderblom und dessen Verhältnis zu Otto enthalten (S. 247–262), auf den ich mich im Wesentlichen beziehe.

5 Stolz, Grundzüge², S. 20.

6 Das legt sich allein schon durch den Titel von Söderbloms Beitrag «Natürliche Theologie und Allgemeine Religionsgeschichte» von 1913 nahe, in dem er der Religionsgeschichte die Funktion der «natürlichen Theologie» zuschreibt: «Die Geschichte der natürlichen Theologie und der Tatbestand der Religionsgeschichte veranlassen uns zu der These: an die Stelle der Lehre von der natürlichen Theologie der älteren Dogmatik soll nunmehr die allgemeine Religionsgeschichte treten.» (Söderblom, Natürliche Theologie, S. 79).

unterscheidung von heilig und profan allgemein durchgesetzt. Man darf wohl sagen, dass Nathan Söderblom und Rudolf Otto in der Ethnologie größere Resonanz gefunden haben als in der Theologie. Insbesondere Rudolf Ottos Begriffsbildungen, wie das Numinose, *fascinans* und *tremendum* setzten sich durch. Als Beispiel soll die Religionsethnologie von Josef Franz Thiel aus dem Jahr 1984 dienen.

In dem religionstheoretischen Einleitungskapitel unter der Überschrift «Der Mensch und das Religiöse» heißt es bei Thiel:

> «Es ist schwer zu sagen, woran der Mensch das Numinose, Außermenschliche erkennt. Oft spürt der Mensch bei der Begegnung mit dem Numinosen besonders stark seine Geschöpflichkeit, seine Sündhaftigkeit; in Naturreligionen ist es oft seine existentielle Abhängigkeit.»[7]

Der Bezug auf Rudolf Otto ist sowohl terminologisch als auch inhaltlich offensichtlich, auch wenn Otto nicht genannt wird. So wundert es dann auch nicht, dass nach Beispielen für diese «Begegnung mit dem Numinosen» (Lukas 5,1–11 wird als biblisches Beispiel angeführt) die Begriffe *Tremendum* und *Faszinosum* eingeführt werden.[8] Umso erstaunlicher (und enttäuschender) ist es, dass jede Referenz auf Rudolf Otto fehlt. Selbst im Literaturverzeichnis und im Register taucht sein Name nicht auf! Andererseits mag dieser Sachverhalt aufzeigen, dass Ottos Ideen und Begriffe zu Allgemeingut geworden sind.

3. Die zeitgenössische Debattenlage zur Frage nach dem Ursprung der Religion[9]

Ab der Mitte des 19. Jahrhunderts wurde der Evolutionsgedanke auch in den jungen Religions- und Kulturwissenschaften zum Leitmodell der in der Regel, aber nicht ausschließlich[10] naturalistischen Theoriebildun-

—

7 Thiel, Religionsethnologie, S. 11.

8 A.a.O., S. 12f. Otto selbst gebraucht in der Erstauflage des «Heiligen» den Begriff «Fascinosum», in der heute üblicherweise zitierten 17. Auflage den Begriff «fascinans» (den Hinweis verdanke ich Harald Matern); «Faszinosum» wohl als Analogiebildung zu Tremendum.

9 Vgl. zum Folgenden auch Thiel, Religionsethnologie, S. 19–40, und zum Hintergrund für das Verständnis des Werkes von Söderblom Lange, Söderblom, S. 227–243.

10 Man denke z. B. an P. Wilhelm Schmidts Urmonotheismus-These (Schmidt, Ursprung der Gottesidee).

gen. Einer der Grundgedanken war hierbei, dass von den rezenten Altvölkern und deren Religion das Anfangsstadium von Religion abgeleitet werden könne und so Aussagen über das Entstehen von Religion überhaupt möglich würden. Von den «Primitiven» mit ihrer primitiven Religion und Kultur im Unterschied zur Zivilisation und deren (monotheistischen) Hochreligionen zu sprechen, war gängige Terminologie (ohne zwingend pejorative Konnotation), der wir auch bei Söderblom und Otto begegnen.

Im Zuge der Expansion westlicher Mächte im 19. Jahrhundert und deren Kolonialpolitik (Afrika, Indien, Sibirien, Ozeanien), wuchs das Interesse an exotischen, bisher nicht oder kaum bekannten Ethnien. Und insbesondere die ethnologischen Beschreibungen christlicher Missionare, die naturgemäß ein besonderes Interesse an den religiösen Vorstellungen und Praktiken der Einheimischen hatten, und die durch jahrelange Aufenthalte in der Regel auch der Sprache mächtig waren, bildeten die Datenbasis für die Theoriebildungen, die dann jedoch häufig von Gelehrten ohne eigene Feldforschung generalisiert und zu Allgemeingültigkeit beanspruchenden Theoriegebäuden ausgestaltet wurden.[11] Ein exponiertes Beispiel hierfür ist die Religionsphänomenologie von Gerardus van der Leeuw, der, ausgehend von den Arbeiten des Missionars Robert Henry Codrington[12] und besonders der Studie von Friedrich Rudolf Lehmann zum Mana-Begriff der Melanesier[13], noch 1956 die Religion

—

11 Ein Beispiel dafür, wie auch Otto den Bericht eines Missionars zur Erhärtung seiner allgemeinen Theorie heranzog, findet sich in «Das Heilige», Kapitel 22: «Divination im heutigen Christentume» (DH^{17}, S. 189–190).

12 Codrington, The Melanesians.

13 Lehmann, Mana. Die Arbeit wurde aufgrund der Gutachten von Karl Weule und Wilhelm Wundt angenommen. Im Vorwort spricht Lehmann auch ausdrücklich seinen Dank an Nathan Söderblom aus. Die Arbeitszusammenhänge von Wundt, Söderblom und Lehmann im Blick auf das Themenfeld Heiligkeit, Mana und Tabu wären einer genaueren Untersuchung wert. 1922 erschien eine erweiterte Neubearbeitung dieser Dissertation unter dem Titel «Mana: Der Begriff des ‹außerordentlich Wirkungsvollen› bei Südseevölkern» als zweiter Band der Reihe «Ethnographie und Ethnologie» des Instituts für Völkerkunde, Leipzig.

Dietz Lange erwähnt in seiner Darstellung die Arbeit von Lehmann nicht. Lange macht die Beobachtung, dass in Söderbloms «Werden des Gottesglaubens» (1914; dt. 1916) der Heiligkeitsbegriff nicht mehr so sehr von «Tabu», sondern von «Mana» her konzipiert sei; und er schließt die Vermutung an, dass der Mana-Begriff Söderblom erlaube «den Aspekt der Lebensspendung und der Fundierung der Gemeinschaft durch das Heilige deutli-

überhaupt aus dem Begriff der «Macht» zu erklären suchte.[14] Doch zunächst noch einmal zurück.

Einer der exponiertesten Vertreter eines religionsgschichtlichen Evolutionismus war Sir Edward Burnett Tylor (1832–1917), der in seinem zweibändigen Hauptwerk «Primitive culture. Researches into the development of mythology and philosophy, religion, art and custom» (London 1871) den Begriff des Animismus einführte. Der Seelenglaube habe sich durch die Traumerfahrung entwickelt, in dem die Erfahrungen des sogenannten Traum-Ego als real angesehen werden. Als Minimaldefinition von Religion nennt Tylor: «Belief in spiritual beings.»[15] Die Animismus-These Tylors hat wie keine andere die weitere Forschungsgeschichte geprägt.

Ein Jahr vor Tylor, 1870, hatte Sir John Lubbock (1834–1913) seine Studie «The Origin of Civilization and the Primitive Condition of Man, Mental and Social Condition of Savages.» (4. Aufl. 1878) veröffentlicht und darin ein Entwicklungsschema der Religion postuliert: «1. Atheismus (die Existenz Gottes wird nicht geleugnet, aber es gibt noch keine Gottesidee). 2. Fetischismus, 3. Naturanbetung oder Totemismus, 4. Schamanismus, 5. Idolatrie oder Anthropomorphismus, 6. Gott als Urheber, 7. Gott als Quelle der Moral.»[16]

Der Gegenentwurf zu dem Evolutionismus von Lubbock und Tylor stammt von Andrew Lang (1844–1912)[17] mit seiner Theorie der «Höchsten Wesen/supreme beings» in «The Making of Religion» 1898 und insbesondere von P. Wilhelm Schmidt SVD (1868–1954). Schmidt versuchte in seinem zwölfbändigen Werk «Der Ursprung der Gottesidee» (1926–1955) nachzuweisen, dass die Entwicklung nicht vom Pri-

---

cher herauszuarbeiten» (Lange, Söderblom, S. 253). Von F. R. Lehmann stammt die Definition von Mana als «Begriff des außerordentlich Wirkungsvollen»: «Mana ist nicht bloß gewöhnliche, selbstverständliche, sondern ungewöhnliche oder außerordentliche Wirksamkeit.» (Lehmann: Mana, S. 59).

14 Van der Leeuw, Phänomenologie der Religion, S. 3–9. Die erste Auflage dieses Werkes erschien bereits 1933.

15 Zitiert nach Thiel, Religionsethnologie, S. 13.

16 Thiel, Religionsethnologie, S. 20.

17 In seiner Kritik an der Animismus-These schließt sich Söderblom an A. Lang an, der, wie später auch Söderblom, seine ethnologischen Daten primär bei den australischen Ureinwohnern gewann. Nach Lange sah Söderblom Lang «trotz mancher Kritik als einen seiner Lehrmeister» an (Lange, Söderblom, S. 235). Diese Kritik bezieht sich besonders auf Langs Anschauung der «supreme beings», die Söderblom durch seine Urheber-Theorie modifiziert (vgl. Söderblom: Werden des Gottesglaubens, S. 123–134).

mitiven zum Höheren gehe, sondern dass von einem Urmonotheismus auszugehen sei, der in der Religionsgeschichte degenerierte (Degenerations-Hypothese). Dazu musste er allerdings eine Uroffenbarung postulieren, die wissenschaftlich nicht zu begründen ist. Aber auch in dieser Umkehrung der Entwicklungsreihe geht Schmidt von dem Grundpostulat einer Entwicklung aus.

Neben diesen beiden grundlegenden antagonistischen Modellbildungen, wären noch zahlreiche weitere zu nennen. So z. B. die These von James George Frazer (1854–1941), der den Ursprung der Religion in der Magie zu finden suchte (eine Ansicht, die bei Söderblom und Otto starken Widerspruch erntete). In seinem Hauptwerk «The Golden Bough» (1907–1915, in 12 Bänden) versuchte Frazer, eine Entwicklung von der Magie über die Religion zur Wissenschaft zu beweisen.

Neben der Animismus-, der Urmonotheismus-, und der Magie-Hypothese, war noch die Totemismustheorie, wie sie von Sigmund Freud und Emile Durkheim zwar zeitgleich aber mit unterschiedlicher Ausrichtung vertreten wurde, von wirkungsgeschichtlicher Bedeutung. Bereits William Robertson Smith (1846–1894), dessen Buch «Introduction to the History of Religion» (1898) weite Verbreitung fand, suchte den Ursprung der Religion im Totemismus. Als Sigmund Freud (1856–1939) «Totem und Tabu» veröffentlichte (1913, bereits als Aufsätze 1912 erschienen), lag zeitgleich aus soziologischer Sicht Emile Durkheims (1858–1917) «Les formes élémentaires de la vie religieuse» (1912) vor.

Mit Namen wie A. Lang, W. Schmidt, J. G. Frazer, W. Robertson Smith, W. Wundt, F. R. Lehmann, S. Freud und E. Durkheim befinden wir uns in unmittelbarer Zeitgenossenschaft von Söderblom und Otto. Beide nehmen direkt und indirekt auf die Debattenlage Bezug, aus deren Kontext die Problemstellungen erhellen.[18]

Bereits mit dem Titel seines Hauptwerkes aus dem Jahr 1914 (dt. 1916, ²1926) «Das Werden des Gottesglaubens: Untersuchungen über die Anfänge der Religion» stellt sich Söderblom bewusst in diese Forschungstradition mit ihren spezifischen Fragestellungen. Aber er grenzt sich auch gleich im ersten Satz des Vorwortes zur deutschsprachigen Erstauflage gegenüber verschiedenen Ursprungstheorien ab: «Vom Entstehen des Gottesglaubens weiß niemand Bescheid. Der Ursprung der Religion ist wissenschaftlichem Erkennen unzugänglich ...»[19] Damit

—

18 Vgl. z. B. Otto, DH¹⁷, S. 3f.-

19 Söderblom, Werden des Gottesglaubens, S. VII.

wehrt Söderblom einerseits genetisch-naturalistische (Tylor) oder soziologisch-funktionalistische (Durkheim) Erklärungsmodelle ab und behält sich andererseits transzendentalphilosophische und theologische Deutungen vor. Allerdings hält Söderblom an der Möglichkeit einer Eruierung der Genese des Gottesglaubens fest, die er in seiner Theorie der «Urheber» entfaltet.[20]

Bei aller religionswissenschaftlichen Forschung blieb Söderblom dennoch der theologischen Perspektive verpflichtet, wie auch die für sein Denken konstitutive Bedeutung des Offenbarungsbegriffs anzeigt.[21] Für Söderblom ist die Religionsgeschichte ein Ort der Gotteserkenntnis («natürliche Theologie»), mit der er auch ein apologetisches Interesse verbindet. Sein bekanntes Diktum, das Tor Andrae als eines der letzten Worte Söderbloms auf dem Sterbebett überliefert, macht das deutlich: «Ich weiß, dass Gott lebt [...] Ich kann es durch die Religionsgeschichte beweisen.»[22] Das erhellt auch nochmals, weshalb Söderblom in der Zeit nach dem Ersten Weltkrieg, in der die sogenannte Dialektische Theologie (mit ihrer radikalen Absage an jede «natürliche Theologie») die Deutungshoheit übernommen hatte, von theologischer Seite nicht rezipiert wurde. Dazu kommt, dass sich die allgemeine Debattenlage verschoben hatte. Erstaunlich immerhin, dass 1926 noch eine zweite, über-

---

20 Als «Urheber» bezeichnet Söderblom mythologische und halbmythologische Gestalten *sui generis*, die weder mit Ahnenseelen noch mit Naturgottheiten zu verwechseln, sondern eher mit den Urzeitwesen und Kulturheroen insbesondere australischer Religionen zu vergleichen sind. Als Vorstufen eines Hochgottglaubens wird ihnen im Zusammenhang mit Ursrpungsmythen die Erklärung ätiologischer Fragen zugeschrieben (Söderblom, Werden des Gottesglaubens, S. 93–156, insbesondere S. 154).

21 Das macht ihn für die Religionswissenschaft zumindest verdächtig (vgl. Horyna, Söderblom, Sp. 1412).

22 Andrae, Nathan Söderblom, S. 230. Söderblom verwies damit auf sein letztes Werk «Der lebendige Gott im Zeugnis der Religionsgeschichte» (die nachgelassenen Gifford-Lectures). Friedrich Heiler führt dieses Zitat als Einleitung seines Vorwortes zur dt. Ausgabe an (Söderblom, Der Lebendige Gott, S. V). Das apologetische Interesse wird auch im Schlusskapitel von «Das Werden des Gottesglaubens» deutlich, in dem Söderblom die Mission als Agens eines universalen Geschichtsprozesses versteht, an dessen Vollendung die «siegreiche Gotteserkenntnis» der ganzen Menschheit stehe (Söderblom: Werden des Gottesglaubens, S. 345). Dieser anscheindend doch zentrale Aspekt in Söderbloms Denken findet bei aller Betonung von Söderbloms Missionsinteresse und in der ausführlichen Darstellung von Söderbloms Werk bei D. Lange, soweit ich sehe, keine Erwähnung.

arbeitete Auflage dieses Werkes erschien (die 1979 noch einen Nachdruck erlebte).

Auch Rudolf Otto meldet sich in der nachgezeichneten zeitgenössischen Diskussion um die Anfänge der Religion dezidiert zu Wort. Das wird bereits in seiner ausführlichen Auseinandersetzung mit W. Wundts «Völkerpsychologie» deutlich.[23] In «Das Heilige» heißt es dann:

> «Ich habe seinerzeit in meiner Auseinandersetzung mit Wundts Animismus für die Sache [sc. das Moment des *tremendum*, das Schauervolle, Anm. d. Verf.] den Namen ‹die Scheu› vorgeschlagen, wobei das Besondere nämlich das Numinose dann allerdings nur in den Gänsefüßchen steckt. [...] Von dieser ‹Scheu› und ihrer ‹Roh›-form, von diesem irgend wann einmal in erster Regung durchgebrochenen Gefühle eines ‹Unheimlichen›, das fremd und neu in den Gemütern der Urmenschheit auftauchte, *ist alle religionsgeschichtliche Entwicklung ausgegangen.* Mit seinem Durchbruche begann eine neue Epoche des Menschentumes.»[24]

In diesem Zitat bietet Otto eine weitere Ursprungstheorie und geht gleichzeitig hinter Söderblom zurück, der die Frage nach dem Ursprung für nicht beantwortbar hält. Typisch für die damalige Theoriebildung ist die Parallelisierung von Ontogenese und Psychogenese.

4. Nathan Söderblom, Rudolf Otto und die Genese von Ottos Heiligkeitsbegriff

4.1 Das Heilige – biographische Erfahrung bei R. Otto

In seiner Gedächtnisrede am Sarg von Rudolf Otto am 10. März 1937 berichtet Ottos Schüler und Nachfolger auf dem Marburger Lehrstuhl, Heinrich Frick, die private Schilderung eines Erlebnisses, das Otto in Nordafrika[25] hatte. Darin habe Otto selbst im Rückblick die «Entde-

—

23 Otto, Sensus Numinis. Der zuerst in der Theologischen Rundschau Heft 7/8 (XIII. Jg.) 1910 abgedruckte Text wurde von Otto erweitert und als Ergänzung zu Kapitel 16 von «Das Heilige» noch 1932 in «Das Gefühl des Überweltlichen» abgedruckt.

24 DH[17], S. 16 [Hervorhebung von mir].

25 Es handelt sich um die Nordafrika-Reise 1911; geschildert wird der Besuch in der Synagoge von Mogador (vgl. Ottos Bericht «Auf dem Wege»,

ckungsstunde seines Verständnisses vom Heiligen»[26] gesehen. Während seines Aufenthaltes in Marokko, kam er am Sabbat in eine ärmliche Synagoge. In dem Hymnus des Dreimal-Heilig aus Jesaja 6 «schien die ganze Majestät des Herrn über Himmel und Erde in unserer Armseligkeit und Nichtigkeit gegenwärtig zu sein».[27] Gerade wegen des Kontrastes dieser Majestas-Erfahrung zur Ärmlichkeit der äußeren Umstände, schien dies nach Frick für Otto im Vergleich zu Heiligkeitsmomenten, die Otto später auch in anderen Religionen erkannte, der «erschütterndste» Eindruck gewesen zu sein.[28]

In «Die christliche Welt» (Nr. 30 / 1911) berichtet Otto selbst in seinem Reisebericht von diesem Erlebnis:

> «Die Worte zu trennen und zu fassen bemüht sich das Ohr zunächst vergeblich und will die Mühe schon aufgeben, da plötzlich löst sich die Stimmenverwirrung und – ein feierlicher Schreck fährt durch die Glieder – einheitlich klar und unmißverständlich hebt es an:
>
> Kadosch Kadosch Kadosch Elohim Adonai Zebaoth
>
> Male'u haschamajim wahaarez kebodo!
>
> Ich habe das Sanctus, Sanctus, Sanctus von Kardinälen in Sankt Peter und das Swiat, Swiat, Swiat in der Kathedrale des Kreml und das Hagios, Hagios, Hagios vom Patriarchen in Jerusalem gehört. In welcher Sprache immer sie erklingen, diese erhabensten Worte, die je von Menschenlippen gekommen sind, immer greifen sie in die tiefsten Gründe der Seele, aufregend und rührend mit mächtigem Schauer das Geheimnis des Überweltlichen, das dort unten schläft. Mehr als sonst hier an diesem dürftigen Orte, wo sie erklingen in der Sprache, in der sie Jesajas zuerst vernommen hat, und von den Lippen des Volkes, dessen erstes Erbteil sie waren.»[29]

Außer dem Erlebnis in der marokkanischen Synagoge erwähnt Frick weitere Teilnahmen Ottos an hohen religiösen Festen anderer Religionen, die Eröffnung der Religionskundlichen Sammlung in Marburg

---

Sp. 709, im vorliegenden Band S. 28). Nach Frick fand dieser Besuch am Versöhnungsfest statt (Frick, Gedächtnis, S. 5).

26 Frick, Gedächtnis, S. 5–6.

27 A.a.O., S. 5.

28 Ebd. Vgl. auch Lanczkowski, Heiligkeit, S. 696.

29 Otto, Auf dem Wege, Sp. 709.

1927 und den Eindruck, den eine indische Götterstatue auf Otto machte.[30]

Georg Pfleiderer bemerkt jedoch zutreffend, dass dieser Bericht in einer gewissen Spannung zu der Aussage Ottos in «Das Heilige» stehe, wonach er sein Verständnis des Numinosen an Luthers «De servo arbitrio» gebildet hatte, «lange bevor» er es im Qadosch des Alten Testaments und dem Moment der «Scheu» in der Religionsgeschichte wiederentdeckte.[31] Ich vermute, dass es sich in beiden Fällen um eine Konstruktion Ottos aus der Retrospektive handelt, in der Biographie und Forschung miteinander «verschrieben» werden.[32] Die Genese des Heilig-

—

30 Frick, Gedächtnis, S. 6–8.

31 Pfleiderer, Theologie als Wirklichkeitswissenschaft, S. 104f, Anm. 6 (die dort angegebene Fundstelle aus «Die Christliche Welt» muss jedoch richtig lauten: ChW 30 (1911), Sp. 709!). Das Zitat bei R. Otto lautet: «Ja, an Luthers ‹De servo arbitrio› hat sich mir das Verständnis des Numinosen und seines Unterschiedes gegen das Rationale gebildet lange bevor ich es im Qdosch des Alten Testamentes und in den Momenten der ‹religiösen Scheu› in der Religions-geschichte überhaupt wiedergefunden habe.» (DH[17], S. 123). In der Fußnote bezieht sich Otto auf seine Göttinger Lutherstudie «Die Anschauung vom heil. Geiste bei Luther» von 1898. Ob und inwiefern er hier auch Gedanken seines Göttinger Kollegen und Freundes Wilhelm Bousset aufnimmt, der bereits 1903 (in Vorträgen, die unter dem Titel «Das Wesen der Religion» veröffentlicht wurden) die beiden Momente von «Grauen», «Scheu», «Furcht» und des «Sichhingezogenfühlen» unterscheidet (Bousset, Wesen der Religion, S. 17f.), erwähnt Otto nicht. Vgl. dazu den Beitrag von Thorsten Dietz in diesem Band, dem ich den Hinweis auf Bousset verdanke. Die Einsicht in die Doppelstruktur der Heiligkeitserfahrung geht jedoch noch weiter zurück bis auf Albert Réville (1826–1906), der in seinen «Prolégomènes de l'histoire des religions» den Ursprung der Religion in den beiden Momenten des Schreckens und des Vertrauens ausmachte, wobei beide Momente auch gleichzeitig auftreten können (vgl. Lange, Söderblom, S. 121). Söderblom studierte bei A. Réville in Paris. 1909 beschreibt Robert R. Marett die Momente des religiösen Erlebens als *fear* und *fascination* und nimmt dadurch Ottos Terminologie vorweg, wie Lange bemerkt (Lange, Söderblom, S. 231). In jenen Jahren vor der Abfassung von «Das Heilige» (1917) zirkulierten also bereits religionsphänomenologische Entwürfe, die dann in der Fassung durch Otto eine größere Breitenwirkung entfalteten.

32 Dies gilt übrigens auch für Nathan Söderblom: «Letzten Endes hat sie [sc. Söderbloms Religionsdefinition und Bestimmung des Heiligen; Anm. d. Verf.] ihre Wurzeln in den beiden grundlegenden Erlebnissen, die zusammen-

keitsbegriffes bei Otto dürfte sich insgesamt als noch komplizierter herausstellen. Außer zu Ottos frühen Lutherforschungen und diesen persönlichen Erlebnissen und Erinnerungen, führt die Spur u. a. zu Nathan Söderblom.

4.2 Nathan Söderblom – biographische Skizze

Lauritz (Lars) Olof Jonathan Söderblom[33] wurde am 15. Januar 1866 als zweiter Sohn des Pfarrers Jonas Söderblom und seiner Frau Sofie in Trönö/Schweden geboren.[34] 1883 legte er das Abitur ab und 1886 das philosophische Kandidatenexamen in Uppsala. Im Sommer 1890 nahm er an der christlichen Studentenmissionskonferenz in Northfield/USA teil, wo es zu einer Begegnung mit Dwight L. Moody, Ira Sankey und John Mott kam. Nachdem er 1892 das theologische Kandidatenexamen abgelegt hatte, wurde er 1893 in Stockholm zum Pfarrer der Evangelisch-lutherischen Kirche von Schweden ordiniert. 1894 wurde er zunächst kommissarischer, ab 1896 verordneter Legationspfarrer der schwedischen Gemeinde in Paris. Neben dem Gemeindedienst nutzte er die Zeit in Paris zu weiteren Studien, erwarb sich zunächst ein Diplom und wurde schließlich im Jahr 1901 an der Sorbonne mit einer Arbeit über die persische Religion zum Doktor der Theologie promoviert. Ab 1901 hatte Söderblom eine Professur für theologische Vorbegriffe und Enzyklopädie an der Universität Uppsala inne und zwischen 1912–1914 zusätzlich eine Professur für Religionsgeschichte in Leipzig. Am 19. Mai 1914 wurde Söderblom überraschend zum Erzbischof von Schweden gewählt. In diesem Amt wurde er die treibende Kraft für die entstehende ökumenische Bewegung. 1925 hatte er die Leitung der Konferenz für praktisches Christentum (Life and Work) in Stockholm inne. Neben vierzehn Ehrendoktoraten und zahlreichen Auszeichnungen erhielt er 1930 den Friedensnobelpreis. Söderblom starb am 12. Juli 1931 in Uppsala.

---

genommen Söderbloms religiösen Neuanfang ausmachen.» (Lange, Söderblom, S. 255).

33 Zur Biographie vgl. ausführlich Lange, Söderblom und die bis dato beste Söderblom-Biographie von Tor Andrae (Andrae, Söderblom). Vgl. außerdem den Überblick über «Söderbloms Leben und Wirken» von Friedrich Heiler in: Heiler, Der lebendige Gott, S. XI–LI.

34 Ein erster Sohn war bereits im Kleinkindalter gestorben (Lange, Söderblom, 57).

2.3 Nathan Söderblom und das Heilige

Das Hauptwerk Söderbloms bildet die bereits mehrfach erwähnte 1914 in Stockholm veröffentlichte Monographie «Gudstrons uppkomst», die in deutscher Übersetzung im Jahr 1916 (2. neub. Aufl. 1926) unter dem Titel: «Das Werden des Gottesglaubens: Untersuchungen über die Anfänge der Religion» erschienen ist.[35] Diese Arbeit dürfte auch aus seinen Vorlesungen in Leipzig erwachsen sein, wo u. a. Wilhelm Wundt von 1875–1917 lehrte. Das historische Vorlesungsverzeichnis der Universität Leipzig gibt für das Sommersemester 1913 u. a. folgende Lehrveranstaltung Söderbloms an: «Heiligkeit (Entstehung und Entwicklung der Begriffe tabu, heilig, rein etc.)».[36]

Bereits 1909 erscheint ein schwedischer Artikel über «*Helig, helighet*» im *Nordisk familjebok* (Bd. 11, 1909/^{2}1911, Sp. 310–314)[37] und in seinem 1913 in der *Encyclopaedia of Religion and Ethics* (ERE Bd. 6, S. 731–741) erschienenen Artikel schreibt Söderblom:

> «Holiness ist the great word in religion; it is even more essential than the notion of God. Real religion may exist without a definite conception of divinity, but there is no real religion without a distinction between holy and profane.»[38]

Bei der Suche nach dem «Wesen der Religion» hatte sich angesichts nichttheistischer Religionen (insbesondere des Buddhismus, aber auch primärer Religionsformen[39]) die Notwendigkeit ergeben, einen umfassenderen Begriff zu finden. Dieser bot sich mit dem Begriff «Heiligkeit» an, den Söderblom als religiösen Begriff *sui generis* auffasste. Nach

---

35 Im Folgenden abgekürzt als WdG I und WdG II.

36 http://histvv.uni-leipzig.de/dozenten/soederblom_n.html (aufgerufen am 01. 06.2011). Dietz Lange gibt diese unveröffentliche Vorlesung in Grundzügen wieder (Lange, Söderblom, S. 251–253).

37 Das *Nordisk familjebok* ist online verfügbar unter http://www.runeberg.org/nfbk/0171.html (aufgerufen am 13.09.2011).

38 Söderblom, Holiness, S. 731. Söderbloms Artikel ist in der deutschen Übersetzung von Fritz Großpietsch abgedruckt in Colpe (Hg.), Diskussion, S. 76–116. «Heiligkeit ist das bestimmende Wort in der Religion; es ist sogar noch wesentlicher als der Begriff Gott. Die wahre Religion kann ohne bestimmte Auffassung von der Gottheit bestehen, aber es gibt keine echte Religion ohne Unterscheidung zwischen ‹heilig› und ‹profan›.» Zitat hier: S. 76.

39 Vgl. Söderblom in Colpe (Hg.), Diskussion, 76. Der Begriff der Primären Religion (Theo Sundermeier) bezeichnet die Religionsformen traditionaler schriftloser Kulturen.

Dietz Lange war es Söderblom, der den Begriff des Heiligen «zum ersten Mal in einem spezifisch religiösen Sinn ins Zentrum der Religionswissenschaft gerückt» hat.[40]

In «Werden des Gottesglaubens» finden sich nun folgende Aussagen, die eindrücklich die Bedeutung des Heiligkeitsbegriffs belegen, die Söderblom diesem zumisst:

> «So wichtig auch der Gottesglaube nebst der Gottesverehrung für die Religion ist, so gibt es doch, wie ich oft hervorgehoben habe, ein noch bedeutungsvolleres Kriterium für das Wesen der Religion, nämlich der Unterschied zwischen ‹heilig› und ‹profan›.»[41]

In der Differenz zwischen dem Heiligen und dem Profanen sieht Söderblom (wie schon im ERE-Artikel 1913) die Grundunterscheidung der Religion, wie er an mehreren Stellen betont.[42] Damit schließt sich Söderblom an Emile Durkheim an, der bereits 1912 die Unterscheidung von heilig und profan als Leitdifferenz von Religion beschrieben hat[43], ohne jedoch dessen reduktionistische soziologische Herleitung des Heiligkeitsbegriffs zu übernehmen. Allerdings muss er dafür auf «das unvoreingenommene Gefühl für Religion» rekurrieren.

> «Es kann wirkliche Frömmigkeit geben, ohne einen ausgebildeten Gottesglauben und Kult. Aber es gibt keine Frömmigkeit, die diesen Namen verdient, ohne die Vorstellung vom Heiligen. Fromm ist der, für den es etwas Heiliges gibt. Der mangelnde Blick für die Heiligkeitsidee ist in der Religionswissenschaft nicht ohne schlimme Folgen geblieben. Man trennt von der Religion Erscheinungen, die *für das unvoreingenommene Gefühl für Religion* zu ihr gehören, und zwar sowohl im primitiven Stadium als in den höheren Formen der Religion.»[44]

An anderer Stelle heißt es bei Söderblom:

> «Das, was entscheidend dafür ist, wie weit wirkliche Religiosität zu finden ist oder nicht, ist nicht die Ausgestaltung eines Gottesglaubens, sondern die

---

40 Lange, Vermittlung, S. 175.
41 WdG I, S. 193.
42 WdG I, S. 197f.; WdG II, S. 166f.
43 Durkheim, Die elementaren Formen, S. 62.
44 WdG I, S. 193; WdG II, S. 162f. [Hervorhebung von mir].

wirkliche Empfindung des Göttlichen; mit anderen Worten: die Befruchtung des Sinnes durch das Heilige.»[45]

An diesen Zitaten wird deutlich, wie Söderblom auf das subjektive Empfinden und das Gefühl zurückgreift, um seine These vom Heiligen als Wesenskern der Religion zu begründen.

Für Söderblom leitet sich der Heiligkeitsbegriff ganz klar von der Tabu-Vorstellung ab: heilig ist gleich tabu.

> «Kein Wort der Sprache ist für die Religion so bezeichnend wie tabu – heilig. In gottesgläubiger Frömmigkeit ist Heiligkeit die göttliche Eigenschaft vor allem anderen. Heilig und göttlich oder Gott zugehörig werden synonyme Begriffe.
>
> Heilig war in seinem Ursprung ein religiöser, kein sittlicher Begriff, und es ist merkwürdig, welch zähe und stets sich verjüngende Kraft dies Wort tabu – heilig besitzt.»[46]

Hier findet sich bereits eine Vorwegnahme der Definition des Numinosen bei Rudolf Otto: Es ist das Heilige minus seines sittlichen Moments.[47] Der Tabu-Begriff ist dann auch zentral in der Sündenlehre von Rudolf Otto. Sünde definiert er als «Verletzung nicht eines bloßen zufälligen ‹Willens› sondern eines numinosen Wert-objektes selbst», als «Antastung des ganz eigentümlichen objektiven Wertes des Augustum in irgendeiner Form.»[48]

Söderblom leitet, wie Durkheim, den Heiligkeitsbegriff explizit von der Macht- und Tabutheorie her[49], ohne sich jedoch wie Durkheim auf deren gesellschaftliche Funktion zu begrenzen. Und in der Auseinandersetzung mit der Magie-These Frazers stellt er fest: «Denn die Vorstellung von der Macht enthält schon eine *Ahnung*[50] von etwas Übermenschlichen im Dasein nebst der Furcht und der Verehrung dafür.»[51]

---

45 WdG I, S. 211; WdG II, S. 179 [Hervorhebung von mir].

46 WdG I, S. 211f.; WdG II, S. 179f.

47 DH[17], S. 6.

48 Otto, Was ist Sünde, S. 4. In diesem Aufsatz kommt Otto ausführlich auf den Tabubegriff zu sprechen.

49 Vgl. WdG I, S. 380; WdG II, S. 344.

50 Hervorhebung von mir. Vgl. den Begriff «Ahn(d)ung» bei Otto als intuitive Erkenntnisweise, den Otto in Anschluss an die Ahndungslehre von Jakob Friedrich Fries verwendet (vgl. Ottos «Kantisch-Fries'sche Religionsphilosophie» von 1909).

51 WdG I, S. 193f.; WdG II, S. 163.

So findet sich bei Söderblom Ottos Begriff des Heiligen und der numinosen Erfahrung als *fascinans* und *tremendum* vorgeprägt (wie auch bei anderen Autoren wie z. B. R. R. Marett, A. Réville oder W. Bousset). Otto nahm auch Söderbloms Werk frühestmöglich intensiv zur Kenntnis, wie seine Rezension der schwedischen Erstausgabe von «Gudstrons uppkomst / Das Werden des Gottesglaubens» belegt, die vor Erscheinen der deutschen Übersetzung in der Theologischen Literaturzeitung am 9. Januar 1915 erschien.[52]

Interessanterweise steht jedoch nicht der Heiligkeitsbegriff als solcher im Mittelpunkt des Interesses dieser Rezension, sondern die Überwindung der These des Animismus als Ursprung der Religion durch Söderbloms Untersuchung des Machtbegriffs und der Analyse der «Scheu», in der sich Otto von Söderblom bestätigt sieht in seiner eigenen Auseinandersetzung mit Wilhelm Wundt. In diesem Zusammenhang wird Söderblom auch in «Das Heilige» erwähnt.[53]

Analog findet sich in der zweiten Auflage von «Werden des Gottesglaubens» von 1926 eine eingefügte Passage, die sich mit Rudolf Otto befasst. Darin würdigt Söderblom an Ottos Buch «Das Heilige» v. a. die Herleitung des Animismus aus dem Numinosen und des darin enthaltenen irrationalen Moments auch in der Idee von Geistern und Seelen.[54] Diese auf den ersten Blick eher verwunderliche Beobachtung macht jedoch deutlich, dass sich beide Forscher in ihrer gemeinsamen Abwehr einer naturalistischen Deutung des Ursprungs der Religion finden und darin ganz in den zeitgenössischen Debatten zu verorten sind.

Leider ist aus den Jahren zwischen 1900 und 1919 kein Briefverkehr dokumentiert[55], der eventuell näheren Aufschluss über die Begegnung und den Austausch zwischen Söderblom und Otto geben könnte.

---

52 Otto, Gudstrons uppkomst, Sp. 1–4. Vgl. auch die Zusammenfassung der Rezension bei Lange, Söderblom, S. 259.

53 DH^{17}, S. 16f., Fn. 2. Allerdings stimmen die Jahreszahlen 1915 und 1925 nicht. Richtig: Die deutsche Erstauflage von «Werden des Gottesglaubens» erschien 1916 und Ottos Rezension der (schwedischen) Erstauflage erschien 1915. In dieser Fußnote bezieht sich Otto auch ausdrücklich auf Robert R. Maretts Werk «The Threshhold of Religion» 1909, in dem dieser bereits *fear* und *fascination* als die beiden Momente religiösen Erlebens differenziert (vgl. auch Lange, Söderblom, S. 231).

54 Vgl. WdG II, S. 23.

55 Lange, Söderblom, S. 258.

5. Zusammenfassung

1) Sowohl Nathan Söderblom als auch Rudolf Otto wollen mit ihren spezifischen Entwürfen des Heiligkeitsbegriffs als religiöse Grundkategorie einen substanziellen Beitrag zur zeitgenössischen Debatte über die Anfänge und das Wesen der Religion liefern, die deren primären Verstehenshorizont bildet. Dietz Lange sieht in «der Etablierung des Begriffs der Heiligkeit [...] als Zentralbegriff der Religion [...] eine der größten wissenschaftlichen Leistungen Söderbloms».[56]

2) Der Vergleich der einschlägigen Texte zeigt, dass Ottos Verständnis des Heiligen bereits bei Söderblom in starkem Maß vorgeprägt ist. Mit Dietz Lange muss man Söderblom das Verdienst zuerkennen, als Erster den Heiligkeitsbegriff in seiner spezifisch religiösen Dimension zum Zentralbegriff erhoben zu haben. Dass sich, vorbehaltlich weiterer Quellenfunde, Söderblom und Otto nicht explizit gemeinsam über den Begriff des Heiligen verständigten, verwundert und mag Anlass zu Spekulationen geben. Einig sind sich beide in ihrem Versuch der Überwindung naturalistischer Ursprungstheorien. Für beide Forscher steht die Heiligkeitserfahrung im Zentrum der Religion. Aber während Söderblom eine wissenschaftliche Erklärung des Ursprungs der Religion ablehnt und auf den Offenbarungsbegriff rekurriert, geht Otto weiter und versucht eine ontogenetische Deutung des Ausgangs religionsgeschichtlicher Entwicklung und eine transzendental-philosophische Grundlegung, indem er das Heilige als Kategorie *a priori* einführt. Die Ansicht jedoch, dass Söderblom mit der Wesensbestimmung von Religion im Unterschied zu Ottos eher religionspsychologischer Perspektive ein primär religionswissenschaftliches und am objektiven Aspekt der «Macht» orientiertes Interesse verfolgte[57], wird wohl angesichts der bereits gegebenen Zitate nicht so strikt durchzuhalten sein.[58]

3) Der Begriff «das Heilige» fand insbesondere in der Religionsphänomenologie und -ethnologie Aufnahme. Das mag sich auch daraus erklä-

—

56 A.a.O., S. 254.

57 So Lange, Söderblom, S. 261.

58 Gleiches gilt für Langes Aussagen über das Verhältnis des Rationalen zum Heiligen bei Söderblom und Otto (a.a.O., S. 261). Auch für Otto gilt (gegen Lange) die symbolische Verweisungsfunktion des Rationalen in Bezug auf das Heilige. Das bringt Otto durch den Begriff «Ideogramm» zum Ausdruck (Vgl. DH[17], S. 132 und 198).

ren, dass die religionsethnologischen Fragestellungen den primären Diskussionsrahmen bildeten. Nach den beiden Weltkriegen konnte sich der Heiligkeitsbegriff als Grundkategorie im theologischen Bereich nicht über den überschaubaren Rahmen einiger Schüler und Freunde Ottos wie Heinrich Frick, Friedrich Heiler und Paul Tillich[59] hinaus, die in Deutschland jedoch Außenseiter blieben, und später auch bei Mircea Eliade in den U.S.A., etablieren. Da die dialektische Theologie von einem «nach-metaphysischen Zeitalter» abgelöst wurde (sowohl in gesamtgesellschaftlichen wie in theologischen Diskursen im Kontext der Spätmoderne), blieb auch danach kein Raum dafür. In jüngerer Zeit lässt sich jedoch durch die Hinwendung zu einer am Erfahrungsbegriff orientierten theologischen Hermeneutik ein neu erwachtes Interesse an Rudolf Otto feststellen, in dessen Zusammenhang auch Nathan Söderblom neu zu würdigen wäre.

4) Es bleibt die Frage, ob und inwiefern der Begriff des Heiligen als Wesensbestimmung von Religion nicht vielleicht doch die Abstraktion einer der jüdisch-christlichen Tradition entwachsenen Wahrnehmung und Deutung von Phänomenen darstellt. Die Texte weisen deutlich in diese Richtung.[60] Einer Antwort darauf kann man sich wohl nur im interreligiösen Dialog, im Gespräch mit unterschiedlichen religiösen Selbstverständnissen annähern. Die grundlegende Einsicht, dass es Religion nur im Plural gibt, macht zumindest die Rede von ihrem Wesen problematisch und dürfte in der Religionswissenschaft als überwunden gelten.[61] Als Leitidee hat sie jedoch eine enorme heuristische Funktion erfüllt.

—

59 Vgl. dazu den Beitrag von Peter Schütz zu Otto und Tillich in diesem Band.

60 So stellt Söderblom selbst fest, dass «im Iran und in Indien von dem übermenschlichen Schrecken und der unheimlichen Kraft des Tabu nichts zu spüren sei; es gebe dort noch nicht einmal ein Wort für ‹Heiligkeit›: an deren Stelle trete der Reinheitsbegriff» (Vorlesung 122). (Lange, Söderblom, S. 252).

61 Wenn D. Lange Söderbloms Leistung darin erkennt, dass er «die Eigenständigkeit der Religion gegenüber allen anderen menschlichen Lebensäußerungen präzise auf den Begriff» gebracht habe (Lange, Söderblom 2011, 262), dann liegt genau darin auch seine Grenze.

Literatur

Andrae, Tor: Nathan Söderblom, Berlin 1938.

Bousset, Wilhelm: Wesen der Religion dargestellt an ihrer Geschichte von Prof. D. Wilhelm Bousset – Göttingen, Mit Bildern von Arnold Busch-Breslau, Volksausgabe, Halle a.S. und Tübingen [3]1906.

Colpe, Carsten (Hg.): Die Diskussion um das «Heilige» [WdF Bd. CCCV], Darmstadt 1977.

Durkheim, Emile: Die elementaren Formen des religiösen Lebens (les formes elementaires de la vie religieuse, 1912), übers. v. Ludwig Schmidts, Frankfurt a. M. 1984[3.]

Eliade, Mircea: Das Heilige und das Profane. Vom Wesen des Religiösen, Frankfurt a.M. 1998 [1. Aufl. 1957].

Frick, Heinrich: Rudolf Otto zum Gedächtnis, Leipzig o.J.

Horyna, Betislav : Söderblom, in: [4]RGG (2004) Bd.7, Sp. 1412–1413.

Lange, Dietz: Die Vermittlung des Heiligen bei Nathan Söderblom, in: ZThK 107 (2010), S. 167–190.

– Nathan Söderblom und seine Zeit. Göttingen 2011.

Lanczkowski, Günter: Heiligkeit I. Religionsgeschichtlich, in: TRE Bd.14 (1985), S. 695–697.

Lehmann, Friedrich Rudolf: Mana. Der Begriff des ‹außerordentlich Wirkungsvollen› bei Südseevölkern. Ethnographie und Ethnologie des Instituts für Völkerkunde Bd. 2, Leipzig 1922. [Erweiterte Neubearbeitung der Univ.-Diss. Leipzig von 1915: Mana. Eine begriffsgeschichtliche Untersuchung auf ethnologischer Grundlage.].

Otto, Rudolf: Rezension von: Söderblom, Nathan: Gudstrons uppkomst. Studier. (XV, 400 S.) 8[0]. Stockholm, Geber (1914). Kr.8– ThLZ Nr. 1 (40. Jg.) 1915, Sp. 1–4.

– Vom Wege, in: Die Christliche Welt, Evangelisches Gemeindeblatt für Gebildete aller Stände, Nr. 30 (25. Jg) 1911, Sp. 705–710.

– Das Heilige. Über das Irrationale in der Idee des Göttlichen und sein Verhältnis zum Rationalen., ND der 17. Aufl. von 1931 [Beck'sche Reihe 328], München 2004.

– Was ist Sünde, in: ders. Sünde und Urschuld und andere Aufsätze zur Theologie, München 1932, S. 1–11.

Pfleiderer, Georg: Theologie als Wirklichkeitswissenschaft. Studien zum Religionsbegriff bei Georg Wobbermin, Rudolf Otto, Heinrich Scholz und Max Scheler, Tübingen 1992 [BHTh 82], S. [104]–139.

Söderblom, Nathan: Natürliche Theologie und Allgemeine Religionsgeschichte [Beiträge zur Religionswissenschaft, hg. v. der Religionswissenschaftlichen Gesellschaft in Stockholm, 1. Jg (1913/14) Heft 1] Stockholm; Leipzig 1913.

– Das Werden des Gottesglaubens. Untersuchungen über die Anfänge der Religion. Deutsche Ausg. hg.v. Ruodolf Stübe, Leipzig, (1916), 2., neub. Aufl. 1926 (1. Aufl. 1916), ND Hildesheim/New York 1979.
– Helig, helighet, in: Nordisk familjebok, Bd. 11 (1909/²1911), Sp. 310–314). Der Text ist online verfügbar unter http://www.runeberg.org/ nfbk/0171.html (aufgerufen am 13.09.2011).
– Holiness, in: Encyclopedia of Religion and Ethics (ERE), Vol. VI (1913, ³1955), S. 731–741.
– Der Lebendige Gott im Zeugnis der Religionsgeschichte. Nachgelassene Gifford-Vorlesungen. In Verbindung mit Dr. Christel Matthias Schröder und Dr. Rudolf Hafner herausgegeben und mit einem Lebensbild Söderbloms versehen von Friedrich Heiler. München; Basel 1966.
Stolz, Fritz: Grundzüge der Religionswissensschaft. UTB 1980, 2., überarb. Aufl. 1997 Göttingen (1. Aufl. Kleine Vandenhoeck-Reihe 1527, Göttingen 1988).
Thiel, Josef Franz: Religionsethnologie. Grundbegriffe der Religionen schriftloser Völker [Collectanea Instituti Anthropos 33], Berlin 1984.
Van der Leeuw, Gerardus: Phänomenologie der Religion. Zweite, durchges. u. erw. Aufl. [Neue Theologische Grundrisse, hg. v. Rudolf Bultmann], Tübingen 1956.

Peter Schüz

Rudolf Otto und Paul Tillich – biographische und theologische Überlegungen

> «...das Heilige ist das, was den Werten den Wert gibt, die Unbedingtheit ihres Geltens, die Absolutheit ihrer Realitäts-beziehung.»[1]
>
> *Paul Tillich (1922)*

Im Jahre 1924 begegneten sich an der Universität Marburg zwei Theologen, die beide auf ganz eigene Weise zu Marksteinen moderner Theologie wurden und Weltruhm erlangten. Ein Jahr später schreibt Paul Tillich über den siebzehn Jahre älteren Rudolf Otto in der Vossischen Zeitung:

> «Von seiner Persönlichkeit, der eigentümlichen Verbindung trockenen Humors des geborenen Hannoveraners mit der Tiefe und dem Ernst mystischer Schau- und Erlebniskraft, kann jeder reden, der ihn kennt und für den Umgang mit ihm dankbar ist – und dazu gehört vielerlei Volks aus aller Welt.»[2]

Im Folgenden werden die Berührungspunkte dieser beiden so verschiedenen und doch geradezu seelenverwandten Charakterdarsteller der Theologiegeschichte des 20. Jahrhunderts entlang einiger Stationen der Lebensgeschichte Tillichs dargestellt.[3] Fokussiert man bei diesem

---

1 Tillich, Überwindung des Religionsbegriffs, S. 84.

2 Tillich, Der Religionsphilosoph Rudolf Otto, S. 183.

3 Bei der Skizzierung des Verhältnisses von Rudolf Otto und Paul Tillich liegt es nahe – will man die Stationen und Zusammenhänge ihrer Begegnungen nachzeichnen –, in erster Linie aus der Perspektive Tillichs zu recherchieren. Der geringere Grund hierfür ist die Tatsache, dass Tillichs Werk in jeder Hinsicht wesentlich besser erforscht und ediert ist als dasjenige Ottos. Viel schwerer wiegt, dass die gegenseitige Wirkung der beiden Persönlichkeiten aufeinander zur Lebenszeit Ottos in keinem Verhältnis steht. Die Bedeutung Ottos für Tillichs Lebenswerk ist sehr hoch einzuschätzen, während sich die Wirkung Tillichs auf Otto eher verdeckt und als kaum rekonstruierbar darstellt. Da sich bei beiden Theologen ihr Denken kaum von ihrer Biographie und Persönlichkeit trennen lässt, wird im Folgenden der Versuch unter-

Unternehmen scharf genug auf ihr Verhältnis, erscheint es zeitweilig so, als sei die theologische Existenz Tillichs von den frühen Anfängen bis zu seinem Tod aufs Engste mit der Gestalt und dem Denken des großen Marburger Religionsphänomenologen und Religionsphilosophen Rudolf Otto verwoben. Zugleich handelt es sich bei der vorliegenden Skizze um die Geschichte sowohl einer Freundschaft als auch zweier großer Begriffe, des *Heiligen* und des *Unbedingten*, die für Otto und Tillich eine fundamentale Rolle spielten und eine Grundlage ihrer theologischen Begegnungen sind.

1. Biographische Vorgeschichte

Schon in ihrer Jugend- und Studienzeit lassen sich Ähnlichkeiten der Persönlichkeiten Tillichs und Ottos beobachten, obwohl ihre biographische Entwicklung denkbar unterschiedlich verlief. Auf jeweils ganz eigene Weise und freilich unter verschiedenen sozialen und gesellschaftlichen Bedingungen durchlebten Otto und Tillich immer wieder Wendepunkte und Brüche in ihrem Leben. So versuchten beide schon früh dem konservativ-bürgerlichen Milieu ihrer Elternhäuser durch eine Öffnung hin zu Reformbewegungen und interkulturellen Perspektiven zu entwachsen. Auch theologisch erweiterten beide ihr Blickfeld und wandten sich von eher konservativen Positionen einer kritisch-liberalen Religionsphilosophie zu.[4]

Als der Vater des 1886 geborenen Paul Tillich im Jahre 1900 einen Ruf an das königliche Konsistorium in Berlin erhielt und der junge Tillich mit seiner Familie in die preußische Hauptstadt zog, hatte der 1869 geborene Rudolf Otto seine ungleich größere Industriellenfamilie in Hildesheim bereits verlassen. Nach dem Abitur am traditionsreichen Hildesheimer Andreanum im Dreikaiserjahr 1888 nahm er, ganz im Sinne der streng-religiösen Kindheitsprägung durch sein Elternhaus, das

---

nommen, das Verhältnis zwischen Otto und Tillich in eine chronologisch-biographische Skizze einzubetten.

4 Derartige Brüche in Biographie und Denken, die besonders Paul Tillich später in seinem autobiographischen Essay «Auf der Grenze» (engl. Original: On the Boundary, 1962) artikulierte, verbinden Otto und Tillich auch in weiteren Aspekten, von denen noch die Rede sein wird, so z. B. in ihrem jeweiligen Verhältnis zu Politik, Liturgie und Gottesdienst sowie ihrer Einstellung zu Mystik und religiöser Erfahrung.

Theologiestudium im damals theologisch konservativen Erlangen auf.[5] Auch Tillich zeigte sich während des Studiums in Berlin und Tübingen, dann schließlich in Halle, von konservativeren Lehrern wie Martin Kähler beeindruckt, während Otto seit seiner Dissertation über den Heiligen Geist bei Luther aus dem Jahr 1898 eine Kehrtwende hin zu einer liberaleren Theologie vollzog. Seine 1899 als Privatdozent in Göttingen besorgte kommentierte Jubiläumsausgabe der Reden «Über die Religion» von Friedrich Schleiermacher kann daher im übertragenen Sinne auch als Bekenntnisakt verstanden werden.[6] In seinem Buch «Naturalistische und religiöse Weltansicht» von 1904 sind dann bereits wichtige religionsphilosophische Grundeinsichten angelegt, die in seinem späteren Hauptwerk «Das Heilige» – dann freilich in neuer Nomenklatur und um die religionsphänomenologische Dimension erweitert – zu Ende geführt werden. Otto stellt sich – hierin im Grundbedürfnis Tillich nicht unähnlich – der Auseinandersetzung mit einer als immer rationaler und mechanistischer empfundenen «naturalistischen Weltsicht» im sehr drastisch gezeichneten Widerstreit mit dem als Frömmigkeit verstandenen «Erleben des Mysteriums».[7] Besonders im fundamentaltheologisch ausgerichteten letzten Kapitel «Welt und Gott» sind – ohne dass es der damalige Erstsemesterstudent Tillich nur hätte ahnen können – schon wichtige Spuren gelegt, die Tillich Jahre später zum wichtigen Anliegen wurden. So setzt sich Otto beispielsweise in seiner Problematisierung des Gottesbegriffs mit den Kategorien des Unbedingten und des Absoluten auseinander und reicht mit der Beschreibung einer

---

5 Die wichtigste Quelle früher Lebenserinnerungen Ottos ist sein ausführlicher Lebenslauf von 1891, den er für die Meldung zum Ersten Theologischen Examen in Göttingen vorlegen musste. Hier betont Otto seine in der Eingangsphase des Studiums fast ängstliche Haltung gegenüber liberaler Theologie aufgrund seiner orthodoxen Herkunft. Vgl. Otto, Vita zum 1. Examen, Hs. 797:582, bzw. die englische Übersetzung, herausgegeben und ediert von Gregory D. Alles, in: ders. (Hg.), Rudolf Otto, S. 50ff. Zu Ottos Leben und Kindheitsprägung, vgl. Schinzer, Rudolf Otto, S. 1ff.

6 Wilhelm Dilthey schenkte Otto aus Anerkennung und Dank für die verdienstvolle Herausgabe der «Reden» Schleiermachers ein Originalexemplar der Erstauflage von 1799, das heute in der Religionskundlichen Sammlung in Marburg ausgestellt ist.

7 Tillich artikulierte jenes Unbehagen am modernen Lebens- und Weltgefühl religionsphilosophisch als ein Verhältnis des Unbedingten zum Bedingten, was er ebenfalls gerne an Beispielen des *Widerstreits* einander entgegengesetzter kosmischer Prinzipien veranschaulichte, so z. B. in seinen Kairos-Aufsätzen und seinen geschichtsphilosophischen Studien.

«unermesslichen Fülle des Seins» nah an einen Sprachduktus heran, für den Tillich später bekannt wurde.[8]

Auch in den Folgejahren kam es noch zu keinen intellektuellen oder persönlichen Begegnungen zwischen Otto und Tillich. Als 1909 Ottos als «Einleitung in die Glaubenslehre» konzipierte «Kantisch Fries'sche Religionsphilosophie» erschien, arbeitete Tillich in Breslau gerade an seiner philosophischen Dissertation, die sich mit dem Spätwerk Schellings thematisch auf ganz anderem Terrain bewegte.[9] Was Tillich später

---

8 Tillich selbst hat sich zu Ottos «Naturalistische und religiöse Weltansicht» nie eingehender geäußert. Der Grund hierfür ist eher banaler Art: Tillich interessierte sich vor dem Ersten Weltkrieg noch nicht für Kosmologie und das, was Otto «Naturalismus» nennt. In der Vossischen Zeitung schreibt er 1925, er habe in seiner Jugendzeit als «Anhänger von Fichte und Hegel» für die großen Natur- und Kosmologiebestseller seiner Zeit und für die «philosophische Naivität von Haeckels Welträtseln nur ein Lächeln übrig» gehabt, vgl. Tillich, Der Religionsphilosoph, S. 179. Seine spätere Auseinandersetzung mit Otto wurde von Tillich dann besonders auf «Das Heilige» fokussiert, während Ottos frühes Buch zur naturalistischen Weltansicht aus dem Blickfeld geriet. Gleichwohl revidierte Tillich später sein jugendliches Desinteresse an dem Buch, in dem gleich eine ganze Reihe von Begriffen und Problemen eingeführt wird, die auch ihn in seinen späteren Geschichts- und Kulturanalysen beschäftigten, so z. B. der Begriff der «Tiefe» (vgl. Otto, Weltansicht, S. 30), der «Antinomie des Bedingten und Unbedingten» (A.a.O., S. 54, und an anderen Orten, z. B. a.a.O., S. 42) und schließlich ontologische Überlegungen zum Gottes- und Weltbegriff (A.a.O., S. 279ff). So kann Tillich 1925 Ottos Werk zur naturalistischen und religiösen Weltansicht im Nachhinein als «große[s] Buch» würdigen, das in herausragender Weise «der allgemeinen Geisteslage entsprach» und schon 1904 einen «Zug» des «ganzen Ottoschen Denkens» in sich getragen habe, nämlichen den «Sinn für Originalität der religiösen Sphäre und ihrer Denk- und Anschauungsformen», Tillich, a.a.O., S. 179. Ein Jahr später schildert Tillich Ottos Buch in seiner Abhandlung «Die religiöse Lage der Gegenwart» dann als kulturtheologische Wende durch die Erringung der «Selbstständigkeit der religiösen Begriffe» für den modernen Protestantismus, vgl. Tillich, Die religiöse Lage, S. 86f., 91.

9 Ottos «Kantisch-Fries'sche Religionsphilosophie» ist als eine Art enzyklopädischer Entwurf für Studierende der Systematischen Theologie konzipiert (KFR, S. VIIIf), in dem die Religionsgeschichte und die Religionspsychologie das Äußere und das Innere der Religion, nämlich ihre «Erscheinungsformen» einerseits und ihre «Innenschau» bzw. «Eigenart religiösen Erlebens» andererseits, ergründen. Die Charakterisierung der Theologie als «christliche Religionswissenschaft» (KFR, S. 192) und die religionstheoreti-

an Ottos «Kantisch-Fries'scher Religionsphilosophie» schätzt, ist die theologische Auseinandersetzung mit dem Intuitionsbegriff, die seiner Meinung nach «Durchbruchstellen durch das System der Vernunft» für die Religionsphilosophie erschließt.[10] Das hierdurch gewonnene Moment des Irrationalen – Tillich spricht von einer «irrationalistischen Neubegründung der Religionsphilosophie»[11] – schildert er später gegenüber Emanuel Hirsch als einen Hauptgrund für seine Begeisterung für «Das Heilige», in dem die Überlegungen aus der Religionsphilosophie von 1909 zugrunde gelegt und ausgeführt sind.[12]

Tillichs Rezeption der frühen Monographien Ottos setzte erst nach dem Ersten Weltkrieg in Folge des Lektüreeindrucks von «Das Heilige» ein. Zuvor kam es sowohl thematisch wie persönlich noch zu keinerlei Kontakt, denn als der inzwischen apl. Professor Rudolf Otto aus Göttingen nach einigen etwas rastlosen Jahren und spektakulären Reisen in ferne Länder und Kulturen schließlich 1915 Professor in Breslau wurde, war Tillich, der dort seine philosophische Dissertation eingereicht hatte, bereits als Kriegsfreiwilliger an der Westfront. Die anfänglich nicht ohne jugendliche Begeisterung aufgenommenen Kriegserlebnisse wurden dem jungen Feldprediger schon bald zu Erlebnissen des Abgrundes. Das Trommelfeuer von Verdun und die schweren Gefechte in der Champagne erschütterten Tillich tief, wovon seine Feldpredigten und besonders die Briefe an Freunde und Familie eindrucksvoll Zeugnis geben.

In dieser Zeit des Grauens, in der Tillich das Abendland und den Deutschen Idealismus in den Abgrund sinken sah, bekam er Anfang Mai 1918 in der Champagne mit der Feldpost ein Päckchen: Mit Erstaunen hielt Tillich das Buch «Das Heilige» von Rudolf Otto in den Händen, dessen «völlig unbekannter Verlag» und «Merkwürdigkeiten

---

schen Studien zu den für das weitere Denken Ottos so wichtigen Begriffen wie dem «Wahrheitsgefühl», der «Ahndung» und der «Intuition» sowie des «religiösen Apriori» sind für Tillichs Otto-Deutung wichtig, weil er Otto später dezidiert als *Religionsphilosophen* versteht und interpretiert – ganz im Gegensatz zu vielen anderen, die in ihm eher einen empirischen Religionswissenschaftler oder Religionspsychologen sehen.

10 Tillich, Der Religionsphilosoph, S. 180.

11 Ebd.

12 Da Tillichs Interesse für Rudolf Otto erst mit der Lektüre von «Das Heilige» einsetzt, gibt es keine dezidierte Auseinandersetzung Tillichs mit der «Kantisch-Fries'schen Religionsphilosophie». Alle theoretischen Impulse und Verdienste dieses Werks sieht Tillich m. E. in erster Linie in ihrer Ausführung und Anwendung in den späteren «religionsgeschichtlichen Anschauungen» Ottos (Tillich, Der Religionsphilosoph, S. 180).

der Schreibart» ihn zunächst stutzig machten.[13] Doch schon nach wenigen Zeilen war Tillich von der Lektüre begeistert. Ihn ergriff «ein Staunen, ein inneres Gepacktsein, eine leidenschaftliche Zustimmung, wie man sie bei theologischen Büchern nicht mehr gewohnt war».[14]

2. Paul Tillich und Rudolf Ottos Buch «Das Heilige»

Tillichs erste Begegnung mit dem Buch «Das Heilige» von Otto fiel in eine Zeit, in der er sich nicht zuletzt angesichts der Kriegserlebnisse zunehmend mit der Wirklichkeit des modernen Lebensgefühls auseinandersetzte. Das Drama der Sinnlosigkeit des Daseins in einer entzauberten Welt, der abgründige Schwindel der Freiheit und die Orientierungslosigkeit im Ozean der Möglichkeiten wurden nun zu Kernproblemen seines Denkens, während er die zuvor hochgeschätzte idealistische Philosophie in der großen Krise des 20. Jahrhunderts an ihre Grenzen kommen sah. Besonders mit der Lektüre Nietzsches und Kierkegaards erschloss sich Tillich ein ganz neuer Denkweg, den er später als Wende-

—

13 Vgl. Tillich, Der Religionsphilosoph, S. 179. Die Datierung der ersten Begegnung Tillichs mit «Das Heilige» ist widersprüchlich. Tillich selbst will in seiner Erinnerung das Buch schon im Herbst 1917 – also kurz nach seiner Erstveröffentlichung im Lager *Rote Erde* am Hochberg in der Champagne erhalten haben (Tillich, a.a.O., S. 179). Diese Angaben wurden bisher in der Sekundärliteratur nicht weiter bezweifelt, so z. B. auch nicht in Reijnen, Das Heilige als Kategorie, S. 210. Der Erinnerung Tillichs steht allerdings ein Brief Tillichs an Emanuel Hirsch vom 9.5.1918 entgegen, vgl. den Brief in EGW 6, S. 123. Tillich berichtet hier, gerade erst von einem Lazarettaufenthalt zum Einsatzgebiet in der Champagne zurückgekehrt, er habe das Buch «vor etwa acht Tagen», also Anfang Mai 1918 bekommen. Diese Datierung ist überzeugender als die spätere Erinnerung Tillichs, da er Otto in jener Zeit nur vom Hörensagen kannte und wohl kaum gleich eine Erstauflage bekommen hätte. Außerdem wird Ottos Buch in Tillichs Briefen vor Mai 1918 mit keiner Zeile erwähnt, obwohl die Kategorie des Heiligen in seinen Diskussionen mit Hirsch gut gepasst hätte, zumal angesichts der zunächst leidenschaftlichen Zustimmung Tillichs. Auszugehen ist also entgegen der Erinnerung Tillichs von einer Erstlektüre des Heiligen im Mai 1918.

14 Tillich, Der Religionsphilosoph, S. 179.

punkt hin zu Fragen der Existenz und einer Theologie der Krise bezeichnet.[15]

Zunächst aber ging es Tillich um die Frage nach dem Zusammenhang der Begriffe «Sein» und «Sinn».[16] Religionstheoretisch bewegt ihn – fasziniert vom Atheismus – der Gedanke an einen «Gott des Gottlosen»[17] – den er wenig später gegenüber Emanuel Hirsch als «Paradoxie des ‹Glaubens ohne Gott›» beschreibt.[18] Es handelt sich hierbei um den Versuch einer Überwindung des traditionellen Gottesbegriffs durch dessen Entlarvung als Konstruktion des Bewusstseins in der Tradition der klassischen Religionskritik der Moderne. Tillich betreibt hierzu eine scharfe Kritik am Supranaturalismus und entwickelt die Vorstellung eines «Gottes über Gott», der nicht Seiendes neben Seiendem, sondern vielmehr «Sinn» ist. Vor diesem Horizont bewegten sich Tillichs theologische Gedanken zur Zeit der Lektüre des gerade eingetroffenen Buchs «Das Heilige», die er sogleich mit seinem engen Freund Hirsch diskutierte. Mit Hirsch führte Tillich in jener Zeit einen scharfsinnigen Briefwechsel von beeindruckender theologischer Leidenschaft, in dem die beiden jungen Theologen – der eine im Schützengraben, der andere als Privatdozent in der Heimat – ihre religionsphilosophischen Positionen und Argumente der nächsten Jahre entwickelten.[19] Am 9. Mai 1918 schreibt Tillich voller Begeisterung:

> «Lieber Emanuel!
>
> Vor etwa acht Tagen bekam ich das Buch von Otto. Es weht darin ein kräftiger Geist, etwas von dem, was ich an Schlatter-Lügert so schätze, was Schäder mit seinem Macht-Gedanken für Gott sagen will, es weht auch der

---

15 Tillich schildert den in seinem Denken erfolgten Zusammenbruch der bürgerlichen Kultur und der idealistischen Philosophie in: Tillich, Auf der Grenze, S. 34.

16 Ulrich Barth bezeichnet die Überlegungen Tillichs in der Zeit vom Ersten Weltkrieg bis in die 20er Jahre als «Sinntheoretische Grundlagen des Religionsbegriffs», vgl. dazu grundlegend: Barth, Die sinntheoretischen Grundlagen, S. 89–123.

17 Vgl. den Rundbrief an die Wingolf-Freunde vom 19.8.1917, in: EGW 5, S. 103–108, mit Äußerungen zum «Paradox der Rechtfertigung».

18 Brief von Paul Tillich an Emanuel Hirsch vom 12.11.1917, EGW 6, S. 97.

19 Ulrich Barth erkennt in diesem Briefwechsel die eigentlichen Grundlagen bzw. «das Entstehungsdokument von Tillichs Sinntheorie» sowie Spuren ihrer Entstehungsgeschichte, vgl. Barth, Die sinntheoretischen Grundlagen, S. 91.

> Geist der Mystik und meines geliebten Jakob Böhme und vor allem der Geist darin, den der spätere Schelling in die Formen seiner «positiven Philosophie» gebracht hat. Wie ich Dir schon schrieb, hat dieser Geist etwas Anheimelndes für mich! Mein alter Sinn fürs Irrationale, fürs Paradoxe, das Erlebnis Gottes als ‹Vischnu› in die Formen des unerhörtesten Grausens, wie es dieser Krieg mir immer wieder gebracht hat, mein praktischer Irrationalismus, Antilogismus und Antimoralismus – all das kommt Ottos Gedanken mit offenen Armen entgegen. Ich weide mich an dem Bild der sich immer senkrechter sträubenden Haare sämtlicher Ritschlianer beim Lesen dieser Lästerungen wider den heiligen Geist Kants und freue mich, daß ein Marburger Professor so Unerhörtes wagen darf!»[20]

Eingangs lobt Tillich in seinem Brief den entschiedenen «Antisupranaturalismus» Ottos und stellt dessen Gefühlsbegriff zugleich ontologische Überlegungen im Anschluss an Schelling zur Seite, mit denen er einen ersten Kritikpunkt deutlich machen will: Tillich hat den Verdacht, Otto naturalisiere heimlich die Sphären numinosen Erlebens. In der Kategorie des Numinosen, die nach Meinung Tillichs «über dem Gegensatz von Natürlichkeit und Übernatürlichkeit steht», möchte er daher eine Parallele zum Begriff des «Über-Seienden» beim späten Schelling sehen, der «jenseits des Gegensatzes von Sein und Nichtsein steht».[21] Ziel ist zunächst der Nachweis eines unausweichlichen «Existentialurteils», nämlich der Einsicht, dass auch eine vermeintlich der Sphäre des Seienden enthobene, scheinbar apriorische Kategorie des «Geisteslebens» – die Otto mit dem Numinosen bezeichnet – immer noch ein «natürlich-psychologischer Vorgang» des Bewusstseins und somit Seiendes bzw. «naturalisiert» ist. Um der hieraus gefolgerten Naturalisierung bzw. Psychologisierung der Religion zu entgehen, bettet Tillich gegenüber Hirsch das Erlebnis des Numinosen in seine sinntheoretischen Überlegungen ein: «nicht eine neue Gegenständlichkeit ist das Numinöse, sondern eine neue Tiefe oder Offenbarung des Seins». Es handele sich eben «nicht um einen besonderen Gegenstand», «sondern um einen besonderen *Sinn,* den Sinn des Gegenstandes der ‹Welt›».[22] Damit hofft Tillich das Numinose der Alternative von natürlich und übernatürlich zu ent-

---

20 Brief von Paul Tillich an Emanuel Hirsch vom 9.5.1918, EGW 6, S. 123.

21 Vgl. a.a.O., S. 124. Es handelt sich also um eine Alternative von Natürlichkeit und Übernatürlichkeit, die Tillich bei Otto noch nicht ausreichend problematisiert sieht und mit seiner Sinntheorie überwinden möchte.

22 A.a.O., S. 125 (kursiv im Original).

heben: «Das Numen gehört zur Welt, wenn es auch ein anderes als alles in ihr ist!»[23]

Mit dem Hinweis auf die Gefahr einer leichtfertigen Naturalisierung des Numinosen bei Otto argumentierte Tillich schon sehr deutlich auf einer Linie, die er in den darauffolgenden Jahren in der Unterscheidung von Rationalem und Irrationalem weiter verfolgte und präzisierte. In seinem Brief an Hirsch scheint jedoch der religionstheoretische Kern der Konzeption Ottos noch gar nicht das zentrale Anliegen Tillichs zu sein, da er Ottos Begriff des Numinosen sogleich auf seine eigenen sinntheoretischen Annahmen umlenkt. Ob Tillichs Kritik das Zentrum von Ottos Konzeption trifft, scheint eher fraglich, da die ontologische Verfasstheit des numinosen Objekts, die bei Tillichs Anfragen im Vordergrund zu stehen scheint, bei Otto nur bedingt von Belang ist. Mit dem Heiligkeitserlebnis geht nach Otto nämlich ein produktiver Deutungsakt einher, der zunächst gar nicht nach dem ontologischen Wesen des numinosen Objekts fragt, sondern vielmehr aus der Deutungsleistung heraus ein Gefühlsmoment im Subjekt entfaltet. Im Anschluss an Schleiermacher, jedoch mit entscheidender Modifikation, ereignet sich bei Otto das religiöse Erleben eben nicht auf das Subjekt beschränkt als ausschließliches «Selbst-gefühl», sondern als «Kreatur-gefühl». Selbiges «ist gleichsam der Schatten eines anderen Gefühlsmomentes» und der «Reflex» aus der Deutung eines sich dem rationalen Denken entziehenden numinosen Objekts, das «*zuerst* und *unmittelbar* [...] *außer mir*» liegt.[24] Gleich einem «Schatten» geht nach Otto das «Kreatur-gefühl» mit dem Erleben des numinosen Objekts einher und evoziert das «Gefühl einer eigentümlichen Bestimmtheit meiner *selbst*, nämlich meiner Abhängigkeit».[25] Ulrich Barth verweist in diesem Zusammenhang auf

---

23 Ebd.

24 DH[17], S. 11.

25 Vgl. Otto, DH[17], S. 11 und im weiteren Zusammenhang S. 8ff, mit Verweis auf Schleiermacher und James. Ulrich Barth expliziert den von Otto kritisierten Gefühlsbegriff Schleiermachers als «vorreflexives Zuständlichkeitsbewußtsein worin ein Subjekt seiner inneren Erlebnisse auf unmittelbare Weise gewahr wird» und das in erster Linie «selbstbezüglich[ ]» ist, vgl. Barth, Theoriedimensionen, S. 44. Bei Otto hingegen ist laut Barth «die Wahrnehmung auf Objekte gerichtet», sodass sich im Gefühl ein «Moment des intuitiven Stellungnehmens» ereignet. Eine wichtige religionstheoretische Pointe in Ottos Religionsphilosophie liegt demnach für Barth in der Doppelgestalt der Religion als Erlebnis und Deutung, a.a.O., S. 46 und im weiteren Zusammenhang zu Ottos Religionstheorie, a.a.O., S. 42 ff. Vgl. hierzu auch Pfleiderer, Theologie, S. 118f und besonders Danz, Freiheitsbewusstsein,

die religionstheoretische Verbindung von Erlebnis und Deutung bei Otto: «Im Falle des konkreten Heiligkeitserlebnisses geht die Deutungsoperation der Gefühlsgestimmtheit [...] voraus», da der Gefühlsbegriff Ottos «immer beides zugleich bezeichnet, Erlebnis und Deutung»[26].

Von der deutungstheoretischen Interpretation Ottos her besehen, schließen sich Tillichs Überlegungen folglich eher an das Konzept Ottos an, als dass sie den Kern der Sache kritisieren. Tillich beharrt auf einer scharfen ontologischen Kritik, der zufolge jedwedem numinosen Objekt *kein* eigenes Sein zukommen kann. Es müsse vielmehr einen – wie er sagt – «anderen Charakter» des Seins in Gestalt einer «schöpferischen» Sinngebung aufweisen, um nicht sogleich zu einer supranaturalistischen Konstruktion zu werden.[27] Zentral ist für Tillich hierbei die für Ottos Überlegungen eher randständige Feststellung, dass auch das Sein letztlich nur eine Setzung des Bewusstseins ist, ein Begriff aus einem «logischen Sinnzusammenhang» heraus, sodass er schließlich feststellt:

> «Der Sinn setzt das Sein als sein ‹anderes›, an dem er sich realisiert weiß. So begrenzt sich der Sinn durch das Sein und das Überseiende! Beide aber sind Sinn-Setzungen.»[28]

Tillich attestiert sich daher selbst, einen regelrechten «Monismus des Sinns» zu vertreten, dem nach Religion zwischen der gegenseitigen Voraussetzung und dem gegenseitigen Widerspruch von Sein und Sinn operiert.[29] Das Numinose Ottos ist für Tillich, so könnte man vielleicht zusammenfassen, das irrationale Erlebnismoment eben dieses das Sein setzenden Sinn-Bewusstseins. Otto hingegen ist es in erster Linie um den Erlebnis und Deutung umfassenden Gefühlsbegriff zu tun, der das numinose Objekt aus sich heraussetzt ohne es ontologisch bestimmen zu müssen. Letztlich wird man den Brief Tillichs an Hirsch nicht als stringente Otto-Kritik lesen dürfen, sondern vielmehr als eine durch die erste sehr anregende Lektüre von «Das Heilige» inspirierte Reflexion auf Tillichs eigene sinntheoretische Vorstöße aus jener Zeit. Gleichwohl schwingt hier bereits – wenn auch teilweise noch verdeckt – ein konstruktiver Einwand mit, den Tillich auch Jahre später noch gegen Otto

---

S. 108. Zur Religionstheorie Ulrich Barths im Zusammenhang mit Otto, vgl. Barth, R., Das Psychologische, S. 371 und zur deutungstheoretischen Interpretation Ottos Lauster, Religion, S. 22.

26 Barth, Theoriedimensionen, S. 46.

27 Tillich, Brief an Hirsch vom 09.05.1918, S. 125.

28 A.a.O., S. 126.

29 Ebd.

vorbringt: Tillich bemängelt die zu ungenaue Differenzierung der rationalen und irrationalen Wirklichkeitsbereiche sowie die begrifflich noch zu unscharfe Charakterisierung des Heiligen als eine der Polarität von Rationalem und Irrationalem enthobene Sphäre, die Tillich später mit dem Begriff des Unbedingten zu fassen versucht.

Die eingehendere Beschäftigung Tillichs mit Rudolf Otto folgte erst in den Jahren nach dem Krieg und fand ihren vorläufigen Höhepunkt Mitte der 20er Jahre in der persönlichen Begegnung mit Otto in Marburg.

3. Das Heilige und das Unbedingte – Erkundungen

Nach dem Ersten Weltkrieg wurde Tillich 1919 Privatdozent in Berlin. Die im Krieg gewonnenen Eindrücke und Anregungen durch «Das Heilige» von Otto konnte er sogleich in seine nun beginnende Vorlesungstätigkeit integrieren und seine Kritik schließlich in einer Rezension veröffentlichen.

3.1 Erste Studien zur Religionsphilosophie Rudolf Ottos in Berlin

Im Sommersemester 1919 hielt Tillich eine Vorlesung mit dem Titel «Das Christentum und die Gesellschaftsprobleme der Gegenwart». Im Kontext der Frage nach der Paradoxie des religiösen Erlebens zwischen Supranaturalismus und Pantheismus warb Tillich ganz ausdrücklich für «Das Heilige» von Rudolf Otto.[30] Auch wenn Tillich Ottos Position nur in wenigen Sitzungen seiner Vorlesungen dezidiert zum Gegenstand seiner Ausführungen machte, so scheint das mit Ottos Religionsphilosophie konnotierte Themenfeld zwischen «heilig und profan» oder «irrational und rational» fast in allen Zusammenhängen bei Tillich präsent zu sein.[31] In den an vielen Stellen wiederkehrenden Überlegungen zum

—

30 Tillich schildert «Das Heilige» als «erheblichen religionsphilosophischen Fortschritt» im Zusammenhang des zentralen Problems um das «ungeheure Paradox [...] des religiösen Erlebens», Tillich, Vorlesung: Das Christentum, S. 47.

31 Der Herausgeber der Berliner Vorlesungen Tillichs, Erdmann Sturm, sieht im Kontext des «paradoxen Unbedingtheitserlebnisses» ein zentrales theologisches Prinzip in Tillichs Denken der 20er Jahre: «Beide Pole, das Heilige und das Profane, sind Abbild des Ja und Nein im absoluten Paradox.», Sturm, Historische Einleitung, 4. Otto ist für Tillich dabei das eindrück-

Heiligen kommt nun auch der Begriff des Unbedingten ins Spiel, was für die Otto-Kritik Tillichs in den Folgejahren entscheidend ist. Für Tillich ist nun – man beachte die Weiterentwicklung der mit Hirsch diskutierten sinntheoretischen Ausführungen – «das Heilige eine Anschauungsform in allem Profanen, das Unbedingte in allem Bedingten.»[32]

In seiner Religionsphilosophie-Vorlesung von 1920 kommen Tillich dann erneut Zweifel an Ottos Entwurf. Er würdigt zwar Ottos «feine phänomenologische Analyse des Religiösen», vermisst aber eine dezidierte «Analyse der Bewußtseins- und Wirklichkeitselemente», in die er die Unterscheidung von Rationalem und Irrationalem eingestellt sieht.[33] Das Problem der Unterscheidung «rationaler» und «irrationaler» Erfahrungswirklichkeit bildet fortan die entscheidende Kritik Tillichs an Ottos Religionsphilosophie. Er sieht bei Otto «das Religiöse in die Systematik der Bewußtseinsfunktionen hineingestellt», wodurch die Sphäre des Heiligen ihres Charakters der Unbedingtheit beraubt werde.[34] In einer späteren Sitzung derselben Vorlesung, in der sich Tillich beim Thema «Religion und Gefühl» nah an der Konzeption Ottos positioniert, bemängelt er in erster Linie eine «logische Unschärfe» bezüglich der psychologischen Gestalt des Numinosen, das er als «doch noch zu gegenständlich» beschrieben sieht.[35]

---

lichste Beispiel für eine phänomenologische Untersuchung eben dieser Sphäre des Heiligen, mit deren Kontrastharmonie zum Profanen er sich dem Begriff des Christentums der Gegenwart nähern will, vgl. insbes. die 2. Stunde der Vorlesung: Das Christentum, S. 40–52.

32 A.a.O., S. 311.

33 Vgl. die Vorlesung zur Religionsphilosophie aus dem Sommersemester 1920, 7. Stunde, S. 388f: «Otto kommt ganz nahe an den entscheidenden Punkt heran, aber er trifft ihn noch nicht.»

34 In seiner Rezension zu «Das Heilige» von 1918 bezeichnet auch Ernst Troeltsch Ottos Versuch «das Verhältnis des Rationalen und Irrationalen zu bestimmen» als «wenig gelungen», Troeltsch, Zur Religionsphilosophie, S. 425. Otto «klebt sozusagen seinen eigenen numinosen Irrationalismus und den Friesischen Rationalismus einfach aufeinander», worin Troeltsch eine fragwürdige «Ausgleichungstendenz hinüber zur Geschichtsphilosophie der Religion» sieht, die gleichsam den religions- und erkenntnistheoretischen Anspruch des Buchs konterkariert, a.a.O., S. 421. Gleichwohl kann Troeltsch, der sich damals intensiv mit der Frage nach dem religiösen Apriori beschäftigte, der «psychologische[n] Analyse» der «Charakterzüge» der Idee des Göttlichen ebenso wie Tillich mit Nachdruck zustimmen, a.a.O., S. 416f.

35 Tillich, Vorlesung: Religionsphilosophie, S. 439: «Es fehlt einerseits das Un-

In ganz anderer Sache äußerte sich Tillich 1919 erstmals öffentlich mit einer Rezension in der Zeitschrift «Das neue Deutschland» zu dem inzwischen schon seit zwei Jahren in Marburg lehrenden Otto. Tillich rezensierte einen bis zu diesem Zeitpunkt wenig beachteten Beitrag Ottos in einem bemerkenswerten Sammelband mit dem Titel «Revolution und Kirche», mit dem die Herausgeber namhafte Vertreter der Theologie zur Frage der kirchlichen Situation nach der Revolution von 1918 zusammenführen konnten.[36] Ottos Beitrag mit dem Titel «Die Missionspflicht der Kirche gegenüber der religionslosen Gesellschaft» bezeichnet Tillich als den «Höhepunkt [...] des ganzen Buches» und schreibt, in ihm wehe «es wie ein Sturmwind, und rechts und links fallen dürre Äste zu Boden.»[37] Tillich würdigt hier insbesondere Ottos Vorschläge zu einem pädagogischen Reformprogramm zur Revitalisierung der religiösen Erlebniskultur und der Förderung eines «höheren Geisteslebens» insbesondere in kleineren Gemeinschaften.[38] Es deutet sich hier also bereits eine Verschiebung an: Von den religionsphilosophischen Überlegungen her verlagert sich Tillichs Wertschätzung Ottos zunehmend, im Hinblick auf dessen Gesamtwerk und ausgreifend auf kulturelle, politische und gesellschaftliche Fragen. Ottos «Skizze» zur Reform aller «Einzelgebiete der religiösen Praxis» am Beispiel des Phänomens der

---

bedingtheitserlebnis – nicht faktisch, aber klar ausgesprochen – und andererseits der logische Sinn des Erlebnisses des Numinösen im Verhältnis zum Weltbewußtsein.»

36 Das Buch ist in vielerlei Hinsicht bemerkenswert. Die Herausgeber, Friedrich Thimme und Ernst Rolffs, konnten nicht nur zahlreiche profilierte Vertreter insbesondere der Liberalen Theologie für ihren Band gewinnen (Tillich, Revolution, S. 194: «Es sind wirkliche Autoritäten»), darunter Baumgarten, Bousset, Heim, Rade, Troeltsch und Otto, sondern ihnen ist es überdies gelungen, nur wenige Wochen nach der Eröffnung der Nationalversammlung in Weimar (das Vorwort datiert vom März 1919) nahezu alle wichtigen Themen und Fragen im Kontext von Kirche, Staat, Bildungswesen und Gesellschaft zu diskutieren. Otto ist hier besonders auch als damals noch aktiver Politiker gefragt. Das Interesse Tillichs erklärt sich wohl in erster Linie damit, dass er in jener Zeit intensiv mit dem «Religiösen Sozialismus» befasst war. So bemerkt er auch eingangs, das Buch lasse «eine Annäherung zwischen Religion und Sozialismus» erhoffen (Tillich, Revolution, S. 195). Zum Beitrag Ottos, Vgl. Otto, Die Missionspflicht, S. 273ff.

37 Tillich, Revolution, S. 197. Vgl. hierzu Schwartz, Begegnung, S. 31ff. Beachtenswert ist insbesondere Ottos Interesse am Phänomen der massenhaften Religionslosigkeit, das auch Tillich immer wieder beschäftigte.

38 Tillich, a.a.O.

Religionslosigkeit scheint Tillich indes sehr beeindruckt zu haben.[39] Insbesondere die Frage nach neuen Gestaltungsperspektiven für den Gottesdienst kann als eines der Hauptbetätigungsfelder Ottos in den 20er Jahren angesehen werden, wofür Tillich in jener Zeit ebenfalls höchstes Interesse zeigte.[40]

Dass der Begriff des Heiligen in dieser Zeit bereits fest im Denken Tillichs verankert war, zeigt seine kulturtheologische Arbeit. Im Laufe der 20er Jahre spielten «das Heilige» und die Unterscheidung zwischen heilig und profan eine zunehmend wichtige Rolle.[41]

—

39 Vgl. Otto, Die Missionspflicht, S. 273ff. Der mutige und weitsichtige Reformwille Ottos zur «Verlebendigung» und Demokratisierung der Kirche ist in der Tat eindrucksvoll und wirft ein ganz neues Bild auf den Autor des Heiligen, der hier als politischer Freigeist und kirchenpolitischer bzw. praktisch-theologischer Visionär auftritt.

40 Auf den hohen Stellenwert des Gottesdienstes und der Liturgik in Ottos Denken der 20er Jahre weist überzeugend Detlef Schwartz hin und zeichnet – ohne jedoch auf die Verbindungen zu Tillich hinzuweisen – die Entwicklung von Ottos Gottesdienstverständnis bis zu der zusammenfassenden Monographie von 1925 ausführlich nach, vgl. Schwartz, Begegnung, S. 31ff und S. 118ff.

41 Der im Jahre 1919 erschienene, später berühmt gewordene Aufsatz «Über die Idee einer Theologie der Kultur» wird heute gerne als frühe Programmschrift für Tillichs Kulturtheologie bezeichnet. Hier münden die Überlegungen in der Frage nach der «Sphäre des Heiligen» in das Spannungsfeld von Kirchen- und Kulturtheorie. Vgl. insbes. Tillich, Über die Idee, S. 27ff. Fünf Jahre später geht Tillich «noch einen Schritt weiter» und benennt als «Wurzel» des Gegensatzes von «Kirche und Kultur» den «Gegensatz von heilig und profan», vgl. Tillich, Kirche und Kultur, S. 32. Der zitierte Aufsatz «Kirche und Kultur» ist eine neuerliche Auseinandersetzung mit dem Begriff des Heiligen nach Rudolf Otto vor dem Horizont seiner Sinntheorie. Mit der Unterscheidung von Sinngrund und Abgrund arbeitet Tillich einen Begriff des Heiligen heraus, der der «Polarität zum Profanen» enthoben ist (a.a.O., S. 37). Mit dem Begriff des Unbedingten entwirft Tillich so eine Vorstellung vom Heiligen, die sich der Alternative oder der Nebenordnung von Kultur und Religion bzw. der banalen Gegenüberstellung von heilig und profan entzieht. Das Heilige, das dem Profanen gegenüber gestellt wird, ist folglich gar kein eigentlich Heiliges mehr, sondern selbst eine heteronome Erscheinungsform in der Sphäre des Profanen. Erst ein dieser Alternative enthobener Begriff des Heiligen, den Tillich mit dem Unbedingten und der Unterscheidung von Sinngrund und Abgrund des Göttlichen beschreibt, ist eine «Heiligkeit, die in keiner der beiden Sphären wirklich ist und darum imstande ist, beide Sphären zu erlösen» (a.a.O., S. 37 u. ff.).

3.2 Vorschlag «zur Weiterarbeit» – Tillichs Rezension zu «Das Heilige»

Schließlich entschloss sich Tillich 1923 dazu, dem inzwischen weltberühmten Rudolf Otto anlässlich der 10. Auflage von «Das Heilige» offiziell mit einer Rezension seine Aufwartung zu machen.[42] In allergrößter Bewunderung schreibt Tillich, er stehe seit der Erstlektüre unter dem dauerhaften «machtvollen Eindruck» von der «Schönheit und Kraft des Buches» welches er als «Durchbruch[s] auf religionsphilosophischem Gebiet» bezeichnet, dessen «Urfeuer des Lebendigen» das religionsphilosophische Denken der vorherigen Jahrzehnte beispiellos durchbreche und auf «neue[n] Wege[n] [...] befreiende und erhebende Wirkungen» entfalte.[43] Der Würdigung von «Das Heilige» als epochalem Werk folgt anschließend in Gestalt eines Vorschlags «zur Weiterarbeit» eine scharfsinnige Kritik, in der Tillich zielsicher auf das fokussiert, was ihm schon vorher Probleme bereitet hat: die bereits im Untertitel von Ottos Buch problematisierte Unterscheidung von Irrationalem und Rationalem.[44] Ersteres sieht Tillich als grandiose Beobachtung dessen an, was phänomenologisch von der Religion zu sagen ist: Im religiös gedeuteten Erlebnis erscheint das Erlebte als das «ganz Andere», eine der Ratio scheinbar nicht zugängliche irrationale Wirklichkeit, ein Mysterium. Zum Problem wird diese Beobachtung laut Tillich jedoch dann bei Ottos Versuch vom Irrationalen «in die Geltungssphäre einzudringen». Er «kommt nicht von dem Eindruck los, als ob das, was Otto das Rationale nennt, zu dem Irrationalen als ein Äußerliches hinzukommt». Til-

---

42 Tillichs Rezension «Die Kategorie des ‹Heiligen› bei Rudolf Otto» erschien in: Theologische Blätter, 2. Jg., 1923, S. 11–12, erneut abgedruckt in: Tillich, Die Kategorie (GW 12), 184–186.

43 Tillich, Die Kategorie, S. 184. Ähnlich euphorisch äußert sich ein Jahr später auch Adolf von Harnack in einer Rezension und unterstreicht besonders die vielerorts wahrgenommene «Stimmung der Zeit», deren Geist Otto offensichtlich zielgenau traf. Harnack, Rudolf Otto, Sp. 993. Vgl. hierzu Pfleiderer, Theologie, S. 104ff.

44 Christian Danz stellt fest, Tillich treffe hiermit den «Nerv» von Ottos Konzeption und problematisiere zugleich die Differenz zwischen der Idee des Heiligen und der Gottesidee als das, «was den Menschen unbedingt angeht», vgl. Danz, Religion, 108. Georg Pfleiderer bemängelt im Rekurs auf Tillichs Einwände (und in Bezugnahme auf Wolfhart Pannenberg), dass Tillichs zentrale Begriffe «Komplex-Kategorien» sind, die «phänomenologische Beschreibung und philosophische Rekonstruktion zugleich sein wollen», Pfleiderer, Theologie, S. 138f.

lich befürchtet, «die Einheit des Bewußtseins» würde dadurch «zersprengt», dass die apriorische Kategorie des Heiligen «unvermittelt neben den übrigen Aprioris stehen» bleibe.[45] Das Unbehagen Tillichs gründet offenbar in der Tatsache, dass das «ganz Andere» gleichsam in einer Art luftleeren Raums zu schweben scheint, den Otto mit Formen einer «ästhetischen Mystik» umschleiert, anstatt die «Wesensbeziehung» zwischen Mysterium und rationaler Form konkret zu bestimmen.[46] Tillichs Vorschlag lautet nun, das Problem der Objektivierung der Sphäre des Heiligen im Bewusstsein durch den Begriff «Unbedingtes» zu lösen. Unbedingtheit transponiert die Qualität des «ganz Anderen» in ein «Wesenselement» des Heiligen, das nun als Unbedingtes nicht mehr einfach zu einem mystisch-unscharfen numinosen Objekt erklärt werden kann, sondern zu einem «fundierenden Element [...] aller Geistwirklichkeit» wird.[47] Im Unbedingten fallen nach Tillichs Auffassung Gehalt und Form zusammen. Es trägt gewissermaßen die Qualität des «ganz Anderen» in sich, ohne sich damit kategorial von den übrigen Sphären des Bewusstseins zu lösen: Es geht den Menschen auf allen Ebenen der Wirklichkeit nicht nur mystisch-ästhetisch, sondern «unbedingt an».[48]

Ausgehend von der Annahme des Heiligen als des Unbedingten wendet sich Tillich kulturtheologischen Überlegungen zu, die er ebenfalls in Ottos Konzept vermisst. Tillich kritisiert, wie er auch ein Jahr später in seinem Vortrag «Kultur und Kirche» erklärt, in Ottos Idee des Heiligen «die Nebenordnung und die Polarität zum Profanen».[49] Nach Tillichs Meinung tragen dagegen alle rational fassbaren Formen der Kultur ekstatische Elemente religiösen Gehalts in sich, die bereits die «Anerkennung des Heiligen als unbedingt Geltendem» enthalten.[50] Es kann folglich für Tillich keine Kulturerscheinung geben, die rein profan ist

—

45 Vgl. Tillich, Die Kategorie, S. 184f. Zur Problematik des religiösen Apriori am Beispiel von Otto und Tillich vgl. die Verweise u. a. auf Troeltsch, Heidegger und Leese, in: Danz, Religion, S. 108f. Werner Schüßler schlägt eine besonders harte Lesart von Tillichs Kritik vor, der zufolge Tillich die Vorstellung eines religiösen Apriori generell ablehnt, Schüßler, Der philosophische, S. 192.

46 Tillich, Die Kategorie, S. 185.

47 A.a.O., S. 185.

48 A.a.O., S. 185: «Das Unbedingte des Gehaltes und das Unbedingte der Form gehören wesenhaft zusammen.»

49 Tillich, Kultur und Kirche, S. 37. Vgl. zum Aufsatz «Kirche und Kultur» von 1924 oben, S. 210, Anm. 41.

50 Tillich, Die Kategorie, S. 186.

und damit außerhalb der Sphäre des Heiligen liegt. Das Heilige als das Unbedingte kann daher andererseits auch niemals reine kulturelle Form sein, denn «nicht die Form als solche ist das Heilige, sondern das Unbedingte, das sich in die Form ergießt und zugleich jede Form sprengt, die es sich gegeben hat.»[51] In kulturellen Formen, in denen das Heilige geschaut wird, wird folglich kein lediglich mystisches Numinoses erkannt, das schließlich in diesem Erkanntwerden selbst zu einer Art rationaler Form höherer Ordnung würde. Rationale Formen sind für Tillich vielmehr «eben nicht nur rational, sondern in jeder von ihnen [...] ist das Mysterium des ‹Grundes› enthalten, auf dem alles Wirkliche ruht».[52] Genau diese paradoxe und ekstatische Gestalt des Heiligen sieht Tillich am besten im Begriff des Unbedingten beschrieben, der jenseits der Alternative von rational und irrational steht und sich trotz seines transzendenten Gehalts gleichsam in immer wieder neuen Formen verwirklicht.[53]

Abschließend formuliert Tillich die Bedeutung der von Otto phänomenologisch gefassten Kategorie des Heiligen in ihrer Relevanz für sein kulturtheologisches Programm und für die Grundlagen seiner Religionsphilosophie. Die banale Trennung oder Nebenordnung von rationalen Formen der Kultur einerseits und ihrem irrationalen mystischen Gehalt im Kontext religiöser Erfahrung anderseits hofft Tillich zu überwinden und fordert eine

> «Analyse sämtlicher religiöser und kultureller Ausdrucksformen [...], durch welche die verhängnisvolle Nebenordnung von Religion und Kultur, von Irrationalem und Rationalem, von Heiligem und Profanem aufgehoben ist und das Heilige als das Unbedingte zu dem tragenden und zugleich verzeh-

---

51 Ebd.

52 Ebd.

53 Kritisch wird man an dieser Stelle anmerken dürfen, dass Tillich die Frage nach dem «Heiligen» mit dem Begriff «Unbedingtes» schließlich nur teilweise mitbegreift. Mit ihm wird das Problem zwar auf eine komplexere, abstraktere Ebene gehoben und auch das Paradox zwischen rational und irrational wird eindringlicher problematisiert, jedoch ist das Unbedingte letztlich ebenfalls nur ein religionsphilosophischer Begriff der hinter dem Beschriebenen zwangsläufig zurückbleiben muss. Der Überlegenheitsanspruch des Unbedingten gegenüber dem Heiligen scheint in diesem Sinne vom späten Tillich etwas zurückgenommen zu werden, da er sich in seinen späten Beiträgen insbes. zur Religionsgeschichte wieder stärker phänomenologischen Aspekten verpflichtet weiß, wofür das Heilige keiner weiteren begrifflichen Abstraktion bedarf.

> renden Feuer aller Kultur wird. Erst in einer solchen zukunftsgerichteten Divination würde der Durchbruch, den Ottos Analyse des Heiligen bedeutet, zu voller Auswirkung kommen.»[54]

Die Vorstellung des Heiligen, «in der die Nebenordnung und die Polarität zum Profanen aufgehoben ist», bringt Tillich 1924 auf den Punkt:

> «[...] heilig sein heißt, in dieser Spannung stehen, in der Religion über der Religion und in der Kultur über der Kultur und kraft dieses Darüberstehens beide Kräfte der Erlösung zuführen, die profanen Formen erfüllen mit dem Gehalt des Heiligen und den Gehalt des Heiligen ausdrücken in den profanen Formen.»[55]

In den folgenden Jahrzehnten beschäftigte sich Tillich immer wieder mit dem geschilderten Problemzusammenhang, wobei der Begriff «Heiliges» zunehmend hinter den Begriff «Unbedingtes» zurückzutreten scheint. Über 20 Jahre nach seiner Rezension zu «Das Heilige» macht Tillich noch präziser deutlich, was ihm damals bei der Kategorie des Heiligen als dem Unbedingten wichtig war.[56] Das Unbedingte ist demnach nicht Gegenstand einer Wahrnehmung oder einer Intuition. Es erscheint «nicht als eine Gestalt, die man anschauen kann, sondern als eine Qualität, eine Mächtigkeit, eine Forderung».[57] Folglich ist das Unbedingte nicht Objekt einer Beobachtung oder einer Erfahrung, sondern es hat allein «den Charakter unbedingter Gewissheit»[58]. Mit Thomas von Aquin stellt Tillich fest, es sei «unmöglich, des Unbedingten gewahr zu werden als ein gegenüberstehender Beobachter, der nicht in seinem ganzen Sein durch es bestimmt wäre».[59] Die entscheidende Überbietung der Kategorie des Heiligen bei Otto scheint also in der Aufhebung der Subjekt-Objekt-Struktur im Begriff des Unbedingten zu liegen, die Tillich jedoch nicht als Widerspruch zu Ottos Entwurf, sondern eher als kon-

---

54 Tillich, Die Kategorie, 186.

55 Tillich, Kirche und Kultur, 37.

56 1946 kommt der Begriff des Heiligen in einem grundlegenden Aufsatz zur Religionsphilosophie mit dem Fokus auf dem Begriff des Unbedingten gar nicht mehr vor, vgl. Tillich, Die zwei Wege, S. 122–137. In der kritischen Auseinandersetzung Tillichs u. a. mit dem Intuitions- und Erfahrungsbegriff scheint der Begriff des Heiligen vielmehr ganz im Begriff des Unbedingten aufgegangen zu sein.

57 Tillich, Die zwei Wege, S. 132.

58 Ebd.

59 A.a.O., S. 132.

struktive religionsphilosophische Präzisierung mit der Kategorie des Heiligen als des Unbedingten formuliert.[60]

4. Die 20er Jahre: Begegnungen in Marburg

Ein Jahr nach seiner Rezension zur Kategorie des Heiligen in den Theologischen Blättern bekam Tillich die Gelegenheit einer persönlichen Begegnung mit Rudolf Otto, als er etwas widerwillig zum Sommersemester 1924 einem Ruf nach Marburg als Extraordinarius für Systematische Theologie folgte. Von den drei Semestern, die er dort lebte und arbeitete, resümiert der 1933 nach Amerika emigrierte Tillich 23 Jahre später bei seiner Ansprache zum 425-Jahr-Jubiläum der Gründung der Alma Mater:

> «vor einem Vierteljahrhundert war ich selbst ein Lehrer an dieser alten, ehrwürdigen Universität und erlebte an ihr einige meiner schwersten und fruchtbarsten Semester, für die ich niemals aufgehört habe, dankbar zu sein, auch in der Ferne nicht.»[61]

Die spätere Versöhnung mit Marburg und die Einsicht, die dortige Situation als «anfeuernd» beschreiben zu können, reifte erst im Alter, denn als der achtunddreißig Jahre alte Tillich nach Marburg kam, waren seine Eindrücke zunächst eher «deprimierend».[62] Noch drastischer als Tillich, der vor allem die «Neue Orthodoxie» und die aufgeheizt ablehnende Haltung der jungen Bewegung im Gefolge der Dialektischen Theologie bemängelt, beschreibt seine Frau Hannah das «Schattendasein» in der Mittelhessischen Provinz.[63] Während ihrem Ehemann in Marburg

—

60 Vgl. mit teilweise anderen Schwerpunkten: Schüßler, Der philosophische, S. 192ff zur «kritisch-intuitiven Methode» Tillichs und seinem «Hinausgehen über Otto».

61 Tillich, Ansprache, S. 359.

62 Tillich, Autobiographische Betrachtungen, S. 69.

63 Erfüllt von tiefer Abscheu schildert Hannah Tillich in ihren Lebenserinnerungen das kopfsteingepflasterte Marburg als klaustrophobisch-ländliches Kleinstädtchen; die feindseligen Kollegen ihres Mannes, die sich über ihren bohèmen Kurzhaarschnitt echauffierten, empfand sie als großes «Elend»: «Von der lindengesäumten Taunusstraße in Berlin hatte es uns in ein Zimmer in einer hässlichen Pension am tiefsten Punkt der Talsohle, in der Marburg lag, verschlagen. Das Essen war schlecht, alles wirkte plump, vulgär und unerträglich, einschließlich des schlampigen hessischen Dialekts», H. Tillich, Ich allein bin, S. 107ff.

besonders die polemischen Anfeindungen seitens der zahlreichen Anhänger Heideggers und Bultmanns zu schaffen machten, war Rudolf Otto offenbar der einzige Kollege, der ihm – neben Hans von Soden und wenigen anderen Ausnahmen – aufrichtige freundschaftliche Zuneigung entgegenbrachte. In der Erinnerung Hans-Georg Gadamers, der damals in Marburg den schweren Stand des Außenseiters Tillich unmittelbar beobachtete, war es gerade Rudolf Otto, dem Tillich seinen Ruf nach Marburg zu verdanken hatte.[64] Schon bald entstand zwischen Otto und Tillich ein freundschaftliches Verhältnis, das auch Hannah Tillich in bester Erinnerung behielt. Sie äußert sich über den «großzügigen» und «welterfahrenen» Otto in größter Dankbarkeit und Bewunderung, las seine Bücher und wusste von zahlreichen Besuchen bei dem «Kosmopoliten» zu berichten: «Ich verehrte den weißhaarigen, schlanken jugendlich aussehenden Mann mit den himmelblauen Augen, der so fesselnd über Indien, über das Schöne, über Kunst sprach.»[65] Ottos Solidarität mit dem Außenseiterehepaar Tillich könnte zudem ein wenig dadurch begünstig worden sein, dass auch er durch die in Mode gekommene Dialektische Theologie zunehmend in Bedrängnis geriet.[66] Seine phäno-

---

64 Gadamer, Erinnerung, S. 165.

65 H. Tillich, Ich allein bin, S. 110: «Paulus war von seiner Vorstellung des ‹Mysterium tremendum› stark beeinflußt worden. Die beiden diskutierten über philosophische Probleme und ich hörte zu.» Das liebenswürdige Verhältnis ist durchaus erstaunlich, wirkte doch Otto auf sein unmittelbares Umfeld häufig eher distanziert und erschien vielen eher als ein «englischer Kolonialoffizier» (Küssner, Erinnerungenn S. 14, vgl. auch Forell, Rudolf Ottos Persönlichkeit, S. 1) denn als ein Theologe. Der damalige Student und spätere Freud Tillichs, Harald Poelchau, berichtet aus jener Zeit von dem Kontrast des jugendlichen Tillich im Vergleich zum «würdige[n] Rudolf Otto», der «gehörigen Respekt» einflößte, vgl. Poelchau, Paul Tillich, S. 556.

66 Tillich sah sich durch die Vertreter der «neuen Orthodoxie» mit dem völligen Gegensatz zu den Inhalten seiner Berliner Vorlesungen konfrontiert, vgl. Tillich, Autobiographische Betrachtungen, S. 69: «Schleiermacher, Harnack, Troeltsch, Otto wurden verachtet und verworfen.» Die isolierte und zunehmend deprimierende Außenseiterrolle Ottos führte zusammen mit seiner ohnehin schlechten Gesundheit und seinem sensiblen Gemüt schließlich auch 1929 zu seiner vorzeitigen Emeritierung. Ernst Benz schildert, wie sich Otto von den jugendlichen «ridikülisierenden» Anhängern Bultmanns auslachen und seine gerade im Aufbau befindliche Religionskundliche Sammlung als «Götzentempel» beschimpfen lassen musste, Benz, Rudolf Otto, S. 33. Überhaupt war das einstmals gute Verhältnis zu Bultmann aus Breslauer Tagen

menologisch-religionsgeschichtlichen Studien fanden vor dem strengen Urteil der frühen «Barthianer» in ihrem Kampf gegen die alten Vertreter der «Liberalen Theologie» heftigen Widerstand. Obwohl Ottos Begriff des «ganz Anderen» vom frühen Karl Barth im Briefwechsel mit Eduard Thurneysen sogar noch ausdrücklich begrüßt wurde, fand seine Religionsphilosophie dann aber später umso leidenschaftlichere Ablehnung.[67]

Mit Otto konnte Tillich nicht zuletzt auch seine große Liebe zur Natur teilen. Beide wanderten häufig durch die Wälder des hessischen Berglands und diskutierten «wunderbare Stunden» lebhaft über religionsphilosophische und religionsgeschichtliche Fragen.[68] Nach dem, was man den wenigen Briefen und Berichten der Marburger Zeit entnehmen kann, verband Tillich mit Otto die wohl engste Gelehrtenfreundschaft, die er in diesen Jahren knüpfen konnte und bei der offensichtlich – anders als Anne Marie Reijnen annimmt – besonders auch die persönliche Begegnung und menschliche Verbundenheit noch über die fachlichen Übereinstimmungen hinaus von Bedeutung war.[69]

Fachlich standen Otto und Tillich in den drei Semestern des Marburger Aufenthalts Tillichs in engem Austausch. Neben einigen Vorträgen

nun sehr angespannt. Zum Ende dieser «theologischen Männerfreundschaft» vgl. Lauster, Christologie als Religionshermeneutik, S. 239.

67 Zu der Beurteilung Ottos durch Karl Barth und dessen zeitweiliger Begeisterung («mit ziemlicher Freude», Barth an Thurneysen in einem Brief vom 3.6.1919) vgl. R. Barth, Das Psychologische, S. 372, und Pfleiderer, Theologie, S. 240. Die Wichtigkeit des «ganz Anderen» für die Vertreter der Dialektischen Theologie, zugleich aber auch ihre Skepsis gegenüber den psychologisch-phänomenologischen Überlegungen Ottos, kommen z. B. bei Rudolf Bultmann bereits 1925 in seinem berühmten Aufsatz «Welchen Sinn hat es, von Gott zu reden?» zum Ausdruck, vgl. Bultmann, Welchen Sinn, S. 28ff.

68 Vgl. Tillich, Absolute und relative, S. 62, Interessant ist hierbei, dass beide, Otto wie Tillich, in der Natur eine entscheidende Quelle ihres Interesses an der Mystik und der Frage nach dem Heiligen und dem Unbedingten sahen. Vgl. z. B. bei Tillich, Autobiographische Betrachtungen, S. 59, und bei Otto die in der «Christlichen Welt» veröffentlichten Reiseberichte mit ausführlichen Naturbeschreibungen, von denen einer im vorliegenden Band in neuer Edition vorliegt (S. 13–48) Vgl. hierzu auch Forell, Rudolf Ottos Persönlichkeit, S. 1.

69 «Rudolf Otto [...] stand Tillich wohl am nächsten», Pauck, Paul Tillich, S. 108. Reijnen stellt dagegen sogar jeglichen persönlichen Kontakt zwischen Otto und Tillich in Frage. Im Unterschied zur hier vertretenen Auffassung nimmt Reijnen an, ihr Verhältnis habe sich «eher auf die Gedanken als auf den Umgang mit der Person» gestützt, vgl. Reijnen, Das Heilige, S. 211f.

und Aufsätzen jener Zeit ist hierbei besonders Tillichs Entwurf zur Religionsphilosophie hervorzuheben, den er später als für sein ganzes weiteres Denken grundlegend erachtete. Ganze Passagen des Textes sind ohne den von Ottos Entwurf gefärbten Begriff des Heiligen kaum denkbar: In der Erscheinung des Heiligen sieht Tillich die Dialektik von unbedingtem Sinn und bedingtem Sinn, Grund und Abgrund, Göttlichem und Dämonischem zum Durchbruch kommen.[70] Ebenfalls in die Marburger Zeit fallen Tillichs erste Studien zu seiner Systematischen Theologie, die er 1925 als Dogmatik-Vorlesung vortrug. Ob sich auch hier Impulse aus dem Austausch mit Otto, der in dieser Zeit ebenfalls Dogmatik bzw. Glaubenslehre las, aufzeigen lassen, muss an dieser Stelle offen bleiben.[71] Gleiches gilt für das schmale Buch «Die religiöse Lage der Gegenwart», das Tillich 1926 fertig stellte. Dessen dritter Teil setzt sich mit dem Phänomen «mystisch-intuitiver Elemente» im Protestantismus der Gegenwart auseinander und atmet in weiten Teilen den Geist Ottos, der im gleichen Jahr sein umfangreichstes Werk, «West-östliche Mystik», herausgab. Weitere Zeugnisse des Ertrags und der Wirkung der Begegnung von Tillich und Otto in den drei Marburger Semestern lassen sich erst in den Schriften der Folgejahre nachweisen und gehen offenbar in erster Linie auf den persönlichen Austausch zwischen Tillich und Otto zurück.

5. Überlegungen zum Verhältnis von Tillich und Otto in Schwerpunkten

Seit der Marburger Zeit Tillichs lassen sich mindestens drei thematische Verbindungen zwischen ihm und Otto nennen, durch die sie aufeinander gewirkt und voneinander – oder miteinander – gelernt haben: Es handelt sich um die Themenfelder Politik und gesellschaftliches Leben,

—

70 Vgl. Tillich, Religionsphilosophie, S. 295–364, insbes. den Abschnitt zum «Heiligen», a.a.O., S. 335ff. Der Entwurf Tillichs entstand in seiner Marburger Zeit und wurde 1925 im Lehrbuch der Philosophie von Max Dessoir veröffentlicht. Auf die Parallelen und Differenzen zu Otto, mit dem Tillich gerade in dieser Zeit in engem religionsphilosophischem Austausch stand, kann im Rahmen dieses Beitrags nicht näher eingegangen werden.

71 Vgl. Tillich, Dogmatik-Vorlesung. Eine eingehendere Gegenüberstellung kann hier nicht geleistet werden. Hilfreich wäre hierbei die unveröffentlichte Dissertation von Reinhard Schinzer von 1967 zu den Fragmenten der Glaubenslehre Ottos, vgl. hierzu Schinzer, Das Religiöse, S. 13ff.

Reflexion und Reform von Gottesdienst und religiöser Praxis und schließlich die Wertschätzung theoretischer und praktischer Elemente der Mystik.

5.1 Politik und Gesellschaft

Ausdrücklich würdigte Tillich die Leistungen und Bemühungen Rudolf Ottos «auf praktischem Gebiet».[72] Otto und Tillich waren beide in hohem Maße an gesellschaftspolitischen und sozialen Fragen interessiert, wobei das aktive politische Engagement Ottos bis in die Zeit vor dem Ersten Weltkrieg zurückreicht.[73] Schon früh hatte er Zugang zu den politischen Kreisen um Friedrich Naumann und hegte lebendiges Interesse an dessen 1896 gegründetem Nationalsozialen Verein. Zunehmend wendete sich Otto dann dem politisch liberal-demokratischen Lager zu, beschäftigte sich u. a. mit Max Weber und widmete sich vornehmlich der Außen- und Bildungspolitik sowie Fragen der «gerechten sozialen Gestaltung».[74] Ab 1913 war er Abgeordneter der Nationalliberalen Partei im Preußischen Landtag, dem er bis zum Ende des Krieges angehörte. Außerdem gehörte Otto zum engeren Kreis der Herausgeber der theologisch liberalen Zeitschrift «Die christliche Welt», in enger Zusammenarbeit mit Martin Rade, der wie er und Ernst Troeltsch nach dem Krieg für die DDP in der Preußischen Landesversammlung saß. Gegen Ende der Weimarer Republik wurde Ottos politische Haltung dann zunehmend indifferenter.[75] Nachdem seine einstige weltumspannende und großpolitische Vision eines friedlichen «Religiösen Menschheitsbundes» gescheitert war,[76] zog er sich politisch immer resignierter auf einen zunehmend lokal und sozial fokussierten «Utopianismus» zurück.[77]

—

72 Tillich, Der Religionsphilosoph, S. 183.

73 Die wichtigsten Zeugnisse aus Ottos politischem Engagement versammelt – in englischer Übersetzung – Alles (Hg.), Rudolf Otto, S. 102–161.

74 Vgl. Alles, a.a.O., und Küssner, Erinnerungen, S. 14.

75 Über die Haltung Ottos in der NS-Zeit ist wenig bekannt, sie scheint jedoch nach anfänglicher Sympathie später eher kritisch gewesen zu sein, insbes. im Zusammenhang des Bruchs mit Jakob Wilhelm Hauer, vgl. Alles, Rudolf Otto, S. 194. Die sich formierende Bekennende Kirche konnte Otto allein deshalb nicht unterstützen, weil diese maßgeblich von der Theologie der ihm feindlich gesinnten Anhänger Karl Barths getragen wurde, vgl. ebd.

76 Vgl. Schinzer, Rudolf Otto, S. 21ff. und ausführlicher Obergethmann, Rudolf Ottos ‹Religiöser Menschheitsbund›, S. 79–106.

77 Vgl. Alles, Rudolf Otto, S. 206f. Der Begriff des «Utopianismus» geht auf

Tillichs gesellschaftspolitisches Interesse keimte besonders in der Zeit nach dem Ersten Weltkrieg auf, an dessen Ende er eine katastrophale soziale Zerrüttung der Gesellschaft beobachtete. Während Otto weltweit für den «Religiösen Menschheitsbund» warb, arbeitete Tillich daher am Programm eines «Religiösen Sozialismus», mit dem er eine neue Gesellschaftsordnung sozialistischer Prägung anstrebte, die sich aus dem christlichen Liebesgedanken entwickeln lassen sollte. So unähnlich sich jedoch der aristokratisch-liberale Weltbürger Otto und der damals noch eher unbemittelte und vom Sozialismus begeisterte Privatdozent Tillich auf den ersten Blick waren, so scheinen ihre politischen Visionen doch im Grunde verwandt gewesen zu sein. Ihnen beiden ging es, wie Tillich hätte sagen können, um die Verwirklichung religiöser Substanz in der Gesellschaft und um Impulse zur Ausgestaltung einer sozialen Neuordnung vor dem Horizont theologischer Überlegungen. Beiden stand die Vision einer sowohl religiös als auch politisch friedlicheren Welt in sozialer Ausgeglichenheit vor Augen.[78] Schließlich mussten beide ihre hohen politischen Ideale und Ziele revidieren oder zumindest überdenken. Otto scheiterte mit seiner globalen Vision einer friedlichen Begegnung der Religionen und wurde schließlich von den turbulenten Ereignissen der Weltgeschichte überrollt. Sowohl innerhalb von Theologie und Religionsphilosophie als auch in der Politik der 20er und 30er Jahre vollzogen sich Umwälzungen und Veränderungen die ihn offenbar überforderten und resignieren ließen. Tillich wurde von den Umbrüchen in den 30er Jahren ebenfalls ergriffen und letztlich in die Emigration getrieben. In den USA sah er sich nunmehr einer ganz neuen Kultur ausgesetzt, die ihm nach eigener Einschätzung ganz neue Blickweisen auch auf seine früheren politischen Standpunkte ermöglichte.

Dass Otto und Tillich auch im politisch-sozialen Kontext zusammenarbeiteten, zeigt ein bedauerlicherweise kaum noch rekonstruierbares gesellschaftspolitisches Projekt, das beide im Jahr 1924 unternah-

---

Otto selbst zurück. Nach Alles wandte sich Otto nur noch an «kleine Gruppen der Bildungselite» und hatte als Hauptinteressen «Nationalismus, Freiheit und eine an der Religion orientierte Persönlichkeitsbildung». Seine politischen Interessen wandelten sich «von einer großpolitischen Richtung in eine klein-soziale».

78 Im Falle Ottos sind dessen internationale Vernetzungen und Kontakte besonders in seinem Briefwechsel u. a. mit Mahatma Gandhi und Rabindranath Tagore bezeugt, Letzterer konnte von ihm sogar für einen Besuch in Marburg gewonnen werden.

men.[79] Auf der «Konferenz jüngerer Theologen» erwogen Otto und Tillich die Möglichkeit, junge Theologen dazu zu ermutigen «nicht ins Pfarramt, sondern in die Betriebe oder in die soziale Arbeit als Kerne latenter christlicher Gemeinden» zu gehen.[80] Grundlage dieses Projekts könnte die bereits 1919 erkennbare Übereinstimmung Ottos und Tillichs im Kontext kirchen- und gesellschaftspolitischer Fragen gewesen sein, die in der bereits erwähnten Rezension des Sammelbandes «Revolution und Kirche» deutlich wurde.[81] Trotz ihrer unterschiedlichen politischen Ausgangslagen scheinen sich hier deutliche Übereinstimmungen in der Beurteilung des Umbruchs nach dem Ersten Weltkrieg zu zeigen, die Tillich leidenschaftlich artikuliert. Kern der Problemlage ist für Otto schon in jener Zeit der Verlust religiöser Identität und die Verschüttung der individuellen Frömmigkeit vieler Menschen aufgrund sozialer Transformationen in der Zeit der Jahrhundertwende. Seiner Meinung nach konnte dieser Lage nur durch eine völlige Neuordnung der kirchlichen bzw. religiösen Praxis adäquat begegnet werden. Tillichs Arbeiten zum Religiösen Sozialismus haben hier zahlreiche Anknüpfungspunkte, weitere Parallelen ergeben sich aus seinen Bemühungen um die liturgische Reformbewegung und eine den aktuellen Bedürfnissen entsprechende Neuordnung des Gottesdienstes.

5.2 Gottesdienst und religiöse Praxis

Der bereits erwähnte Aufsatz Ottos zur «Missionspflicht der Kirche gegenüber der religionslosen Gesellschaft» wurde von Tillich enthusiastisch zur Kenntnis genommen. Der gleiche Aufsatz bildet zugleich den Anfang der intensiven Auseinandersetzung Ottos mit Fragen der religiösen Praxis, die er schließlich 1925 in einer Monographie zusammenführte, die Beiträge zur Liturgie und Gottesdienstreform bis hin zu Vorschlägen zu Kirchenreform und Gesellschaftskritik enthielt.[82] In seiner

---

79 Harald Poelchau, berichtet in diesem Zusammenhang von einem Treffen zur Nachbereitung dieser «Ottoschen Tagungen», zu dem er gemeinsam mit Rudolf Bultmann bei Tillich zu Gast war, um über «soziale Fragen» zu diskutieren.

80 Vgl. zu diesem bisher m. E. völlig unerforschten Projekt die Schilderungen Tillichs in einem Brief an Eugen Rosenstock-Huessy, Brief Tillich–Rosenstock von 1935, EGW IV, S. 277.

81 Vgl. hierzu oben, S. 208, Anm. 33 u. 34.

82 Detlef Schwartz untersucht Ottos Entwürfe ausführlich, auch im Zusammenhang mit anderen Reformbewegungen in dieser Zeit, in: Schwartz,

Marburger Zeit wurde Tillich Zeuge zahlreicher Reformaktivitäten und Experimente Ottos zur liturgischen Erneuerung, die ihn offenbar sehr inspirierten.[83] Auch er war Mitte der 20er Jahre stark in liturgische Erneuerungsbewegungen involviert und sah sich hierin «geistesverwandt» mit Otto, was sich nach Einschätzung Tillichs aus ihrer beider Verehrung für Schleiermacher und der religionsphilosophischen Prämisse erklären lässt, «von den Erlebnissen des Heiligen» auszugehen.[84] Es kann folglich kein Zufall sein, dass Tillichs Engagement für die Berneuchener Bewegung im Gefolge von Karl Bernhard Ritter ausgerechnet in seine Marburger Zeit fällt, in der er auch im Zusammenhang mit Universitätsgottesdiensten und Andachten in Ottos Wirkungskreis stand. 1926 erschien dann «Das Berneuchener Buch», in dem Tillich als Mitunterzeichner aufgelistet ist und in dem die damalige Brisanz der Verbindung von der Neuausrichtung religiöser Praxis mit grundlegenden Problemen von Kirche und Gesellschaft deutlich wird.[85]

5.3 Mystik

In Tillichs Lebenserinnerungen geht die teilweise an Seelenverwandtschaft grenzende Verbindung zu Otto im Kern auf eine tiefe mystische Sehnsucht zurück, die beide gleichermaßen seit frühesten Tagen empfanden.[86] Bereits Tillichs früheste Kindheitserinnerungen tragen ein mystisch-ekstatisches Moment in sich, das sein späteres religionsphilosophisches Denken bestimmen sollte. Mit eben jenen Erlebnissen identifizierte Tillich dann später seine erste Begegnung mit der Idee des «Heiligen»

—

Begegnung, S. 23ff. Zur Bedeutung von Ottos Buch «Zur Erneuerung und Ausgestaltung des Gottesdienstes» als Zusammenfassung seiner Arbeiten seit 1919, vgl. a.a.O., S. 118ff.

83 Zu den Projekten und Impulsen Ottos, vgl. grundlegend die Untersuchung: Wiefel-Jenner, Rudolf Ottos Liturgik.

84 Tillich, Autobiographische Betrachtungen, S. 61.

85 Vgl. Berneuchener Konferenz (Hg.), Das Berneuchener Buch und zur Bedeutung Tillichs für die Berneuchener Bewegung, deren Erbe auch heute noch in Gestalt der Michaelsbruderschaft in Marburg präsent ist, vgl. die Erinnerungen von Wilhelm Stählin, in: Stählin, Über die Beziehungen, S. 522ff. Eine inhaltliche Debatte mit Stählin und anderen entrollte sich im Anschluss an den Vortrag «Kirche und Humanistische Gesellschaft», den Tillich 1930 vor der Berneuchener Konferenz in Pätzig hielt, abgedruckt in GW, S. 47–81.

86 Für Tillich und Otto war demnach die «Erfahrung der Gegenwart des Göttlichen» von grundlegender Bedeutung, Tillich, Autobiographische Betrachtungen, S. 61.

im Sinne Ottos. Mit an ein Bekenntnis grenzendem Tonfall schildert Tillich, wie er fortan das Heilige immer wieder in «mystischen, sakramentalen und ästhetischen Elementen» wiedererkannte:

> «Das Erlebnis des ‹Heiligen› wurde mir damals zum unverlierbaren Besitz und zur Grundlage für meine gesamte religiöse und theologische Arbeit. Als mir Rudolf Ottos Idee des ‹Heiligen› zuerst begegnete, verstand ich sie unmittelbar im Licht dieser frühen Erlebnisse und nahm sie als wesentliches Element in mein Denken auf.»[87]

Es mutet daher geradezu konsequent an, dass Tillich in seiner Marburger Zeit ein Seminar über «Protestantische Mystiker» veranstaltete und Otto wenig später in seinem zweiten Kairos-Aufsatz als eine Art protestantischen Wiederentdecker der Mystik feierte.[88] Daher kann es kaum ein Zufall sein, dass Tillich, der schon in seiner Lizenziatendissertation von 1912 über Mystik bei Schelling arbeitete, sich in den Folgejahren bis zu seinem Lebensende eine bleibende Vorliebe für mystische Texte von Meister Eckart, Jakob Böhme, Blaise Pascal und vielen anderen bewahrte und damit ein Erbe Ottos antrat.[89] Dieser veröffentlichte kurz nach dem Weggang Tillichs sein vielbeachtetes Buch «West-Östliche Mystik», in dem er – hier ergeben sich eklatante Berührungspunkte mit dem Begriff der Ekstase bei Tillich – die Mystik Eckarts in religionsphilosophischer und religionsgeschichtlicher Perspektive indischen Traditionen gegenüber stellt und dabei eine umfassende Theorie der Mystik entfaltet.[90]

Aus dieser Perspektive lässt sich die Wertschätzung mystischer Traditionen als grundlegender Kern des Verhältnisses von Otto und Tillich ausmachen, der sie sowohl in religionsphilosophischen Fragen zur Di-

---

87 Tillich, Autobiographische Betrachtungen, S. 60f.

88 Vgl. Tillich, Kairos II, S. 38. 1925 sah Tillich «die wichtige Rolle, die die Mystik in Ottos Leben und Arbeiten spielen sollte», bereits in dessen frühsten Schriften angelegt, vgl. Tillich, Der Religionsphilosoph, S. 180.

89 Die Bedeutung der Mystik für das Werk und Leben Tillichs wurde schon vielfach untersucht. Eine vielschichtige Bilanz bietet Band 3 der Tillich-Studien aus dem Jahr 2000, herausgegeben von Gert Hummel und Doris Lax.

90 Vgl. hierzu Otto, WÖM, besonders die letzten Abschnitte zu grundlegenden Aspekten der Mystik anhand der Unterscheidung von Eckart und Sankara, WÖM, S. 191ff. Eine eingehende Untersuchung des Mystik-Begriffs bei Otto im Kontext seiner Bedeutung für Theorien religiöser Erfahrung im 20. Jahrhundert bietet Thorsten Dietz in: Dietz, Der Neupietismus, insbes. S. 118ff. Zum Begriff der Extase bei Tillich und Otto, vgl. Röer, Heilige, S. 23f, mit Verweisen auf Bd. 1 von Tillichs Systematischer Theologie.

mension des Heiligen und zur Theorie des religiösen Erlebens als auch in praktisch-theologischen und gesellschaftspolitischen Belangen bis hin zu ihrer Persönlichkeit selbst verbindet. Bekannt ist ebenso die große Leidenschaft für Kunst, Musik und sakrale Architektur, die Otto und Tillich gleichermaßen ein Leben lang hegten und immer wieder im Zusammenhang mit mystischen Erfahrungen artikulierten.[91]

6. Wirkungen und Verbindungen seit den 20er Jahren

Als Tillich 1925 Marburg und damit auch den direkten Wirkungskreis des großen Meisters des Numinosen verließ, widmete er Otto in der Vossischen Zeitung einen Artikel, in dem er sein Verhältnis zu Otto, die große Wertschätzung seines Werks und die Hochachtung vor seiner Persönlichkeit zum Ausdruck bringt.[92] Als in allen seinen Schriften spürbaren Geist beschreibt Tillich Ottos «Sinn für die Originalität der religiösen Sphäre und ihrer Denk- und Anschauungsformen»[93], der durch sein ganzes Leben und Denken hindurch wirksam blieb. Auch wenn Tillichs frühere Kritik an der Verhältnisbestimmung von Irrationalem und Rationalem nach wie vor durchschimmert, scheint der persönliche Austausch mit Otto eine gewisse Annäherung mit sich gebracht zu haben. Tillichs Interpretation von Ottos Begriff des Ideogramms erscheint nun ungleich versöhnlicher und verständiger als in der Rezension von 1923, obwohl Tillich nach wie vor eine Weiterarbeit an der Bestimmung des Verhältnisses von Rationalem und Irrationalem vorschlägt.[94] Seit

---

91 Tillich spricht rückblickend von einem «mystischen Teilhaben[s] an der Natur» wie auch bei Dichtung und Kunst, vgl. Tillich Autobiographische Betrachtungen, S. 59, sowie die einschlägigen Beiträge Tillichs zum Expressionismus, zum Kirchenbau etc. Ähnliche Schilderungen zur Naturmystik gibt es auch von und über Otto, vgl. Schinzer, Rudolf Otto, S. 5 (Kunst und Musik) und S. 29 (Kirchenbau und Liturgie), Boeke, Rudolf Otto, S. 134ff (Natur und Sakralarchitektur), Benz, Rudolf Otto, S. 41 (religiöse Kunst).

92 Abgedruckt in Tillich, Der Religionsphilosoph, S. 179ff.

93 Ebd.

94 Auf die religionsphilosophischen Einwände hierzu wurde bereits im Zusammenhang mit Tillichs Rezension von 1923 eingegangen. Überdies kritisiert Tillich die damals landläufige Interpretation des «Heiligen» als «religionspsychologische Untersuchung». Seiner Meinung nach ist «Das Heilige» von Otto gerade das nicht, sondern «eine Wesensschau des Heiligen im besten Geiste historisch befruchteter Phänomenologie», Tillich, Der Religionsphilosoph, S. 182.

Tillichs sehr persönlichem und freundschaftlichem Portrait Ottos in der Vossischen Zeitung, das vielleicht auch als eine Bilanz oder ein Vermächtnis seiner Freundschaft zu Otto nach den drei gemeinsamen Semestern in Marburg zu verstehen ist, ist kein persönlicher Kontakt mit Otto mehr dokumentiert.[95]

Bei der eindrücklichen Fülle von Belegen der Bedeutung Ottos für Tillichs Lebenswerk ist indes nur vage abzuschätzen, ob seinerseits auch Tillich einen gewissen Einfluss auf Rudolf Otto ausübte, der sich womöglich auch in dessen späteren Schriften nachweisen ließe. Dass sowohl Tillichs konstruktive Kritik an Ottos Überlegungen zum Heiligen als auch der produktive Austausch auf allen geschilderten Ebenen durchaus Impulse und Anregungen für Otto bedeuteten, ist – auch angesichts der durchaus profilierten Veröffentlichungen Tillichs aus jener Zeit – nicht von der Hand zu weisen. Konkret fassbar ist dies nur an vereinzelten Stellen wie in Ottos Aufsatz «Rationale Theologie gegen naturalistischen Irrationalismus», der 1932 im Aufsatzband «Sünde und Urschuld» abgedruckt wurde. Otto geht hier offensichtlich auf die von Tillich geübte Kritik an seiner Verhältnisbestimmung von Rationalem und Irrationalem ein, wenn er schreibt, es sei seine Absicht in «Das Heilige» gewesen,

> «den irrationalen Momenten in der Gottesidee zwar ihr Recht wiederzugeben und sie ins Licht zu stellen, aber eben sie ins Licht zu stellen, d. h. [...] sie in strenger Gefühlsanalyse und durch ideogrammatische Symbolierung nach Möglichkeit zu unterscheiden, zu charakterisieren und so der Sfäre des rationalen anzunähern, und zugleich zu zeigen, daß sie der Rand sind an klaren rationalen Momenten, die ebenso zum Gehalte der Gottesidee gehören.»[96]

---

95 Ob es nach dem Abschied Tillichs in Marburg weiteren Kontakt oder einen Briefwechsel zwischen Otto und Tillich gab, muss offen bleiben. Aus den Jahren bis zu Ottos Tod 1937, als Tillich schon drei Jahre lang in der Emigration in Amerika lebte, ist nach gegenwärtigem Forschungsstand kein Beleg einer weiteren Begegnung oder Korrespondenz gegeben.

96 Otto, Rationale Theologie, S. 190. Neben den Parallelen zur Kritik von Tillich und Troeltsch schimmert hier auch eine Verbindung zum Begriff «Mysterium des Lichts» durch, die im Zusammenhang mit der Unterscheidung von Form und Gehalt im Heiligen als dem Unbedingten 1923 von Tillich eingefordert wurde, vgl. Tillich, Die Kategorie, S. 185.

Ohne erneut tiefer in die Debatte einzusteigen wird hier klar, dass Otto entscheidende Impulse aus der Kritik Tillichs aufnimmt. Er zitiert Tillich schließlich ausdrücklich, wenn er schreibt:

> «das, was ‹über alle Vernunft› ist [...], das ist doch selber zugleich Grund und Quell aller Vernunft, aller theoretischen wie praktischen Vernunft, es ist, wie P. Tillich es treffend genannt hat, ‹Grund und Abgrund zugleich›».[97]

Mit großer Wahrscheinlichkeit bezieht sich Otto hier auf den in der Marburger Zeit in Gießen gehaltenen Vortrag Tillichs mit dem Titel «Rechtfertigung und Zweifel»,[98] in dem Tillich über das Heilige Ottos – freilich mit der neuerlichen Kritik an dessen «Nebenordnung» – sagt:

> «gerade als Durchbruch durch die Sinngebiete, als ihr Abgrund und ihr Grund muß es gefaßt werden. [...] Das ganz andere ist immer zugleich das ganz Eigene, der Abgrund ist immer zugleich der Grund.»[99]

Tillichs in den 20er Jahren wiederholt eingeführter Kairos-Begriff blieb ebenfalls nicht ohne Wirkung auf Otto, wie er 1930 in seinem Buch «Indiens Gnadenreligion und das Christentum» zeigt. In der Gegenüberstellung der indischen Bhakti-Tradition mit der Heilslehre im Christentum identifiziert Otto einen zentralen Unterschied der beiden Religionen in ihrer Stellung zur Welt. Die «Verkettung ohne Ziel und Ende» im Weltverständnis indischer Gnadenreligionen laufe demnach der jüdisch-christlichen Tradition ausdrücklich entgegen, die in der «Erwar-

---

97 Otto, Rationale Theologie, S. 190. Tillich nahm schon 1924 bei seinem in Marburg geschriebenen Tübinger Vortrag «Kirche und Kultur» Bezug auf Otto, im Kontext seiner Überlegungen zum Begriff des Sinns als Grund und Abgrund, vgl. Tillich, Kirche und Kultur, S. 35. Man darf wohl davon ausgehen, dass diese Terminologie in jener Zeit auch mit Otto persönlich in Marburg diskutiert wurde.

98 Eine andere Quelle zum «Doppelsymbol ‹Grund› und ‹Abgrund›», auf die sich Otto hier beziehen könnte, ist die ebenfalls 1925 entstandene Studie Tillichs zur Religionsphilosophie mit einem Abschnitt über «Das Heilige und das Profane» in: Tillich, Religionsphilosophie, S. 335.

99 Tillich, Rechtfertigung und Zweifel, S. 96. Werner Schüßler zieht dagegen sogar in Erwägung, dass die Rezeption des Begriffspaars «Grund und Abgrund» genau andersherum lief und es vielmehr Tillich war, der die Begriffe von Otto übernommen hat. Schüßler bezieht sich hierbei auf die etwas zu pantheistisch imprägnierte Ausrichtung der Begriffe bei Schelling und Böhme, die Tillich als alternative Quelle gedient haben könnten. Vgl. hierzu und zur Gegenüberstellung der Begriffe «Grund und Abgrund» bei Tillich und «rational und irrational» bei Otto: Schüßler, Der philosophische, S. 190f.

tung vor dem endlich hereinbrechenden ‹Ganz Anderen›» einen deutlichen eschatologischen Fluchtpunkt, ein «Advents-gefühl» aufweise.[100] In Tillichs Kairos-Lehre und seinen kulturtheologischen Überlegungen scheint Otto in diesem Zusammenhang eine besonders profilierte und ausdrucksstarke theologische Interpretation und Vergegenwärtigung dieses Kerns christlicher Religion zu sehen. Zwar hält Otto Tillichs «befremdliche Ausdrücke vom ‹Überseienden›, dessen ‹Symbolwert› Gott und Christus seien» für etwas fragwürdig, kann ihm jedoch in der Sache eine «entschieden christlichere Haltung als manche[n] seiner Kritiker» bescheinigen.[101]

Die Beschäftigung mit Rudolf Otto und dem Heiligen hat Tillich schließlich noch weit über den Tod Ottos hinaus sein ganzes Leben lang begleitet und soll hier nur anhand einiger Schlaglichter vorgestellt werden.[102]

Im Jahr 1951 erschien der erste Band von Tillichs Systematischer Theologie, deren Vorarbeiten bis in die Zeit in Marburg zurück reichen.[103] Ohne Otto immer wieder ausdrücklich zu nennen, schlagen in Tillichs System die bereits geschilderten Parallelen zu dessen Religionsphilosophie deutlich durch, beispielsweise im Zusammenhang von «Ekstase» und «Mystik» im Kontext des Offenbarungsbegriffs sowie in der Unterscheidung von Heiligem und Profanem, von Gott und Welt bzw. von Essenz und Existenz.[104] In seiner Gotteslehre unternimmt Tillich

---

100 Otto, Die Gnadenreligion, S. 51.

101 Vgl. Otto, a.a.O., S. 51. Die Auffassung der Begriffe «Gott» und «Christus» als «Symbole» hatte Tillich schon in den 20er Jahren, beispielsweise in seiner Religionsphilosophie von 1925 formuliert. Die solidarische Bemerkung zu Tillichs christlichem Profil resultiert wohl aus den in jener Zeit immer wieder laut werdenden Anfeindungen, Tillich sei ein nicht mehr eigentlich christlich zu nennender Philosoph.

102 Ottos Schüler Gustav Mensching führt nicht zuletzt auch Ottos beachtliche Wirkungsgeschichte in Amerika neben James L. Adams maßgeblich auf Paul Tillichs «Bewunderung und Wertschätzung» zurück, Mensching, Rudolf Otto, S. 68.

103 Tillich benennt als Anfangspunkt seines Systems ausdrücklich das Jahr 1924, als er in Marburg war, vgl. ders., Systematische Theologie III, Vorwort, S. 17.

104 Vgl. Zur Konzeption des Heiligen in der Systematischen Theologie Tillichs z. B. Danz, Religion, S. 107–109; Röer, Heilige, S. 22ff; Reijnen, Das Heilige, S. 211ff. Als Bilanz und in der Rückschau auf Band I der Systematischen Theologie nimmt Tillich Bezug auf die Bedeutung des Heiligen als

eine Interpretation des Heiligen und des Göttlichen als Korrelation. Christian Danz beschreibt die Bedeutung des Heiligen für Tillichs Gottesbegriff daher als «noetische Seite des Bewußtseinsvollzugs» die sich phänomenologisch beschreiben lassen muss.[105] Das Heilige steht demnach für einen «aktualen Vollzug unbedingter Gewißheit» während «die Gottesidee für den Ausdruck dieser Gewißheit» steht.[106] Damit ist die Idee des Heiligen in ihrer Bedeutung für Theologie und Religionsphilosophie kaum zu überschätzen, sie ist «die beste Eingangstür in das Verständnis der Religion, und sie ist die beste Grundlage für eine Philosophie der Religion».[107] Die berühmte Kontrastharmonie des Numinosen bei Otto wird damit im System Tillichs zur Beschreibung eines Kernanliegens seiner Theologie erhoben, nämlich der Reflexion der Transzendierung der Subjekt-Objekt-Struktur der Wirklichkeit: «Wenn er [Otto, Anm. d. Verf.] das Mysterium des Heiligen als *tremendum* und *fascinosum* beschreibt, drückt er die Erfahrung des Unbedingten in dem Doppelsinn von Grund und Abgrund des Seins aus.»[108] Im Zusammenhang mit dem Problemfeld von Vernunft und Existenz greift Tillich mit dem Theonomiebegriff eine Terminologie auf, die auch in Ottos Auseinandersetzung mit Nicolai Hartmann zur Ethik schon einen zent-

---

«Erfahrung des Selbst-Transzendierens» in der Einleitung zu Band II, vgl. Tillich, Systematische Theologie II, S. 14.

105 Danz, Religion, S. 107.

106 Vgl. a.a.O., S. 109. Danz sieht in Tillichs Konzeption des Heiligen in der «Systematischen Theologie» gleichsam den Lösungsweg zu der bei Otto «ungelöst gebliebenen» Frage des Verhältnisses des Rationalen zum Irrationalen. Auf die Interpretation der Idee des Heiligen als «Deutungsleistung des religiösen Bewusstseins, mit der es seine lebensweltlich vollzogene Gewißheit deutet», wurde bereits im Zusammenhang mit den Überlegungen Ulrich Barths hingewiesen, vgl. oben, S. 205 Anm. 25.

107 Tillich, Systematische Theologie I, S. 251. Zusammengefasst ist das Heilige nicht weniger als «das Göttliche» selbst bzw. «die Qualität dessen, was uns unbedingt angeht», Tillich, ebd.

108 Tillich, Systematische Theologie I, S. 251 (kursiv im Orig.). Auf Ottos Wertschätzung von Tillichs Grund-Abgrund-Terminologie wurde bereits hingewiesen. Vgl. hierzu auch die Interpretation von Tillichs Otto-Rezeption in der «Systematischen Theologie» bei Gregory D. Alles, in: Alles, Rudolf Otto, S. 10f: Tillich «systematically retranslated Otto's terms – the numinous, the *mysterium tremendum*, the *fascinosum* – into his own distinctive vocabulary of human concern for the ultimate as both abyss and ground of being».

ralen Stellenwert hatte. Ob daher jedoch auch eine konkrete Verbindung zu Otto anzunehmen ist, kann hier nicht entschieden werden.[109]

Eine weitere Bezugnahme auf Otto findet sich dann 1957 in dem kleinen Bändchen «Dynamics of Faith», in dem Tillich seinen Begriff der Dynamik des Glaubens im Begriff des Heiligen anhand einiger religionsgeschichtlicher Beispiele verdeutlicht.[110]

Wenige Jahre später konkretisiert Tillich das Heilige als das Wohin des Verweises religiöser Symbole, wofür eine Unterscheidung von Phänomenologie und Ontologie nötig wird. Letztere vermisst Tillich bei Ottos phänomenologischer Schwerpunktlegung, die die «Frage nach der Gültigkeit der beschriebenen Phänomene» offenlassen muss.[111]

Erst ein Jahr nach seinem Tod wird schließlich Tillichs letzte Bezugnahme auf das Heilige Otto'scher Prägung im Rahmen einer Vortragsreihe von 1965 zu erkenntnistheoretischen Fragen der Religion unter dem Titel «My Search for Absolutes» publiziert.[112] Das Kapitel zum Heiligen ist zugleich das inhaltliche Zentrum seiner Ausführungen und beschreibt die «Quelle aller absoluten Faktoren in unserer Begegnung mit der Wirklichkeit», das «Absolute-Selbst», das jenseits der Spaltung von Subjekt und Objekt liegt. Bemerkenswert ist an dieser Auseinandersetzung Tillichs mit dem Heiligen, dass dieses nun als Primärbegriff seiner Überlegungen fungiert, dem die bisher prominentesten Begriffe wie das «Sein-Selbst», «das Unbedingte» und «das Absolute» zugeordnet werden. Die zustimmende und wohlwollende Erwähnung Ottos bildet zugleich die Überleitung in den religionstheologischen Ausblick Tillichs, in dem er die Möglichkeit der Selbstrelativierung der Religionen anhand einiger religionsgeschichtlicher Beispiele referiert. An mehreren Stellen bringt Tillich hierbei zum Ausdruck, wie stark ihn die Frage nach dem Absolutheitsanspruch der Religionen und ihrer «Tiefendimension» in diesen Jahren beschäftigte.

Auffällig ist die Veränderung der Beurteilung der Spuren von Ottos Erbe, die in weiten Teilen von Tillichs Spätwerk immer wieder durchscheinen. Otto ist für Tillich offenbar immer weniger als religions-

---

109 Mit Bezug auf Tillich, Systematische Theologie I, S. 103, argumentiert der Herausgeber der Ethik-Aufsätze Ottos, Jack Boozer, für eine große inhaltliche Verwandtschaft der Terminologien bei Otto und Tillich in: Otto, Aufsätze zur Ethik, S. 280.

110 Vgl. auf Deutsch: Tillich, Wesen und Wandel, S. 119ff.

111 Vgl. Tillichs Aufsatz «The Meaning and Justification of Religious Symbols» von 1961, auf Deutsch: Recht und Bedeutung, S. 239ff.

112 Vgl. Tillich, Absolute und Relative, S. 59ff.

philosophischer Lehrer von Bedeutung, an dessen Konzeptionen sich der frühere Tillich noch systematisch abarbeitete. Vielmehr scheint die Verbindung zu Otto für Tillich zunehmend eine unentbehrliche Quelle theologischer Inspiration, weitsichtiger kultur- und religionsgeschichtlicher Perspektiven und schließlich sprachlicher und ideengeschichtlicher Virtuosität gewesen zu sein. Der Begriff des Heiligen wurde für ihn zu einem tief vertrauten Theoriekomplex, der stets auch unter dem persönlichen Eindruck der Person Ottos stand und über die Transformationen und Entwicklungen in Tillichs Denken hinaus für viele Jahrzehnte bis zu seinem Lebensende von grundlegender Bedeutung war.

7. Bilanz einer Freundschaft: «My highly esteemed friend Rudolf Otto»

Die freundschaftlichen Begegnungen zwischen Otto und Tillich waren besonders für Letzteren ein außerordentlicher Glücksfall. Abseits des damaligen theologischen Mainstreams fanden sich mit Tillich und Otto auf ganz eigenem Wege zwei Einzelgänger, die beide keine bedeutende Schule gründeten und doch in je eigener Weise als Individualisten und herausragende Denker weltberühmt wurden. Bei allen inhaltlichen und persönlichen Gemeinsamkeiten scheint schließlich der Kern ihrer Verbindung ihre Wesensart zu sein. Schon in ihren Kindheitserinnerungen zeigen sich in vielen Bereichen gemeinsame Interessen wie Kunst und Musik, die Schönheit der Natur und fremde Kulturen. Ihre Gemeinsamkeiten gingen weit über den Austausch religionsphilosophischer Probleme hinaus, was sich auch in persönlicher Wertschätzung, gemeinsamen Lektürevorlieben und nicht zuletzt in einer ähnlichen Frömmigkeit und Charakterbildung zeigt. Sowohl Otto als auch Tillich waren in ihrer Theologie und ihrer persönlichen Religiosität von mystischen Elementen geprägt, die sich bei beiden auch durch einen gewissen Hang zur Schwermut artikulierte. Tillich litt immer wieder unter Anfällen von Depressionen während der Sturz des sensiblen und verschlossenen Otto von einem Turm in Staufenberg kurz vor seinem Tod sogar gelegentlich als Selbstmordversuch gedeutet wurde und eine psychiatrische Behandlung nach sich zog. Andererseits sagt man beiden eine außergewöhnliche Warmherzigkeit und Menschlichkeit sowie eine beinahe legendäre Geselligkeit nach, die von ihren zahlreichen Freunden immer wieder gerühmt wurde. Auch stilistisch sind sich Otto und Tillich ähnlich: Beide ernteten immer wieder Kritik für ihren essayistischen Schreibstil nebst ihrer leichtfüßigen und unbeschwerten Art, eine gewaltige Zahl an Eindrücken und Gedanken zu vernetzen und virtuos zu verwerten. So kann für Tillich durchaus ebenfalls gelten, was er 1925 noch bewundernd über Otto sagte:

> «Ottos Bedeutung liegt nicht auf dem Gebiet der historischen Kleinarbeit, der gegenüber er oft den Verdacht ausspricht, daß sie an dem intuitiv zu erfassenden Leben vorbeigehe und dadurch trotz aller richtigen Einzelbeobachtungen schließlich unwirklich werde.»[113]

In Herkunft und Lebensweg sehr verschieden, waren Otto und Tillich auf je eigene Weise Kosmopoliten, die über Landes- Kultur- und Sprachgrenzen hinaus dachten, sich vernetzten und beobachteten. Trotzdem ließen einige Reisen, die Tillich gegen Ende seines Lebens unternahm, besonders 1960 nach Japan, sowie die späte Bekanntschaft aus gemeinsam gehaltenen Seminaren mit dem ebenfalls von Otto beeinflussten Mircea Eliade Tillich selbst nach Abschluss seines beeindruckenden Lebenswerks an der «Provinzialität» seines Denkens Anstoß nehmen. Er beklagte die in seinem Werk weitgehend fehlende Perspektive auf östliche Kulturen und Religionen, die der visionäre Otto bereits ein halbes Jahrhundert zuvor auf seinen monatelangen Weltreisen für sich entdeckt hatte und erforschte.[114]

Wie zum Zeichen seiner lebenslangen Verbundenheit, von den frühen religionsphilosophischen Debatten im Ersten Weltkrieg über die gemeinsame Zeit in Marburg bis in die letzten Lebensjahrzehnte in Amerika, scheint Tillichs letzter akademischer Beitrag – als sei es kein Zufall – Rudolf Otto geradezu zugeeignet zu sein. Am 11. Oktober 1965 hielt er anlässlich der Hundertjahrfeier der Divinity School in Chicago den vielbeachteten Vortrag «The Significance of the History of

---

113 Tillich, Der Religionsphilosoph, S. 180. Vielleicht liegt hierin auch der Grund dafür, dass Tillich das Werk Ottos trotz der zahlreichen durchaus scharfsinnigen Auseinandersetzungen nie im großen Stil systematisch in sein Werk einarbeitete, sondern eher – wie auch beispielsweise seine Böhme- oder Nietzschelektüre – als Grundlage seines Denkens und ideengeschichtliche Verwurzelung auffasste, ohne sich in größeren Traktaten systematisch damit auseinanderzusetzen oder sich als Schüler zu betrachten.

114 Vgl. mit dem Verweis auf eine entsprechende Äußerung Tillichs, Schüßler, Paul Tillich, S. 73f, und die Bemerkung von Martin Kraatz: «Als Theologe hat Otto tatsächlich das vollbracht, was Paul Tillich gegen Lebensende als ein Desideratum ansprach, sollte ihm seine Laufbahn noch einmal gewährt werden.», Kraatz, Rudolf Otto, S. 378. Erstmals versuchte Tillich 1962 mit der Schrift «Christianity and the Encounter of the World Religions» wenigstens ansatzweise diesem Defizit abzuhelfen. Ausführlich zu Tillichs späten Reisen, vgl. Pauck, Paul Tillich, S. 266ff.

Religions for the Systematic Theologian».[115] Mit dem Programm der Integration religionsgeschichtlicher Aspekte in die systematische Theologie trifft Tillich nach eigener Einschätzung eine Grundentscheidung. Er wählt hiermit den zuvor bereits von Otto beschrittenen Weg einer Würdigung der nichtchristlichen Religionen und setzt sich damit dem schon gegenüber Otto vielfach geäußerten Vorwurf der Relativierung des christlichen Offenbarungsglaubens aus. Um dem zu begegnen, entwirft Tillich die Typologie einer Theologie der Religionen mithilfe des Begriffs des Heiligen unter Einbeziehung der religionsgeschichtlichen Phänomenologie. Zugrunde liegt dabei die Annahme einer als heilig erfahrenen Wirklichkeit, die allen Religionen eigen ist und zugleich von diesen einer Deutung bzw. einer Kritik unterworfen wird. «Die universale Grundlage der Religion ist die Erfahrung des Heiligen innerhalb des Endlichen», die zugleich durch einen «kritischen Widerstand gegen die Dämonisierung des Sakramentalen, die das Heilige in ein Objekt verwandelt, über das man verfügen kann» reflektiert wird.[116] Nach diesem Gedanken einer «Theologie der Religionsgeschichte» muss folglich jede Erfahrung des Heiligen durch ein in der Religion angelegtes Korrektiv, eine Art kathartische Via Negativa, vor der Gefahr der Verabsolutierung und Fundamentalisierung geschützt werden. In ihr muss die «positive Bewertung der universalen Offenbarung der kritischen das Gleichgewicht halten».[117]

Im letzten Vortrag seines Lebens schlägt Tillich in eindrucksvoller Weise den Bogen von den wichtigsten Eckpunkten seiner «Systematischen Theologie» hin zu der religionsgeschichtlichen Arbeit Ottos, um sie in einer im Begriff der Erfahrung des Heiligen zentrierten Theologie der Religionen zusammenzuführen. Als sei es einer der roten Fäden seines Lebens und Denkens, kommt Tillich so an seinem Lebensende erneut in einem zentralen Anliegen und dem vielleicht letzten großen Thema seiner Theologie, der Religionsgeschichte, auf die Idee des Heiligen von Otto zurück, der er sich bis in seine frühsten Erinnerungen hinein verbunden fühlte.

---

115 Tillich, The Significance, S. 455–470, für die auf Deutsch zitierten Stellen vgl. die Übersetzung: Tillich, die Bedeutung, S. 144–156.

116 Tillich, Die Bedeutung, S. 149.

117 Tillich, Die Bedeutung, S. 147. Das dahinter stehende theologische Konzept nennt Tillich mit Vorbehalt «Theologie des konkreten Geistes», a.a.O., S. 150, und spricht in diesem Zusammenhang von einer «doppelten Negation», die sich kritisch sowohl gegen «übernatürliche Theologie» als auch gegen «natürliche Theologie» richtet, a.a.O., S. 154.

Am Morgen nach dem Vortrag erlitt Tillich einen Herzanfall, an dem er wenige Tage später in Chicago starb. In der Einleitung des Vortrags erinnert er in einem Nebensatz – so herzlich wie niemals zuvor – an den für sein Denken so grundlegenden Meister des Heiligen: «my very highly esteemed friend Rudolf Otto».[118]

Literatur

Alles, Gregory D. (Hg.): Rudolf Otto. Autobiographical and Social Essays. Übers. u. hrsg. von G. D. Alles [History of Religions in Translation 2], Berlin; New York 1996.

– Rudolf Otto (1869–1937), in: Michaels, Axel (Hg.): Klassiker der Religionswissenschaft. Von Friedrich Schleiermacher bis Mircea Eliade, München 2004.

Barth, Roderich: Das Psychologische in der Religionstheorie Rudolf Ottos, in: Protestantismus zwischen Aufklärung und Moderne. Festschrift für Ulrich Barth, hg. v. R. Barth/C.-D. Osthövener/A.v. Scheliha, Frankfurt a. Main 2005, S. 371–388.

Barth, Ulrich: Die sinntheoretischen Grundlagen des Religionsbegriffs. Problemgeschichtliche Hintergründe zum frühen Tillich, in: ders.: Religion in der Moderne, Tübingen 2003, S. 89–123.

– Theoriedimensionen des Religionsbegriffs. Die Binnenrelevanz der sogenannten Außenperspektiven, in: ders.: Religion in der Moderne, Tübingen 2003, S. 29–87.

Ernst (Hg.): Rudolf Otto's Bedeutung für die Religionswissenschaft und die Theologie heute, Leiden 1971.

Boeke, R.: Rudolf Otto, Leben und Werk, in: Numen, Bd. 14, 1967, S. 130–143.

Bultmann, Rudolf: Welchen Sinn hat es, von Gott zu reden?, in: Glauben und Verstehen I, Tübingen ^{7}1972, S. 26–37.

Danz, Christian: Religion als Freiheitsbewusstsein. Eine Studie zur Theologie als Theorie der Konstitutionsbedingungen individueller Subjektivität bei Paul Tillich, [TBT 110] Berlin; New York 2000.

Dietz, Thorsten: Der Neupietismus und die Theologie: biblische, missionarische und mystische Theologie bei Adolf Schlatter, Karl Heim

---

118 Vgl. Tillich, The Significance, S. 456. Die zitierte Freundschaftsbekundung, die von Tillich frei im Vortrag ergänzt wurde, findet sich allein in der von Danz, Schüßler und Sturm herausgegebenen kritischen Textausgabe, die auch die Tonbandaufnahmen berücksichtigt.

und Rudolf Otto, in: F. Lüdke; N. Schmidt (Hg.): Was ist neu am Pietismus? Tradition und Zukunftsperspektiven der Evangelischen Gemeinschaftsbewegung, [SEHT 1] Berlin 2010, S. 89–123.

Forell, Birger: Rudolf Ottos Persönlichkeit, in: ders.; H. Frick; F. Heiler: Religionswissenschaft in neuer Sicht, Marburg 1951, S. 1f.

Gadamer, Hans-Georg: Erinnerung an Paul Tillich, in: EGW V, S. 165–167.

Harnack, Adolf von: Rudolf Otto, Das Heilige (Rez.), in: DLZ 45 (1924), 993.

Kraatz, Martin; Boozer, Jack S.: Rudolf Otto (1869–1937), in: I. Schnack (Hg.): Marburger Gelehrte in der ersten Hälfte des 20. Jahrhunderts, Marburg 1977, S. 362–389.

Küssner, Karl: Erinnerungen an Rudolf Otto, in: Otto, Rudolf: Verantwortliche Lebensgestaltung. Gespräche über Fragen der Ethik, hrsg. von Karl Küssner, Lüneburg 1959.

Lauster, Jörg: Christologie als Religionshermeneutik, in: Zwischen historischem Jesus und dogmatischem Christus. Zum Stand der Christologie im 21. Jahrhundert, hg. von Chr. Danz; M. Murrmann-Kahl, Tübingen 2010, S. 239–257.

– Religion als Lebensdeutung. Theologische Hermeneutik heute, Darmstadt 2005.

Mensching, Gustav: Rudolf Otto und die Religionsgeschichte, in: Benz, Ernst: Rudolf Otto's Bedeutung für die Religionswissenschaft und die Theologie heute, Leiden 1971, S. 49–69.

Obergethmann, Frank: Rudolf Ottos «Religiöser Menschheitsbund» – ein Kapitel interreligiöser Begegnung zwischen den Weltkriegen, in: ZfR 6, 1998, S. 79–106.

Otto, Rudolf: Aufsätze zur Ethik, hrsg. von Jack Boozer, München 1981.

– Das Heilige. Über das Irrationale in der Idee des Göttlichen und sein Verhältnis zum Rationalen (^{17}1931), München 2004.

– Die Gnadenreligion Indiens und das Christentum. Vergleich und Unterscheidung, Gotha 1930.

– Die Missionspflicht der Kirche gegenüber der religionslosen Gesellschaft, in: Thimme, F.; Rolffs, E. (Hg.): Revolution und Kirche. Zur Neuordnung des Kirchenwesens im deutschen Volksstaat, Berlin 1919, S. 273–300.

– Kantisch-Fries'sche Religionsphilosophie und ihre Anwendung auf die Theologie. Zur Einleitung in die Glaubenslehre für Studenten der Theologie. Tübingen 1909.

– Tremendum und Mystik, in: ders.: Aufsätze das Numinose betreffend. Gotha 1923, S. 65–70.

– Mystische und gläubige Frömmigkeit, in: ders.: Sünde und Urschuld. Und andere Aufsätze zur Theologie, München [6]1932, S. 140–177.
– Naturalistische und religiöse Weltansicht (1904), Tübingen [3]1929.
– Rationale Theologie gegen naturalistischen Irrationalismus (Darwinismus und Rationale Theologie), in: ders.: Sünde und Urschuld, München 1932, S. 190–225.
– Vita zum 1. Examen, in: Rudolf Otto Archiv, Universitätsbibliothek Marburg, Hs. 797:582.
– Zur Erneuerung und Ausgestaltung des Gottesdienstes, Gießen 1925.

Pauck, Wilhelm u. Marion: Paul Tillich. Sein Leben und Denken, Bd. I: Leben, Stuttgart; Frankfurt a. M. 1978.

Pfleiderer, Georg: Theologie als Wirklichkeitswissenschaft. Studien zum Religionsbegriff bei Georg Wobbermin, Rudolf Otto, Heinrich Scholz und Max Scheler, [BHTh 82] Tübingen 1992.

Reijnen, Anne-Marie: Das Heilige als Kategorie bei Rudolf Otto und Paul Tillich, in: G. Hummel; D. Lax (Hg.): Mystisches Erbe in Tillichs Theologie/Mystical Heritage in Tillich's Philosophical Theology, [Tillich-Studien Bd. 3] Münster; Hamburg; New York 2000, S. 207–217.

Röer, Hans: Heilige – profane Wirklichkeit bei Paul Tillich, [Konfessionkundliche und Kontroverstheologische Studien, Bd. 35] Paderborn 1975.

Schinzer, Reinhard: Rudolf Otto – Entwurf einer Biographie, in: Benz, E. (Hg.): Rudolf Ottos Bedeutung für die Religionswissenschaft und die Theologie heute, Leiden 1971, S. 1–29.
– Das religiöse Apriori in Rudolf Ottos Werk, in: NZSTh Bd. 11, Heft 1, 1969, S. 189–207.

Schneider, Jörg: Rudolf Otto. Religion als Begegnung mit dem Heiligen, in: Kompendium Religionstheorie, hg. von Drehen, V.; Gräb, W.; Weyel, B., Göttingen 2005, S. 97–107.

Schüßler, Werner: Der philosophische Gottesgedanke im Frühwerk Paul Tillichs (1910–1933). Darstellung und Interpretation seiner Gedanken und Quellen, Würzburg 1986.
– Paul Tillich, München 1997.

Schwartz, Detlef: Begegnung mit Gott. Der Ertrag von Rudolf Ottos Arbeit am Religionsverständnis für den Gottesdienst, Berlin 1997.

Stählin, Wilhelm: Über die Beziehungen Paul Tillichs zu «Berneuchen», in: GW XIII, S. 552–556.

Sturm, Erdmann: Historische Einleitung. Paul Tillichs frühe Vorlesungen (1919–1920), in: P. Tillich, Berliner Vorlesungen I (1919–1920), hg. von Sturm, Erdmann, EGW, XII, S. 1–26.

Tillich, Hannah: Ich allein bin. Mein Leben, Gütersloh 1993 (Übers. der amerikanischen Originalausgabe von 1973).
Tillich, Paul: Absolute und Relative Faktoren in der Begegnung des Menschen mit der Wirklichkeit, in: EGW IV, S. 36–70.
– Ansprache Gründungsfeier, in: GW XIII, S. 359–363.
– Auf der Grenze, in: GW XII, S. 13–57.
– Autobiographische Betrachtungen, in: GW XII, S. 58–77.
– Brief an Emanuel Hirsch vom 12.11.1917, in: EGW VI, S. 97f.
– Der Religionsphilosoph Rudolf Otto, in: GW XII, S. 179–183.
– Die Bedeutung der Religionsgeschichte, in: EGW IV, S. 144–156.
– Die Kategorie des «Heiligen» bei Rudolf Otto, in: GW XII, S. 184–186.
– Die religiöse Lage der Gegenwart, in: GW X, S. 9–93.
– Die zwei Wege der Religionsphilosophie, in: GW V, S. 122–137.
– Dogmatik-Vorlesung (Dresden 1925–1927), hg. und mit einer historischen Einleitung versehen von W. Schüßler und E. Sturm, in: EGW XIV, Berlin; New York 2005.
– Kairos II, Ideen zur Geisteslage der Gegenwart, in: GW VI, S. 29–41.
– Kirche und Kultur, in: GW IX, S. 32–46.
– Rechtfertigung und Zweifel, in: GW VIII, S. 85–100.
– Religionsphilosophie, in: GW I, S. 295–364.
– Rundbrief an die Wingolf-Freunde vom 19.8.1917, in: EGW V, S. 103–108.
– The Significance of the History of Religions for the Systematic Theologian, in: P. Tillich, Ausgewählte Texte, hg. v. Danz, Christian; Schüßler, Werner; Sturm, Erdmann, Berlin 2008, S. 455–470.
– Vorlesung: Das Christentum und die Gesellschaftsprobleme der Gegenwart, in: ders., Berliner Vorlesungen I (1919–1920), hg. von Sturm, Erdmann, EGW XII, S. 27–258.
– Vorlesung: Religionsphilosophie, in: ders., Berliner Vorlesungen I (1919–1920), hg. von Sturm, Erdmann, EGW, XII, S. 333–584.
Thimme, Friedrich; Rolffs, Ernst (Hg.): Revolution und Kirche. Zur Neuordnung des Kirchenwesens im deutschen Volksstaat. Berlin 1919.
Troeltsch, Ernst: Zur Religionsphilosophie. Aus Anlaß des Buches von Rudolf Otto über «Das Heilige» (Breslau 1917), in: Kant-Studien, Bd. 23, Heft 1, Berlin 1918, zitiert nach Troeltsch, E., KGA 13, Rezensionen und Kritiken (1915–1923), Berlin; New York 2010, 412–425.
Wiefel-Jenner, Katharina: Rudolf Ottos Liturgik, Göttingen 1997.

Dirk Johannsen

‹Religion› als diegetischer Raum. Eine narratologische Analyse von Rudolf Ottos «Das Heilige»

1. Eine oberflächliche Lesart von «Das Heilige»

Eine narratologische Analyse von Rudolf Ottos Hauptwerk «Das Heilige – Über das Irrationale in der Idee des Göttlichen und sein Verhältnis zum Rationalen» (1917) scheint auf den ersten Blick kaum vielversprechend. Weder handelt es sich um einen fiktionalen Text, noch hat Otto Geschichten zu erzählen. Im Gegenteil: «[N]arrative is strikingly absent from The Idea of the Holy», merkt Lynn M. Poland mit Blick auf die Rhetorik des Werkes an:

> «This is so not only because the same structure is repeated in each historical phase, and not only because the history of religion is a succession of ‹occasions› rather than causes, but most significantly because Otto's entire endeavor could be described as an effort to preclude the conditions for narration. There can be no narrative because there must be no transitions to narrate.»[1]

Gleichzeitig weist der Text jedoch unbestritten eine hohe Poetizität auf. Paul Tillich etwa zeigt sich angesichts der «Schönheit und Kraft des Buches», welches er noch «im Felde» gelesen habe, zu Dank verpflichtet. Die Lektüre beschreibt er als ein Erlebnis:

> «Einige Merkwürdigkeiten der Schreibart, ein völlig unbekannter Verlag machten einen Augenblick stutzig. Dann aber begann ein Staunen, ein inneres Gepacktsein, eine leidenschaftliche Zustimmung, wie man sie bei theologischen Büchern nicht mehr gewohnt war.»[2]

Ottos evokative Sprachlichkeit ist die vielleicht am häufigsten hervorgehobene Eigenschaft des Buches.[3] Bewunderung und harsche Kritik schlossen hier an. «Tief und schön» sei das Buch (Max Scheler), die

—

1 Poland, Idea of the Holy, S. 186.

2 Tillich, Kategorie des «Heiligen», S. 184, und Tillich, Der Religionsphilosoph, S. 179.

3 Vgl. Gooch, Numinous and Modernity, S. 1f.

Einfühlung «unwiderleglich» (Ernst Troeltsch), der Stil zugleich aber in vielerlei Hinsicht esoterisches oder gar elitäres Blendwerk: «Welch Schauspiel! Aber ach, ein Schauspiel nur!» (Friedrich K. Feigel).[4]

In der akademischen Rezeption des «Heiligen» wurden bereits in den ersten Jahren nach der Veröffentlichung Inkohärenzen in der Verknüpfung eines mystischen Irrationalismus mit dem Fries'schen Rationalismus aufgezeigt, die psychologisierende Gefühlsanalyse dekonstruiert und das normativ-christliche Substrat eines zugleich als heuristisch und historisch deklarierten Religionsbegriffes offengelegt.[5] Der Verdacht lag daher nahe, dass der sich in zahlreichen Neuauflagen dokumentierende literarische Erfolg des «Heiligen» weniger dem theologischen Projekt geschuldet war als Ottos Fähigkeit, Grauen und Begeisterung der Kriegsjahre einzufangen und zu transzendieren.[6] Die spezifische Form der Inszenierung des Irrationalen als ambivalenter, treibender Wirkmacht, die, alle Vernunft übersteigend, das Individuum ergreift, war jedoch keineswegs neu. Die zeitgenössischen Kriegsdarstellungen und Ottos theologische Erörterungen teilen sich ein *literarisches* Erbe, ohne dass damit ein kausaler Zusammenhang zwischen ihnen indiziert wäre.

> «[F]ormal experiment, dislocation of conventional syntax, radical breaches of decorum, disturbance of chronology and spatial order, ambiguity, polysemi, obscurity, mythopoetic allusion, primitivism, irrationalism, structuring by symbol and motif rather than narrative or argumentative logic»

– was sich wie eine Zusammenstellung der Schlüsselbegriffe aus frühen und aktuellen Kritiken an Ottos Buch liest, sind tatsächlich Charaktermerkmale der literarischen Moderne, wie sie seit den 1870ern und speziell mit der erneuten Hinwendung zum ‹Seelischen› um die Jahrhundertwende stilprägend wurden.[7] Es steht zu vermuten, dass gerade die

---

4 Scheler: Vom Ewigen im Menschen, S. 592; Troeltsch: Zur Religionsphilosophie, S. 70; Feigel, Kritische Abhandlung, S. 7. Ottos Stil ist in der jüngeren ‹ideologiekritischen› Religionswissenschaft mehrfach stark angegriffen worden, vgl. zur Debatte Johannsen, Das Numinose, S. 59ff.

5 Als prominente Kritiker zu diesen Punkten traten vor allem Ernst Troeltsch, Joseph Geyser und Friedrich K. Feigel auf. Massgebliche kritische Texte sind abgedruckt in Colpe, Diskussion.

6 Pointiert zuerst bei Feigel, Kritische Abhandlung, S. 1–9. Vgl. dagegen Colpe, Die wissenschaftliche Beschäftigung.

7 Lodge, Historicism and Literary History, S. 550. Zu den hier genutzten Epochenbegriffen und zum Irrationalismus im Vorlauf des literarischen Ex-

konsequente Übertragung solcher literarischer Muster auf die Religionstheorie und -geschichte das «Heilige» zu einem Klassiker der Moderne werden liess, der auch Friedensjahre unbeschadet überstehen und dessen Deutungspotential weit über den theologischen Bereich hinausreichen konnte.[8] Angesichts der Abwesenheit von im engeren Sinne narrativen Passagen ist es dabei besonders auffällig, dass sich die Rede vom Numinosen nicht nur in explizit religionsbezogenen Disziplinen etablierte (und bisweilen gerade dort ausblieb, wo sie sich nahegelegt hätte, etwa in der frühen Religionspsychologie), sondern nachhaltiger und unaufgeregter in Disziplinen, die mit narrativen Gegenständen befasst sind. Zuerst in der volkskundlichen Erzählforschung, dann in der Literaturwissenschaft und inzwischen auch in der Filmwissenschaft wurde Ottos Terminologie als Instrumentarium zur Erzähltextanalyse eingesetzt. Die Sage und die Gothic Novel, der Schauerroman und die Phantastik sind mit dem Begriff des Numinosen besetzbar: Das *mysterium* und die

---

pressionismus vgl. Bradbury, Name and Nature of Modernism, S. 19–56. Hier wird auch deutlich, wie sehr Otto mit dem «Heiligen» dem Unternehmen der literarischen Moderne verpflichtet war, in welchem rationalistische und irrationalistische Tendenzen nebeneinandergestellt und eine Synthese von Vernunft und Unvernunft, Intellekt und Emotion, Subjektivem und Objektivem angestrebt wurde (vgl. a.a.O., S. 46). Otto überträgt dies konsequent in die Religionstheorie.

8 Die Frequenz der Neuauflagen blieb bis zum Ende der Weimarer Republik konstant, bis 1930 ist das Heilige in sieben Sprachen übersetzt worden, vgl. Almond, Rudolf Otto, S. 8. Aufschlussreich ist auch eine kulturomische Betrachtung, wie sie durch die Google-ngram-Korpora ermöglicht wird: Demnach fand die Rezeption ihren Höhepunkt in Deutschland ebenso wie im angelsächsischen, französischen und spanischen Sprachraum tatsächlich erst in den fünfziger Jahren des 19. Jahrhunderts. Während im deutschen Sprachraum Ottos Wortschöpfungen ab den 1960ern konstant weniger verwendet wurden – also von jener Zeit an, als die religionswissenschaftliche Kritik zu greifen begann –, lässt sich für den englischen und spanischen Sprachraum ein konstante Zunahme der Rede vom Numinosen zeigen, obwohl Otto selbst seltener zitiert wird: Der Begriff hat sich von Ottos Werk gelöst und ist, sowohl in adjektivischer wie auch in subjektivischer Form, in die Alltagssprache eingegangen. Vgl. ngrams.googlelabs.com, durchschnittliche, korrelierte Verwendungshäufigkeit von «Numinos(e)», «numinos», «Rudolf Otto», «Das Heilige» in den jeweiligen Sprachen.

Kontrastharmonie von *tremendum* und *fascinans* können für solche *supernatural tales* als gattungsprägend gelten.[9]

Im Folgenden soll gezeigt werden, wie diese erzähltheoretische Umwendung in textstrukturellen Aspekten des «Heiligen» bereits angelegt ist. Rhetorisch und stilistisch eher der literarischen Moderne im oben genannten Sinne verpflichtet, bildet der Argumentationsverlauf auf eigentümliche Weise eine einfache narrative Form nach. Otto lässt den als Figur eingeführten Leser eine transformierende Reise vom «ganz Eigenen» zum «ganz Anderen» und zurück vollziehen. Er formuliert dies jedoch nicht als *story*, sondern kennzeichnet nur deren Verlauf und liefert damit die Bausteine, Geschichte und Biographie als Religionsgeschichte und religiöse Biographie nach dem Muster der *supernatural tales* neu zu erzählen.

Eine Betrachtung des «Heiligen» unter narratologischen Aspekten entkontextualisiert das Werk zu einem gewissen Grade, und bleibt damit notwendig und systematisch oberflächlich. Fragen nach den philosophie- und theologiegeschichtlichen Hintergründen, die aufgrund der spärlichen Referenzierungen im Heiligen die Forschung lange beschäftigt haben, werden an dieser Stelle ausgespart, um den Blick auf die Textoberfläche zu ermöglichen. Die Analyse hat somit weder das Anliegen, Fussnoten nachzutragen, noch die religions- und wissenschaftsgeschichtliche Wirkung des «Heiligen» zu evaluieren. Auch soll hier keine normative Kritik an Ottos Werk vorgenommen werden, schon weil der Wert eines Klassikers in Bezug auf den religionsphilosophischen Gehalt, das analytische Instrumentarium und das Potential, Fragen und Perspektiven für die Forschung aufzuwerfen, keine rein textimmanente Grösse ist, sondern auch vom Umgang mit dem Text abhängt. Mit dem Aufweis narrativer und rhetorischer Strukturen ist keine Dekonstruktion, sondern eine Analyse von Deutungspotentialen angestrebt, die angesichts der heterogenen soziopolitischen und ideengeschichtlichen Rezeptionsperspektiven eine zusätzliche Reflexionsebene eröffnen soll.

---

9 Vgl. exemplarisch zu diesen Gattungen Lüthi, Volksmärchen und Volkssage; Geary, The Supernatural in Gothic Fantasy; Varnado, The Numinous in Gothic Fiction. Zur Filmwissenschaft vgl. Böhm, Sakrales Sehen.

2. ‹Religion› als diegetischer Raum

In der Kritik an Ottos «Heiligem» ist vielfach auf einen Bruch hingewiesen worden, welcher das Werk zwar nicht eindeutig, aber zumindest tendenziell in zwei Argumentationslinien spaltet.[10] Im ersten Schritt findet demnach eine axiologisch-religionspsychologische Erörterung des Numinosen als einer «eigentümlichen Deutungs- und Bewertungskategorie» statt. Im zweiten Schritt wird das Numinose dann im Rahmen einer erkenntnistheoretischen Darlegung als apriorische Größe verankert und in seinen historischen Manifestationen identifiziert. Die Trennlinie (deren Annahme bisweilen wohl auch der Hoffnung geschuldet war, dass religionskundlich/-phänomenologische und theologische Aussagen im Heiligen durchaus zu entflechten seien) bleibt jedoch unscharf. Subtiler, aber für den Charakter des Werkes vielleicht maßgeblicher ist eine Wende, die Otto bereits im Übergang vom zweiten zum dritten Kapitel vollzieht: An die Stelle des akademischen Lesers tritt der kongeniale Hörer.

«Das Heilige» ist stilistisch durchgehend als Rede gestaltet. Die Orthographie ist eigentümlich, Akkumulationen, Halbsätze, Wortneubildungen und Metaphern prägen den Stil und suggerieren, auch nach diversen Überarbeitungen in den Neuauflagen, eine «inspirierte» Niederschrift. Ohne Umschweife führt Otto in die Frage nach dem Verhältnis von «Rationalismus und tieferer Religion» in der Gotteslehre ein. Als Ausgangsargument seiner weiteren Darlegungen dient im zweiten Kapitel eine semasiologische Betrachtung der Polysemie von «heilig» als einem sittlichen und als einem eigentümlich religiösen Prädikat. Mit der Kategorie des Heiligen werden, so legt Otto dar, seien zwei Werte angesprochen, der moralische Wert des Guten, und der religiöse Wert, welchen er «für den vorübergehenden Gebrauch unserer Untersuchung» als das Numinose bezeichnet.[11] Nachdem «das Wahre, das Gute und das Schöne» im Szientismus zum «reinen Gottesbegriff» und zur «Trinität des Monismus» (Haeckel[12]) geworden waren, wird mit dieser Ergänzung der Grundwerte ‹Religion› erneut ein eigenständiger Bereich zugeschrieben, bei dem der Naturalismus diesmal apriorisch ausgeschlossen wird. Nicht definibel, nur erörterbar sei das numinose «Grund-datum»,

---

10 So u. a. bei Troeltsch, Husserl, Heidegger und Scheler.

11 DH[17], S. 6. Zuerst erwähnt Otto den Begriff als das «Numinöse»; zu dieser Merkwürdigkeit vgl. Döring, Fortgesetzte Rede vom Unaussprechlichen, S. 169f.

12 Haeckel, Der Monismus, S. 85f.

es kann nicht allgemein sondern immer nur im Konkreten erfasst werden.

Die Ebene der ersten beiden Kapitel ist jene des akademisch-theologischen Diskurses: Der im Text codierte abstrakte Autor ist mit dem Theologen Otto gleichzusetzen, der abstrakte Leser ist im Sinne des unterstellten Adressaten ein theologisch gebildeter Leser, welcher Anteil an der Debatte zum Verhältnis von rationalen und irrationalen Bestandteilen in der Gottesidee nimmt und – als idealer Rezipient – zudem religionspädagogisch aktiv ist.[13] Die angestrebte Erörterung des Numinosen hat nämlich die Zielsetzung, nicht nur einen Beitrag zur innertheologischen Debatte zu leisten, sondern zugleich ein ‹Verfahren› zu schildern, mit welchem es gelingen kann, jemanden zu einer introspektiven Annäherung an das numinose Objekt zu geleiten: «Man kann dem Hörer nur dadurch zu ihrem [der numinosen Wertkategorie] Verständnis helfen daß man versucht, ihn durch Erörterung zu dem Punkte seines eigenen Gemütes zu leiten wo sie ihm dann selber sich regen entspringen und bewußt werden muß.» Der ‹Hörer› wird hier zuerst als weitere Instanz, letztlich als eine Figur, in der vom abstrakten Autor an den abstrakten Leser gerichteten Rede eingeführt. Idealerweise ist der Leser im Stande, gegenüber der Hörerfigur selbst eine religiöse Sprecherrolle zu übernehmen. Otto erklärt das adäquate Vorgehen für eine solche Situation, indem er eine mögliche Ansprache des Hörers simuliert: «Man kann dieses Verfahren unterstützen indem man ihr [der numinosen Wertkategorie] Ähnliches oder auch ihr charakteristisch Entgegengesetztes, das in anderen bereits bekannten und vertrauten Gemütsbereichen vorkommt, angibt und dann hinzufügt: ‹Unser X ist dieses nicht, ist aber diesem verwandt, jenem entgegengesetzt. Wird es dir nun nicht selber einfallen?›.»[14]

Mit dem dritten Kapitel findet ein radikaler Bruch statt. Obwohl die Autorposition sich nicht wahrnehmbar wandelt, ändert sich der Charakter des Adressaten der Rede: Der als dritte Instanz eingeführte Hörer wird nun mit dem abstrakten Leser identifiziert und die «Erörterung als Predigt-Situation imaginiert».[15] Nach der Vorrede findet die eigentliche

---

13 Zum Konzept des abstrakten Autors und abstrakten Lesers vgl. Schmid, Elemente der Narratologie, S. 45–71. Als unterstellter Adressat wird an dieser Stelle die im Text vorausgesetzte, allgemeine Teilhabe an einer spezifischen Diskursgemeinschaft verstanden, als idealer Rezipient die ebenfalls im Text codierte spezifische Position innerhalb dieser Diskursgemeinschaft.

14 DH[17], S. 7.

15 Döring, Fortgesetzte Rede vom Unaussprechlichen, S. 171.

Darlegung auf einer Binnenebene statt, in der die zuvor apostrophierte Ansprache des Hörers nun ungekennzeichnet fortgesetzt wird: «Wir fordern auf, sich auf einen Moment starker und möglichst einseitiger religiöser Erregtheit zu besinnen.» Dass dieser Satz, der wohl der meistzitierte des ganzen Werkes ist, so heraussticht, liegt also nicht nur an dem Verstoß gegen wissenschaftliche Diskursformen (soweit ein solcher im zeitgenössischen Umfeld überhaupt gegeben war), sondern an der unvermittelten Wandlung der Leserfunktion. Im folgenden Text wird die Binnenebene beibehalten, Otto beginnt den Hörer/Leser von Begriff zu Begriff zu leiten, wobei er immer wieder auf die eingangs simulierte dialogische Situation zurückverweist: «Findet der Leser jetzt wohl [...] bei sich selber was ich zu sagen meine [...]? Vielleicht kann ich nachhelfen durch ein wohlbekanntes Beispiel [...].»[16] Das Heilige ist zwar kein im engeren Sinne narrativer Text, jedoch wird durch das Spiel mit der Leserfunktion die Ebene akademischer Darlegung verlassen und ein Raum erzeugt, der es dem Leser erlaubt, sich selbst als Protagonist in eine «Religions-geschichte» einzugliedern. Die Erörterung der Momente des Numinosen findet in einem konstruierten *diegetischen Raum* statt, dessen narrative Ausgestaltung dem Leser übertragen wird. Otto erzählt selbst noch keine Geschichte, sondern leitet zum Geschichtenerzählen an – weshalb sich seine Darlegungen in der Erzählforschung als Beschreibung narrativer Schemata überhaupt nahelegen konnten.

3. Unterbestimmtheit und Komplexität

Vom dritten Kapitel an beginnt Otto den mit der Figur des ‹Hörers› gleichgesetzten Leser anzuleiten, das «X» – die als «das Numinose» bezeichnete Unbestimmtheitsstelle – narrativ zu qualifizieren. Dafür deutet er den Gefühlsbegriff in einer Art um, dass jedes Fühlen potentiell als eine transformierende Begegnung erzählt werden kann, denn in jedem Gefühl ist als Eigenstes das «ganz Andere» verborgen. Die Erörterung nimmt damit die Form einer märchenhaften Abenteuerreise an: Wenn der Leser bereit ist, die Einfühlung zu vollziehen und also sich selbst zum Protagonisten zu machen, wird er mit dem Ausgangspunkt im Vertrauten auf eine Suche nach dem Wunderbaren geschickt, um «das Mögliche mit heraufzunehmen».[17] Die Verheißung, welche zu der Reise aus der Alltäglichkeit treibt, ist ein «Mehr», ein «Tieferes», «unsagbar»

---

16 DH[17], S. 9.
17 DH[17], S. 77.

und doch «etwas schlechterdings Positives». Und wie im Märchen lockt am Ende «bliss»[18], Glückseligkeit, aber auch weltlicher Zugewinn im Sinne schöpferischer Fähigkeit: Denn Architektur, Kunst, Poesie und Musik sind für Otto nicht primär das Resultat von Ausbildung und Übung, sondern Berichte und Heldengesänge von eben jener Begegnung mit dem Fremden. Das Ziel ist gelebter Kulturprotestantismus, der Weg jedoch romantisch.

Otto fordert zunächst die Besinnung auf einen Moment «möglichst einseitiger *religiöser Erregtheit*».[19] Insofern der Religionsbegriff kurz zuvor explizit an das unbestimmte Element eines numinosen «X» als «eigentlich Innerstes» gekoppelt wurde, qualifiziert das «religiös» die Erregung zu diesem Zeitpunkt nicht weiter: Verlangt wird vom Leser somit letztlich nur, sich auf einen gänzlich beliebigen, emotional aufgeladenen Zustand zu besinnen, und in der Tat genügt dies vollkommen, um Otto folgen zu können. Wenige Zeilen später wird die Forderung wieder aufgegriffen. Bei der soeben durchgeführten Besinnung auf – wie es nun heisst – «Momente und Seelen-zustände *feiernder Andacht und Ergriffenheit*» sei auf deren ‹Artbesonderheit› zu achten. Mit der Begriffsverschiebung von Erregung zu Ergriffenheit wird, noch vor der Darlegung des religiösen Gefühls als Kreaturgefühl, die Gestimmtheit als objektbezogen – oder genauer: auf einen *Akteur* bezogen – suggeriert. Die Ergriffenheit wiederum leitet über zur Rede von der Abhängigkeit, aber auch mit diesem Begriff sei das «eigentlich gemeinte» noch nicht erreicht. Rhetorisch fragt Otto im Zuge seiner Schleiermacherkritik den Erfolg des Nachfühlens ab, wobei er ein Scheitern des Lesers sogleich voraussetzt. Die Erörterung ist zur Reise geworden. Die ursprüngliche Besinnung, stellt sich heraus, war willkürlich: Es geht weder um spezifische Erregungs- oder Gefühlszustände, es geht nicht um deren Intensitätsgrade und auch nicht um eine spezifische Erkenntnis. Insofern kann der Leser gar nicht richtig liegen. Es geht immer um das «noch mehr», um eine Maximierung der Unbestimmtheit.

Zur ‹Nachhilfe› wird auf Passagen religiöser Literatur verwiesen, mit welchen die Religionsgeschichte in den diegetischen Raum der Erörterung integriert wird, wobei die Auswahl auf gewisse Schlüsselbegriffe hin angelegt ist. Kritische Ausdrücke aus religiösen Zeugnissen sind in der Regel kursiviert und ergeben bei einer Zusammenschau ein Geflecht von Gegensatzpaaren: Erde und Asche, Größe und Kleinheit, Schrecken

---

18 DH[17], S. 52.
19 DH[17], S. 8.

und Unheimlichkeit, Verborgen und Offenbar (87), Kreatur und Majestät, Entsetzen und Glückseligkeit ...

Komplexitätserzeugung durch die Zusammenstellung gegenläufiger Begrifflichkeiten ist das vielleicht grundlegendste textstrukturelle Muster des *Heiligen*, insofern es auf allen Ebenen der Erörterung zu finden ist: Explizit zuerst in der «Komplexkategorie» des Heiligen als eigentlichen Gegenstands der Untersuchung, in welchem *rationale* und *irrationale* Bestandteile zusammengestellt werden. Offensichtlich auch in der Erörterung des Numinosen, in der das abstoßende Moment des *tremendum* mit dem anziehenden Moment des *fascinans* eine «Kontrastharmonie» eingeht. Der gleiche Typ von struktureller Komplexität findet sich aber auch in der Schilderung jedes einzelnen Momentes. So wird das *mysterium tremendum* als eine *spezifische* ‹Gefühlsbestimmtheit› eingeführt, gleich darauf jedoch als «Unterste[s] und Tiefste[s] in *jeder* starken frommen Gefühls-regung» identifiziert.[20] Es kann in «*starken Ausbrüchen*» «mit fast *sinn-verwirrender Gewalt erregen* und erfüllen», es kann, so im nächsten Satz, «mit *milder Flut* das Gemüt durchziehen in der Form *schwebend ruhender Stimmung* versunkener Andacht». Otto springt vom «*wilden und dämonischen*» der Gefühlsqualität zum «*stillen demütigen Erzittern*». Vom *fascinans* gilt gleiches. Gleiches gilt aber auch von den einzelnen Ideogrammen, welche die Momente des Numinosen einzirkeln sollen. Der begriffliche Ausdruck trifft nicht das Gemeinte, weshalb Otto bei den Gefühlsausdrücken in der Regel «numinose Gänsefüßchen» setzt. Zugleich aber wird das Gefühl explizit als Zugang zum numinosen Wert vorgestellt, «rein mit in und aus dem Gefühl selbst» könne der positive Gehalt erfasst, verstanden und gewürdigt werden.[21] Was jedoch als Ideogramm gesetzt wird, ist austauschbar und in der Setzung primär auf Komplexitätserzeugung hin angelegt: «‹Furcht›, die mehr als Furcht ist», das «sich Wundern im echten Sinne», der «Edel-Schauder», Staunen, Beseligung, Entsetzen und Grausen. Sie alle können sich als Wertgefühl manifestieren, aber sie sind keine Garanten der Wertkomponente: «Ich kann über die Maßen voller Furcht Angst Schrecken sein ohne daß auch nur eine Spur vom Gefühl des ‹Unheimlichen› darin liegt.»[22] Die Gefühle sind nur mögliche Orte der Begegnung mit jenem, was in der numinosen Geographie Ottos auch um sonderliche Stätten, «religiöse Denkmäler

—

20 DH[17], S. 13. Hervorhebungen, auch in den folgenden Zitaten, vom Verfasser.

21 DH[17], S. 46.

22 DH[17], S. 18.

Bauten Tempel und Kirchen wittert und webt.»[23] *Tremendum*, *fascinans*, *majestas* und die weiteren Momente des Numinosen sind weniger Darlegung von spezifischen ‹Gemütsgestimmtheiten› als Kategorien für verschiedene Plotstrukturen der Schilderung einer Begegnung mit einem ‹Etwas›, einem unbestimmt bleibenden Akteur.[24]

Die Zielmarke der Erörterung der Momente des Numinosen ist in den Begriffen «ganz Anderes» und «Ungeheures» gegeben. Den Begriff «Ungeheures» schlägt Otto vor, um «den numinosen Eindruck einer Sache bestimmt, losgelöst und gesammelt» zu bezeichnen, also das komplexe Geflecht der Momente in einem einzigen Ausdruck anklingen zu lassen. Insofern das Numinose als Wertkategorie gedacht ist, lässt sich hier Sophokles zitieren: «[N]ichts ist ungeheurer als der Mensch.»[25] Das «ganz Andere» ist dann die Antwort auf das Projekt, welches Otto einleitend formuliert hatte: die Suche nach dem «*ganz* Eigenen» des religiösen Erlebens – und dies meint, wie Jörg Döring hervorhebt, auch die Suche nach dem «zu mir Gehörige[n], mein Eigenes».[26] Auf diese Art entpuppt sich das Innerste aller Religion schließlich zwangsläufig «als das Innerste des empfindenden Individuums».[27] Zugleich aber wird mit dem «Eigensten» oder «ganz Eigenen» – eine Unbestimmtheit steckt schon in der Steigerungsform – ‹Religion› überhaupt erst definiert. Nachdem Schleiermacher die Aufgabe der Theologie in die Rede von Religion übertragen und diese in den Bereich von Anschauung und Gefühl verlagert hat, vollzieht Otto nun eine «Transgression» des Religionsbegriffs[28]: Jedes Gefühl kann zur ‹Religion› umgedeutet werden, insofern das eigene Fühlen immer ‹mehr und tiefer› ist als die bloße Rede vom Gefühl, das eigene Erleben immer echter erscheint als jenes, von welchem andere nur berichten.

Während der Weg aus dem Alltäglichen in den Wertbereich des Numinosen märchenhafte Züge hat, ist die Verwandlung des «ganz Ei-

---

23 DH[17], S. 13.

24 In diesem Sinne wurden sie in der volkskundlichen Erzählforschung genutzt, vgl. Jason, Aspects of the Fabulous.

25 DH[17], S. 52.

26 Döring, Fortgesetzte Rede vom Unaussprechlichen, S. 167.

27 A.a.O., S. 166. Vgl. zur Deutung auch Gooch, Numinous and Modernity, S. 156.

28 Dies bei Schleiermacher zumindest in der ersten Auflage der Reden, die Otto 1899 neu herausgegeben hat. Zur ‹Religionstheologie› Schleiermachers und zur «Transgression» bei Otto vgl. Mohn, ‹Religionstheologie› Schleiermachers.

genen» in das «ganz Andere» strukturell ein Übertritt zwischen zwei «oppositionellen Teilwelten» – dem Profanen/«Natürlichen» und dem Heiligen/Numinosen. Ein solcher Übergang kennzeichnet weniger das Märchen als die Sage, aber auch den *Gothic horror*, den Schauerroman und die Fantastik, wie sie sich vor allem im 19. Jahrhundert als Gattungen ausprägten.[29] Ottos Werk ist diesen Gattungen strukturell überaus nahe. Er nutzt analoge Plausibilisierungsstrategien und abstrahiert die ihnen zugrundeliegenden Wirkprinzipien. Um die narrativen Strukturen schärfer in den Blick zu bringen lohnt es sich daher, «Das Heilige» mit anderen Geistergeschichten zu vergleichen. Insofern die hier relevanten Strukturen – Unterbestimmtheit und Komplexität – sowohl in der Literatur als auch in der durch die Volkskunde verschriftlichten Überlieferung relativ homogen umgesetzt und für viele Beispiele der Gattungen charakteristisch sind, sollen sie im Folgenden gesammelt unter dem von Stephen King entliehenen Begriff der *supernatural tales* besprochen werden.[30]

4. Das Heilige und andere Geistergeschichten

Ob und wie Übernatürliches und Transzendentes auch gegenüber einem aufgeklärten Publikum glaubhaft dargestellt werden können, ist in der Literaturtheorie schon früh – und von philosophischen Auseinandersetzungen abgelöst – verhandelt worden. Als literarische Fragestellung ist sie bis heute eng mit Samuel Coleridges Formel einer «willing suspension of disbelief» verbunden.[31] So greift Stephen King dieses Konzept aus der Sicht des Praktikers und des derzeit kommerziell erfolgreichsten Verfassers von *supernatural tales* auf: «I have tried again and again to lull the readers of my stories into that state of believability where the ossified shield of ‹rationality› has been temporarily laid aside, the suspension of disbelief is at hand, and the sense of wonder is again

—

29 Vgl. Wünsch, Die fantastische Literatur.

30 Ein «Supernatural»-Element ist für diese Gattungen – dem Index der Routledge Encyclopedia of Narrative Theory gemäss – oft der kleinste gemeinsame Nenner. Die kulturtheoretische Problematik der Rede von Übernatürlichkeit ist hierbei zu vernachlässigen, insofern alle Gattungen – auch die Überlieferung vom Zeitpunkt der Verschriftlichung an – in einem geistesgeschichtlichen Kontext entstanden, in dem der Naturbegriff als ontologischer Differenzbegriff gegenüber dem «Übernatürlichen» verwendet wurde.

31 Coleridge, Complete Works, S. 365.

within reach.»[32] Er betont dabei, dass es in der literarischen Tätigkeit keineswegs darum gehe, Überzeugungsarbeit zu leisten. Rationalisierungen gelten ihm als stets nachgeliefert und mit einem zusätzlichen Reflexionsaufwand verbunden: «Disbelief isn't light; it's heavy.»[33] *Supernatural tales* gewinnen demnach ihre Wirksamkeit daraus, dass sie diesen Reflexionsaufwand nicht zum Tragen kommen lassen. An die Stelle der argumentativen Überzeugung tritt ein Verfahren zur narrativen Plausibilisierung durch Komplexität und Unterbestimmtheit: Das Übernatürliche wird nicht explizit erzählt, sondern soll vom Leser selbst erschlossen werden. Aus Kings Reflexionen genretypischer Techniken lässt sich ein prototypisches Schema ableiten, welches das Zusammenspiel dieser Elemente auch in Bezug auf «Das Heilige» verdeutlicht.

Ausgangspunkt vieler *supernatural tales* ist demnach das Alltägliche und Vertraute, in welchem ein Unbestimmtheitsmoment, eine *Leerstelle*, platziert wird.[34] Dies kann bereits durch rein stilistische Kniffe gelingen: die Andeutung einer über den geschilderten Zusammenhang hinausgehenden Bedeutung einer Sache, die beiläufige Erwähnung eines sich nicht aus der Situation ergebenden Gefühls einer Figur oder einfach die mehrfache Wiederholung eines beliebigen und scheinbar relativ unerheblichen Elements der Schilderung. Insofern der Leser zuerst unwillkürlich von der Kohärenz und Bedeutungshaftigkeit des Textes ausgeht, scheinen solche Elemente subtil auf etwas Ungesagtes zu verweisen und lenken damit die Aufmerksamkeit. Eine solche nicht inhaltliche, sondern rein textstrukturell verankerte Leerstelle wird im nächsten Schritt zu jener Lücke des prinzipiell vertrauten Gefüges ausgebaut, in der das Übernatürliche offenbar werden kann, ohne dass es explizit erwähnt würde. Der Schlüssel dazu sind die als Fokalisationsinstanzen dienenden Figuren: Über sie wird die Leerstelle als eine positive Größe etabliert, indem sie mit emotionaler Bedeutung unterlegt wird. So kann eine Figur das unbestimmte Element zunächst einmal durch emotional konnotierte Reaktionen bestätigen, indem sie mit vagen Vorahnungen, diffuser Besorgnis, Neugier, Wachsamkeit und einem Interesse, sich der Situation genauer zu widmen, reagiert. King betont, dass er sich beim Schreiben zu diesem Zeitpunkt oft nicht darüber im Klaren ist, worauf die Geschichte hinauslaufen soll, weil dies auch völlig unerheblich sei. Die Spannung resultiert bereits aus der Kombination einer vagen Andeutung

---

32 King, Danse Macabre, S. 89.

33 A.a.O., S. 99.

34 Vgl. zum Konzept der Unbestimmtheit und der Leerstelle Iser, Akt des Lesens.

oder einer gezielten Auslassung und der emotionalen Komponente, die durch die Figuren bereitgestellt wird. Insofern die Fokalisationsfigur emotional *reagiert* kann zu diesem Zeitpunkt «hinter» der (ursprünglich rein stilistisch erzeugten) Leerstelle bereits etwas Unausgesprochenes, Verursachendes vermutet werden. Der – in den Worten des Literaturtheoretikers Tzvetan Todorovs – «Anschein des Übernatürlichen» wird auf dieser Basis in einem nächsten Schritt erzeugt, indem die emotionale Reaktion zunehmend komplex gestaltet wird.[35] In Romanen, wie sie Stephen King schreibt, gelingt dies zum Beispiel durch einen Wechsel der Fokalisationsinstanz. Die Figur, in die sich der Leser eben noch einfühlen konnte, wird nun vermittels einer zweiten Figur betrachtet; gern des allem Übernatürlichen skeptisch gegenüberstehenden Protagonisten, der als «Klassifikator der Realitätsinkompatibilität»[36] fungiert, den Leser in seiner tendenziell skeptischen Haltung also bestätigt. In dessen rationalisierendem Blick wird das emotional geprägte Verhalten der ursprünglichen Fokalisationsfigur als zunehmend übersteigert und schließlich ins Widersprüchliche und Irrationale gehend gezeigt. Sofern die Emotionen zumindest in ihrem Ausgangspunkt nachvollzogen und als Reaktion auf ein gegebenes Element der narrativen Welt begriffen wurden, legt sich der Schluss nahe, dass das Verursachende *irrationale* Eigenschaften haben muss. An diesem Punkt kann die «phantastische Unentschiedenheit» verlassen werden, der Autor, so King, kann das Übernatürliche explizit und seine Geschichte damit zur *supernatural tale* machen, oder alternativ eine «natürliche» Erklärung geben, etwa in der Form der *science fiction* oder des psychologischen Romans. In beiden Fällen kommt die Erklärung nicht «aus dem Blauen», sondern war bereits angelegt und dem Leser als Schlussfolgerungsmöglichkeit nahegelegt, weshalb sie in der Regel für die erzählte Welt als kohärent akzeptiert wird.[37]

Otto geht in «Das Heilige» analog vor. In die Diskussion um den Alltagsgebrauch des Wortes ‹heilig› führt er ein Unbestimmtheitselement ein, das numinose «X», welches ein «Mehr» und ein «Tieferes» ver-

---

35 Todorov, Einführung in die fantastische Literatur, S. 26.

36 Wünsch, Die fantastische Literatur, S. 36.

37 Peter Straub, Zitat nach Bosky, Angst und Freundschaft, S. 393. Kings implizite Behauptung, dass auch ein aufgeklärtes, naturalistisch denkendes Publikum auf diese Art zumindest in Bezug auf den narrativen Kontext zur Erwägung übernatürlicher Einflüsse gebracht werden kann, kann durch kognitionspsychologische Untersuchungen gestützt werden. Vgl. z. B. Barrett, Believe in God.

heißt: ‹Etwas› ist da. Sodann beginnt er mit einer Darlegung von emotionalen Reaktionen. Die Forderung nach Einfühlung ersetzt die Fokalisationsfigur: Der Leser selbst übernimmt die Rolle dieser Figur, während er zunehmend auf die Frage der Verursachung dieser Reaktionen, das ‹numinose Objekt› gelenkt wird. In der Erörterung wird die emotionale Reaktion zunehmend komplexer gestaltet: Der Blick wird auf Protagonisten und Zeugnisse der Religionsgeschichte gelenkt, das Gefühl ist als Wertgefühl von größter Bedeutung, immer neue Momente kommen hinzu. Diese sind nicht eindeutig voneinander abgrenzbar: das «Energische» steht neben «majestas», «augustum», «ungeheuer». Die heute etablierte Grundformel des *tremendum et fascinans* findet sich dagegen in dieser Form in «Das Heilige» nicht und ist eine nachgereichte Vereinfachung. Mit dem Ausgangspunkt in einem eigenen Gefühl, dem in der Selbstbesinnung abgefragten Moment religiöser Erregung, werden die Gefühle zunehmend übersteigert, widerläufig und verabsolutiert. Otto überträgt narrative Techniken der Figurenschilderung auf die als «Momente des Numinosen» bezeichneten Gefühlsreaktionen. Unter den Begriffen *mysterium*, *tremendum*, *fascinans* etc. wird eine komplexe, nur indirekt erschliessbare Intentionalität nahegelegt. Damit gelingt es, das Göttliche als Objekt einerseits gänzlich und wesenhaft unbestimmt zu belassen, ihm aber gleichzeitig jene Charakteristik zu verleihen, die es als narratives Agens qualifiziert. Die Leerstelle, die als Verursachendes hinter den Reaktionen platziert wurde, wird zum *Numen*, einer irrationalen Wirkmacht. Das ‹Verfahren›, mit dem Otto den Hörer zur Erkenntnis des numinosen Wertes führen will, ist ein *narratives* Verfahren.

5. Gott und Teufel

In seiner umfassenden Kritik am «Heiligen» hat der Theologe Friedrich Karl Feigel die Rede vom «Numinosen» für die Theologie verworfen, denn sie gebe noch nicht einmal eine Möglichkeit an die Hand, «Gott vom Teufel zu unterscheiden».[38] Es sei nicht einsichtig, inwiefern nicht der «Aberglaube», wie er etwa in den Volkssagen überliefert sei, von den «höheren Stufen» abgrenzbar sei. Tatsächlich war auch für Otto selbst in den Sagen von Geistern und Zwischenwesen das Numinose in einer eindrücklich «rohen» Form ausgedrückt.[39] Dass mythische Sagen etwas «Numinoses» haben, wurde in der volkskundlichen Erzählfor-

—

38 Feigel, Kritische Abhandlung, S. 133.

39 Vgl. v. a. auch Otto, Gott und Gottheiten der Arier.

schung zuerst 1919 durch Friedrich Ranke festgestellt.[40] Spätere Forschungen, vor allem durch Max Lüthi, legten das Numinose mehr und mehr als Gattungskriterium nahe: Im Gegensatz zum Märchen, in dem das Übernatürliche alltäglich ist, sowie im Gegensatz zum Schwank, in dem das Übernatürliche naturalisiert oder zumindest trivialisiert wird, steht es in der Sage als eigenständiger Bereich. Wo sich das Übernatürliche manifestiert, ist dies ein außeralltägliches Geschehen und als Bruch der Normalität immer erwähnenswert. Es bleibt dabei fremdartig und wird hochgradig emotional erlebt. Das Zusammenspiel von Unterbestimmtheit und Komplexität, welches in den *supernatural tales* nach King eine grundlegende Plausibilisierungsstruktur bildet und, wie gezeigt wurde, auch Ottos narratives «Verfahren» der Erörterung kennzeichnet, findet sich in vergleichbarer Form in zahlreichen Sagen. Es ist nicht nur eine Strategie einzelner Erzähler, sondern bereits in vielen Wandersagenmotiven selbst implementiert. An ihnen lässt sich zeigen, inwiefern Ottos Kategorien sich dazu anbieten, narrative Strukturen in den Blick zu bringen.

Geister, gleich ob Elfen, Trolle, Kobolde oder Wiedergänger, sind in der Überlieferung – dies kann nahezu als eine Grundregel formuliert werden – *mysteriös*, und ihr Mysterium liegt in der Tat nicht darin, wie Otto für das ‹Gespenst› formuliert, dass sie «etwas Langes, Weißes» sind oder andere merkwürdige Kennzeichen hätten.[41] Das Mysteriöse liegt primär in der Art, *wie* über sie erzählt wird. Sagen werden meist in auktorialer Erzählperspektive wiedergegeben, der Erzähler vermag zumindest prinzipiell in die Figuren hineinzuschauen und Intentionen, Meinungen oder Gedanken der Protagonisten wiederzugeben. Für die Geisterfiguren wird jedoch eine stilistische Distanz erzeugt, der Erzähler schränkt seine allwissende Perspektive *künstlich* ein und erzeugt so ein Unbestimmtheitsmoment. Dies wird nicht nur dort deutlich, wo die Welt der Geister für Menschen als unzugänglich gilt, wo es keine verlässlichen Hinweise auf ihre Ziele gibt. An den Ort des Innenlebens wird bei Geistern notwendig eine Leerstelle gesetzt, ihre Intentionen sind dem Horizont des Geschichtenerzählers *prinzipiell* entzogen: Es gibt keine Gedankenberichte und keine Innenschau, auch dort nicht, wo sie sich für das berichtete Geschehen nahelegen würden.[42]

—

40 Ranke, Kleinere Schriften, S. 268.

41 DH[17], S. 33.

42 Hier liegt ein Bruch zwischen traditioneller Überlieferung und der Rezeption der Motive in der Literatur vor, vgl. Sky, Alver, S. 125ff.

Die erzählerische Konsequenz daraus entspricht Ottos Schlussfolgerung bezüglich des nicht expliziblen Numinosen: Es sei nur durch «die besondere Gefühls-reaktion die es im erlebenden Gemüte auslöst» anzugeben.[43] Die Reaktion der Protagonisten und nicht etwa eine explizite Kategorisierung macht die Geistwesen als solche erst erkennbar. Die Komplexität der sich bis ins Irrationale steigernden Reaktionen der Protagonisten lässt das «Übernatürliche» der Sage offenbar werden. Ottos Kategorien lassen sich als präzise Abstraktionen gängiger narrativer Konventionen lesen.[44] Das *tremendum* ist mehr als der Schrecken vor dem Geist: Die Gänsehaut ist für Otto bereits etwas Numinoses und deutet in der Sage als nicht ableitbare Entsetzensreaktion die *Unrückführbarkeit* des Geisterhaften an, welches notwendig Leerstelle bleibt. Es umfasst die in analogisch-assoziativen Beschreibungen und Dissonanzen geschilderte physische und kognitive *Unerreichbarkeit* des Geistes. Gleiches gilt für das *fascinans*, welches in der Sagenüberlieferung durchaus neben dem abstoßenden Moment ein Bestandteil der Reaktion auf Geister ist – sei es, dass die wunderschönen Elfen den Wanderer verlocken oder er einfach nicht mehr Herr seiner selbst ist und von den Trollen «geholt» wird. Das Sagenmotiv der Entrückung durch die Geister umfasst die *Unmittelbarkeit*, insofern hier oft eine motorische Reaktion ohne Hinweis auf das sie Verursachende geschildert wird. Explizite Widersprüche zwischen der Intention (Flucht) und dem Handeln (mit den Geistern gehen) des Protagonisten sind häufiges Komplexitätsmerkmal: Das Spukerlebnis wird *im* Protagonisten irrational übersteigert abgebildet und die Geister werden auf diese Art als fremdartige Wesenheiten plausibilisiert und vorgestellt, auch wenn sie oft unsichtbar und unerwähnt bleiben oder äußerlich von Menschen nicht unterscheidbar sind.

Die geschilderten narrativen Konventionen und Textmuster erlauben, die statischen, oft über Generationen hinweg nahezu wortgleich tradierten Wandersagen in verschiedene Diskurse zu integrieren, sie neu zu kontextualisieren und zu aktualisieren. Die Geister sind tatsächlich «nicht definibel, sondern nur erörterbar» (Otto). Sie sind Leerstellen des Textes, welche durch die Komplexität der Reaktionen ein enormes Deutungs- und Bedeutungsspektrum erhalten. Man kann sie als Berichte «echten» Spukgeschehens lesen, aber auch allegorisch als Berichte über

---

43 DH[17], S. 13.

44 Vgl. für Analysen grösserer Sagenkorpora unter dem Aspekt des Numinosen z. B.: Peuckert, Sagen (Deutschland); Isler, Die Sennenpuppe (Schweiz); Johannsen, Das Numinose (Norwegen).

moralische und religiöse Auseinandersetzungen in den Überlieferungsgemeinschaften, als Verhandlung von Lebensentwürfen oder als Illustration emotionaler Zerissenheit angesichts besonderer Lebenssituationen. Entsprechend bietet auch Otto dem Leser an, die Momente des Numinosen über seine eigene Biographie zu legen. Als Kern von ‹Religion› wird das Geschehen im diegetischen Raum dieser Biographie zu Momenten des religiösen «Erwachens»: «Die ‹vita religiosa› beginnt.»[45]

6. Vom ganz Eigenen zum ganz Anderen

In der Religionsphilosophie Ottos ist die Gottheit nur indirekt, in der Reaktion ablesbar und verliert damit die literarische Position eines Protagonisten. Weil Otto zwar die Religionsgeschichte durchstreift, sie aber nicht als solche, nicht als Entwicklung oder Aushandlung nachvollzieht, wird auch keine historische Figur in diese Rolle gestellt. Evokativ ist Ottos Buch daher wohl weniger in Bezug auf seinen Gegenstand als in Bezug auf die Rolle des Lesers. Dieser wird zum Protagonisten einer je eigenen ‹religiösen› Geschichte, deren Strukturen Otto vorgibt und deren Deutungshoheit er der Theologie vorbehält. Das «ganz Andere» ist im «ganz Eigenen» zu finden. Als narrativer Wendepunkt und Klimax bietet sich jedes mit starker Emotionalität versehene Ereignis an, bei dem der Grund der Emotionen nicht eindeutig angebbar ist. Damit wird die eigene Menschlichkeit – das, was den Menschen neben ‹Pubertätsgefühlen, Verdauungsstockungen und Sozialgefühlen›[46] ausmacht – als ‹religiös› etikettiert. Mit der Besonderung des Numinosen wird der Mensch besondert und das Gefühl selbst, dort wo es nicht auf etwas Greifbares bezogen ist, zu dessen Kern: Nicht Gefühle gehen ineinander über, «sondern *ich* gehe über».[47] Otto schreibt in diesem Sinne nicht über Religion, sondern begreift ‹Religion› neu als einen diegetischen Raum zur Transformation der eigenen Biographie. Lynn Poland fasst «Das Heilige» zusammen: «What remains, in other words, is a mark on the page, a signifier that ‹stands for› an ‹oberplus› that can be neither conceptually grasped nor linguistically represented. It is into this emptied space that Otto invites his readers, for he depends on us to fill it with the content that his term ‹stands for›.»[48] «Otto's case is solved, if it

---

45 DH^{17}, S. 44.
46 Vgl. DH^{17}, S. 8.
47 DH^{17}, S. 58.
48 Poland, Idea of the Holy, S. 192.

is solved at all, in the reader.»[49] Gelöst wird der Fall aber auch, immer wieder neu, aber immer mit vergleichbaren Mitteln, in künstlerischen Erzeugnissen. Für Otto ist der numinose Wert in der Poesie, der Musik und der Malerei ausdrückbar und ausgedrückt. Er verfolgt die literarische Spur von modernen «‹Spuk›- und ‹Gespenster›-Erzählungen»[50] bis in alttestamentliche Textpassagen und abstrahiert dabei wohl weniger Gefühlsgestimmtheiten als narrative Schemata. Er selbst nutzt diese, abstrahiert sie aber zugleich so weit von konkreten Handlungsverläufen, dass sie in den narrationsbezogenen Wissenschaften als beschreibende Kategorien aufgegriffen werden konnten.

Literatur

Almond, Philip C.: Rudolf Otto. An Introduction to His Philosophical Theology, Chapel Hill 1984.

Barrett, Justin: Why would anyone believe in God?, Walnut Creek 2004.

Bradbury, Malcolm: The Name and Nature of Modernism, in: ders.; McFarlane, James (Hg.): Modernism. A Guide to European Literaure 1890–1930, London: 1991, S. 19–56.

Böhm, Nadine Christina: Sakrales Sehen. Strategien der Sakralisierung im Kino der Jahrtausendwende. Bielefeld 2009.

Bosky, Bernadette: Angst und Freundschaft: Stephen King und Peter Straub, in: Körber, Joachim (Hg.): Das Stephen King Buch, München 1989.

Coleridge, Samuel Taylor: Complete Works Vol. III, ed. by Prof. Shedd, New York 1853.

Colpe, Carsten (Hg.): Die Diskussion um das Heilige, Darmstadt 1977.

Die wissenschaftliche Beschäftigung mit ‹dem Heiligen› und ‹das Heilige› heute, in: Kamper, Dietmar; Wulf Christoph (Hg.): Das Heilige. Seine Spur in der Moderne, Frankfurt a. M. 1987, S. 33–61.

Döring, Jörg: Das Numinose: Fortgesetzte Rede vom Unaussprechlichen. Anmerkungen zu Rudolf Ottos Das Heilige, in: Eickenrodt, Sabine; Porombka, Stephan; Scharnowski, Susanne (Hg.): Übersetzen Übertragen Überreden, Würzburg 1999, S. 163–172.

Feigel, Friedrich K.: «Das Heilige», Kritische Abhandlung über Rudolf Ottos gleichnamiges Buch (Zweite Auflage), Tübingen 1948.

---

49 A.a.O., S. 187f.

50 DH[17], S. 18.

Geary, Robert F.: From Providence to Terror: The Supernatural in Gothic Fantasy, in: Moerse, Donald E. (Hg.): The Fantastic in World Literature and the Arts. Selected Essays from the Fifth International Conference on the Fantastic in the Arts, New York 1987, S. 7–20.

Gooch, Todd A.: The Numinous and Modernity. An Interpretation of Rudolf Otto's Philosophy of Religion, Berlin 2000.

Haeckel, Ernst: Der Monismus als Band zwischen Religion und Wissenschaft. Glaubensbekenntnis eines Naturforschers, 16. Auflage, Leipzig 1919.

Iser, Wolfgang: Der Akt des Lesens. Theorie ästhetischer Wirkung. München 1994.

Isler, Gotthilf: Die Sennenpuppe. Eine Untersuchung über die religiöse Funktion einiger Alpensagen, Basel 1971.

Jason, Heda: Aspects of the Fabulous in Oral Literature, in: Fabula 19/1 (1978), S. 14–32.

Johannsen, Dirk: Das Numinose als kulturwissenschaftliche Kategorie. Norwegische Sagenwelt in religionswissenschaftlicher Deutung, Stuttgart 2008.

King, Stephen: Danse Macabre, New York 1981.

Lodge, David: Historicism and Literary History: Mapping the Modern Period, in: New Literary History 10/3 (1979), S. 547–555.

Lüthi, Max: Volksmärchen und Volkssage. Zwei Grundformen erzählender Dichtung. Bern 1961.

Mohn, Jürgen: Die Impulse der ‹Religionstheologie› Schleiermachers für die Ausbildung der Religionswissenschaft(en), in: Gräb, Wilhelm; Slenczka, Notke (Hg.): Universalität und Kontextualität des Denkens Schleiermachers, Leipzig, im Druck.

Otto, Rudolf: Gott und Gottheiten der Arier, Gießen 1932.

– Das Heilige. Über das Irrationale in der Idee des Göttlichen und sein Verhältnis zum Rationalen ([17]1931), München 1997.

Peuckert, Will-Erich: Sagen. Geburt und Antwort der mythischen Welt, Berlin 1965.

Poland, Lynn M.: The Idea of the Holy and the History of the Sublime, in: The Journal of Religion 72/2 (1992), S. 175–197.

Ranke, Friedrich: Kleinere Schriften. Bern 1971.

Scheler, Max: Vom Ewigen im Menschen, Berlin 1933.

Schmid, Wolf: Elemente der Narratologie, 2. Auflage, Berlin 2008.

Sky, Jeanette: Alver. Naturens barn – kulturens skapninger. Oslo 2003.

Tillich, Paul: Der Religionsphilosoph Rudolf Otto, in: ders.: Begegnungen [Gesammelte Werke Bd. XII], Stuttgart 1971, S. 179–183.

– Die Kategorie des «Heiligen» bei Rudolf Otto, in: ders.: Begegnungen [Gesammelte Werke Bd. XII], Stuttgart 1971, S. 184–186.

Todorov, Tzvetan: Einführung in die fantastische Literatur, München 1972.

Troeltsch, Ernst: Zur Religionsphilosophie. Aus Anlaß des Buches von Rudolf Otto über ‹Das Heilige›, in: Kant-Studien 23 (1919), S. 65–76.

Varnado, S. L.: Haunted Presence – The Numinous in Gothic Fiction. Tuscaloosa 1987.

Wünsch, Marianne 1991: Die fantastische Literatur der frühen Moderne (1890–1930). Definition, Denkgeschichtlicher Kontext, Strukturen, München 1991.

Die Autorin und die Autoren

Gregory D. Alles, PhD, MDiv, ist Professor für Religious Studies am McDaniel College in Westminster, Maryland, USA. B.A. an der Valparaiso University (Indiana); M.A. und Ph.D. an der University of Chicago. Zu seinen Forschungsschwerpunkten zählen die Religionen Asiens (vor allem Südasiens: Indien, Sri Lanka, u. a.) wie auch Religionstheorien. Alles setzt sich zudem mit der akademischen Religionsforschung weltweit auseinander.

Publikationen (Auswahl): (Hg.): Religious Studies. A Global View. London: Routledge Chapman & Hall 2007; (Hg.): Rudolf Otto. Autobiographical and Social Essays. Berlin; New York: De Gruyter 1996; Rudolf Otto on Religion [Key Thinkers in the Study of Religion], London: Equinox, erscheint 2011.

Thorsten Dietz, Dr. theol., Prof. für Systematische Theologie an der Evangelischen Hochschule Tabor (Marburg), geb. 1971. Studium der Ev. Theologie und Philosophie in Münster, Tübingen und Marburg. Vikar und Pfarramt 2000–2005 in Castrop-Rauxel. Seit 2005 Dozent bzw. Professor an der Evangelischen Hochschule Tabor (Marburg).

Publikationen: Der Begriff der Furcht bei Luther [BHTh 147], Tübingen 2009; Der Neupietismus und die Theologie: biblische, missionarische und mystische Theologie bei Adolf Schlatter, Karl Heim und Rudolf Otto, in: Lüdke, F.; Schmidt, N. (Hg.): Was ist neu am Pietismus? Tradition und Zukunftsperspektiven der Evangelischen Gemeinschaftsbewegung. Münster 2010, 89–124; Emotions between body and mind. Philosophy of Emotion and Schleiermacher's concept of feeling, in: Korsch, D.; Griffioen, A. (Hg.): Interpreting Religion: The Impact of Friedrich Schleiermacher's Reden über die Religion [RPT 57] Tübingen 2011. 19–36; Martin Luthers theologischer Umgang mit Angsterfahrungen. In: Luther 2 (2011), 88–98.

Stephanie Gripentrog, M.A., Assistentin für Religionswissenschaft an der Universität Basel seit Oktober 2006, geb. 1981, Studium der Religionswissenschaft, Philosophie und Neueren und Neuesten Geschichte in München von 1999 bis 2005, danach bis Oktober 2006 wissenschaftliche Mitarbeiterin am Seminar für Religionswissenschaft in München.

Publikationen: Frey, J.; Schwartz, D.; Gripentrog, S. (Hg.): Jewish Identity in the Greco-Roman World [Ancient Judaism and Early Christianity 71], Leiden 2007; [Art.] «Satanismus, in: Taschenlexikon für

Religion und Theologie, Göttingen 2007, 1054–1056; [Art.] Synkretismus, in: Taschenlexikon für Religion und Theologie, Göttingen 2007, 1146–1149; [Art.] «Adventisten, in: Taschenlexikon für Religion und Theologie, Göttingen 2007, 20f.; Religiöse Dimensionen der Staatsgründungen Israels und der Türkei. Zur narrativen Konstruktion kollektiver Identität, in: Brahier, G.; Johannsen, D. (Hg.): Konstruktionsgeschichten [Diskurs Religion, voraussichtlich Band Nr. 2], Würzburg 2012 (im Druck); Luiselli, M.; Gripentrog, S. / Mohn, J. (Hg.): Bild und Kult. Die bildliche Dimension des Kultes im Alten Orient und in der Antike [Diskurs Religion 1], Würzburg 2011 (im Druck).

Stefan S. Jäger, Dr. theol., geb. 1968, Studium der evangelischen Theologie in Marburg am Theologischen Seminar Tabor (heute Evangelische Hochschule Tabor) und an der Philipps Universität Marburg sowie der Missionswissenschaften an der Columbia International University/ Korntal (M.A. CIU 1999). 2011 Promotion am Fachbereich Evangelische Theologie der Philipps-Universität Marburg. Von 1994 bis 2007 Mitarbeiter der Marburger Mission, davon acht Jahre in Japan. Seit 2006 Wissenschaftlicher Mitarbeiter an der Evangelischen Hochschule Tabor.

Publikationen: Glaube und Religiöse Rede bei Tillich und im Shin-Buddhismus – Eine religionshermeneutische Studie [Tillich-Research Bd. 2], Walter de Gruyter: Berlin und Boston 2011.

Dirk Johannsen, Dr. phil., seit 2008 wissenschaftlicher Mitarbeiter am Fachbereich Religionswissenschaft der Universität Basel. Studium der Philosophie und Religionswissenschaft in Hannover und Varanasi, Promotion im Fach Religionswissenschaft an der Universität Bayreuth. Anschließend Tätigkeit als Oberassistent am Lehrstuhl für Religionswissenschaft der Universität Fribourg und als Lehrbeauftragter an den Universitäten Bayreuth, Bern und Luzern.

Publikationen: Das Numinose als kulturwissenschaftliche Kategorie. Norwegische Sagenwelt in religionswissenschaftlicher Deutung. Stuttgart: Kohlhammer Verlag 2008; Religion als Nebenprodukt der Evolution. Religionsgeschichte und die Modularität des Geistes, in: Delgado, M.; Krüger, O.; Vergauwen, G. (Hg.): Das Prinzip Evolution. Darwin und die Folgen für Religionstheorie und Philosophie. Stuttgart: Kohlhammer Verlag, 2010; Crossing the Ecotone. On the Narrative Representation of Nature as Wild, in: Borstner, Bojan; Gartner, Smiljana; Deschler-Erb, Sabine (Hg.): Historicizing Religion. Critical Approaches to Contemporary Concerns. Pisa: Edizioni Plus 2010; No time to philosophize. Norwegian oral tradition and the cognitive economics of belief, in: Martin, Luther; Sörensen, Jesper (Hg.): Past Minds. Studies in Cognitive Historiography. London: Equinox Press 2011; Kognition und Narration. Zur Tradierung von Mythen. In: Udo Tworuschka, Michael Klöcker (Hg.): *Handbuch der Religionen*, 29. Ergänzungslieferung. München: Olzog 2011

Harald Matern, MTh., geb. 1982, Forschungsassistent im Bereich Systematische Theologie an den Universitäten Basel und Erlangen, Studium der Theologie und Philosophie an den Universitäten Freiburg i. Br., Basel, Buenos Aires und Heidelberg, 2009–2010 Assistent für Systematische Theologie/Ethik an der Universität Basel.

Publikationen: Schriftverständnis und Bibelhermeneutik bei F. D. E Schleiermacher und A. Ritschl, in: Popkes, E.; Heit, A.: Kant und die Bibel [verm. Dogmatik in der Moderne], Tübingen 2012 (im Druck); Das Absolute Individuum. Kants Christologie und ihre Rezeption bei Wilhelm Herrmann und Hermann Cohen, in: Popkes, E.; Heit, A.: Kant und die Bibel [verm. Dogmatik in der Moderne], Tübingen 2012 (im Druck).

Peter Schüz, Dipl. Theol., Wissenschaftlicher Mitarbeiter im Fachgebiet Systematische Theologie und Religionsphilosophie an der Philipps-Universität Marburg, geb. 1983 in Mainz, Studium der Ev. Theologie in Mainz, Münster, Rom und Marburg, 2009–2011 Wiss. Assistent am EKD-Institut für Kirchenbau und kirchliche Kunst der Gegenwart.

Publikationen: Erne, Th.; Schüz, P. (Hg.): Die Religion des Raumes und die Räumlichkeit der Religion [APTLH 63], Göttingen 2010; Die Bretter, die die Welt bedeuten. Kirchenbau als Inszenierung, in: das baugerüst 4 (2010), 22–29; Der Begriff Angst im Kontext der Kulturtheologie Paul Tillichs, in: Danz, Chr.; Schüßler, W. (Hg.): Paul Tillichs Theologie der Kultur. Aspekte-Probleme-Perspektiven [Tillich Research 1] Berlin; Boston 2011, 327–345; Tod und Beschleunigung. Soziologische Impulse zum Zeitbegriff am Beispiel der gegenwärtigen Bestattungskultur in Kolumbarien, in: Kunst und Kirche 3 (2011), 18–23 (zus. mit Laura Hanemann).

Namensregister